美国的陪审团
IN THE HANDS OF THE PEOPLE

[美]威廉·L.德威尔(William L.Dwyer) 著

王 凯 译

目录

序
中译者前言
致　谢
导　言

001 Chapter 1 The Endangered Jury
危急中的陪审团

009 Chapter 2 Civilized Fights
文明的争斗

027 Chapter 3 From Revelation to Verdict
从神的启示到人的裁决

051 Chapter 4 The Jury Breaks Free
挣脱束缚的陪审团

073 Chapter 5 Juries and Liberty in the United States
美国陪审团和自由

100 Chapter 6 The Rules of the Game
游戏规则

135 Chapter 7 Six Deadly Sins
六宗致命原罪

160 Chapter 8 Is the Jury Up to the Job?
陪审团胜任吗？

190 Chapter 9 Better Trials
更好的审判

221 Chapter 10 The Church and the Streets
教堂与街区

232 Chapter 11 Litigation in the Twenty-first Century
21世纪的诉讼

240
注释

293
索引

302
译后记

序

  这是一本关于美国陪审制度的书,翻译者是我的研究生王凯。
  记得二十八九年前,我曾作为西南政法学院法律本科即将毕业的实习生,在法官"师傅"的带领下,与一位人民陪审员一道共同参与了一些刑事案件的审理工作。最深刻的印象是,那位来自于当地某国营企业的人民陪审员从来不发表自己个人的意见——无论是对案中证据的采信,还是对案件性质的认定,以及对案件的判决,等等,一律只有四个字:没有意见。而"没有意见"的当然含义也就是完全同意法官的意见。与人民陪审员的第一次近距离接触,使我对陪审制度的认识也只有四个字:陪而不审。这种认识的顽固性甚至令我在相当一段时间内推至任何一种陪审制度,以为无非都是摆设而已,中外皆然。
  及至后来国门渐开,中外交流日益频繁,不仅能够从电影、电视上看到五光十色且令人眼花缭乱的美式法庭剧,而且从种类繁多的译介书籍里了解到许多有关美国陪审制度的实在资料,这些都彻底颠覆了我过去的偏见:原来还有如此不同的陪审制度——一群对法律知之甚少的普通人，竟可以凌驾于职业法官之上，对有争议性的重大案件是否应当立案起诉做出决断（大陪审团），或对被告人是否构成刑事犯罪或民事侵权做出裁决（小陪审团）！面对这样一种"外行领导内行"式样的陪审制度，无论你将其赞之为"美国司法民主的精华"，抑或是斥之为"世界上最愚蠢的司法制度"，都不得不承认，它绝不是司法殿堂里的华丽摆设。

现代法治中的司法诉讼何以需要陪审制度？我以为用本书扉页所引帕特里克·德夫林爵士的一句话就足以回答："将臣民的自由置于其12位同胞之手，对此，没有哪位暴君能够忍受得了。因此，陪审制不仅仅是一项司法机制，也不仅仅是宪法的一个车轮：它是一盏明灯，向人们显示着自由长存。"以此观之，以普通人参与国家司法活动的形式，对国家司法权力进行必不可少的制约，从而保证司法权力的正当运作，并最终保障人民的自由权利，这正是陪审制度的根本价值所在。任何一个现代法治国家的陪审制度，无论其身处何种国情之下，也无论其具体形式如何，都理应体现这一价值。倘若写在法律中的陪审制度被现实所虚置，甚至发生某种异变，把自己当做法外权力的附庸，必然远远背离了这一制度设计的价值目标，而成为一件无价值乃至于负价值的器物。

以我有限的观察而言，历经数十年的改革开放，现今我国的人民陪审员制度对司法审判所发挥的作用已非过去可比，然而进步虽巨，离陪审制度设计的价值目标，却仍有着不短的路程。坚冰尚未完全打破，改革仍须努力，航船方可前行。

正是因为如此，我觉得王凯将这部著作翻译过来，是有意义的。尽管我们未必要把美国陪审团制度的"这一套"搬过来——我们学的是欧洲陪审制度"那一套",但对于美国的陪审制度何以始终"外行领导内行",何以始终凌驾于法官之上,何以始终为美国的司法民主贡献着重要的作用,以及当前面临何种困境并怎样突破困境,等等,都是我们应当睁大眼睛,俯身观察,并且可以有所借鉴的。

　　当然,一本小书的翻译出版,谈不上有多么宏大的意义。然而,现代法治的建设需要从一点一滴做起,将值得介绍给国人的书翻译过来,当属这一点一滴。这或许就是这本小书的意义吧。

杨忠民

2009 年 6 月

中译者前言

　　陪审制是美国民主中极为重要的组成部分。难以想象，倘若没有陪审制，美国的民主将会变为何种模样。美国的国父们在宪法中对陪审制加以保障，托克维尔在《论美国的民主》中对陪审制也大为赞赏，一衣带水的邻国日本最近也开始尝试着重新启用陪审制。而事实上，陪审制所引起的不仅仅是审判方式的改革，更是涉及整个司法乃至政治制度的改革。

　　在世界范围内，各国的法律界与学者们对陪审制褒贬不一。中国国内的学者也是如此，但是客观而言，能够对陪审制号准脉搏者似乎并不多见。严格说来，陪审团并非仅仅起"陪审"作用，我们采用这样一个表达大抵是约定俗成的缘故。在某些案件中，陪审团一定程度上握有生杀大权。各位陪审员将集体智慧和常识、常理、常情融进了案件的审判过程，为整个司法注入了能量与活力；他们并非目无法律的门外汉，而是笃信法治、正直诚实的良善公民；他们用实际行动体现着公平、维护着正义；他们对抗着遏抑自由的势力、捍卫着自己手中的权利……

书名的原文是 *In the Hands of the People——the trial jury's origins, triumphs, troubles and future in American democracy*，考虑到需要简洁与醒目，最终确定为现在的书名。

一直以来，对于中国普通民众而言，陪审团制度总是戴着一层神秘的面纱。以本书为契机，拂开这层面纱、识一识庐山真面目，可谓正逢其时。本书在美国出版后获得各界赞誉，被视为是为陪审制辩护的力作，在很多美国图书销售网站上被评为"五星级"图书（最高级）。它面向的读者对象不仅仅是法律专业人士，也包括那些对法律知之不多而又渴望了解陪审团制度的普罗大众。威廉·L.德威尔（William L. Dwyer）的这部著作对陪审团制度做了一个梳理，而这种介绍性的优秀著作对于中国读者来说尤为必要。它介绍了美国陪审团特别是审判陪审团的起源、荣耀、困境与未来，评述了陪审团的各项成败荣辱，提出并解决了许多陪审团此刻面临与亟待处理的问题。我相信，翔实的历史资料、大量的案例评析与多变的叙述手法，一定会让读者了解陪审团制度的来龙去脉，而作者对于陪审团制度的褒扬与赞赏，也一定会引起读者的共鸣。

现在，让我们走近陪审团……

王　凯

2009年5月25日

于中国人民公安大学

献给：瓦西里奇

致谢

多年以前，尽管那时我身为出庭律师，还不是一位学人，华盛顿大学法学院还是力邀我教授一门关于诉讼体制的课程——有关诉讼体制的历史、当下的问题以及未来的展望。我非常感谢华盛顿大学法学院的院长、全体教职工和图书管理员，是他们让我踏上写作本书之路，也是他们让我这个外来的到访者有机会教授一门主题是如此具有挑战性的课程。

在本书写作的各个阶段，Fred Brack 与 Phyllis Hatfield 都给予了我热忱的鼓励和明智的建议。Chris Addicott, Bernard V. Burke, Chris Goelz, Arthur W. Harrigan, Jr., Stewart Jay, Robert S. Lasnik, Cheryl McCall, Victor Ortiz de Montellano, Barbara Jacobs Rothstein, George Schatzki, Kristin Schumacher, Joanna Dwyer Tiffany, Fredric C. Tausend 和 John L. Weinberg 阅读了早期的草稿并提出了极有助益的批评。无疑，书中舛误之处在所难免，对此，以上诸位好心人并不负有责任。

本书的写作与校订得到了 Trish Graham 和 Shelley Hall 的惠助。

Jane Dystel 是位优秀的著作经纪人，圣马丁出版社的编辑 Ruth Cavin 性情温和、业务纯熟，与他们的合作使得本书的出版过程变得十分愉悦。

本书于周末和假日的早晨写就，那时我正担任美国联邦地区法官，这是一项要求极高、颇费时间的工作。我要感谢妻子瓦西里奇·德威尔（Vasiliki Dwyer），她默默承受了这一切，并且付出了太多悉数不尽的辛劳。

威廉·L. 德威尔

导言

当我迈进法庭，通常是从前方穿门而入，踏上高高的法官席。在我座位的后墙上，一侧挂有美国国旗，另一侧高悬着联邦法院的标志——一只展翅的雄鹰。在正下方的平地上是书记员和法庭报告员①，然后是安坐的当事人及其律师，在他们后面是旁听的观众。靠近法官席一侧的就是陪审席。审判开始的第一天，12 个人就雄踞于此，他们素不相识，没有接受过专业法律训练，对于即将要裁决的案件也一无所知。他们对这一切都感到陌生，有些人最初看起来还对周围的环境略感畏惧，但是根据以往的经验，我知道，他们会

---

① 原文为 clerk and court reporter：clerk 是指一般根据规则或者法规的要求负责归整文档，发布与记录法庭进程的法庭官员，也可称为 clerk of court。court reporter 是指通过速记、电子或者其他方法记录法庭证言，经要求需准备法庭记录副本的人，若其不到法庭则宣誓作证程序不得开始，在英国英语里也可称作 official shorthand writer。clerk 一词我国一般翻译为"书记员"，在对二者必须进行区分且不得影响作者原意的时候，译者将 court reporter 译为"法庭报告员"。另外，附带说明一下，court recorder 指通常为了做出精确的审判记录，运用电子记录设备来记录法庭活动的法庭官员。以上有关 clerk，court reporter 与 court recorder 的内容，参见 Bryan A. Garner 主编的 *Black's Law Dictionary* (Eighth Edition) 一书，Thomson West 出版公司，第 270，391，1301 页。——译者注

出色地完成使命。许久以来，陪审员一直是我在法庭里的同事，我喜欢并敬重他们。依循悠远的光荣传统，他们为美国的民主做出了巨大贡献。然而现在陪审制却危机四伏，陪审员们可能将从我们的审判中消失——但这并非他们的错，而是人们对其工作的漠不关心、视而不见以及诸般误解所致。这，就是我写作本书的原因。

在国外的旅行者甚至一些美国人看来，陪审团是一个不可思议的发明。我们征召12个随机选出的公民，让他们听审证据与辩论。我们接受他们的裁决，通常，这个裁决还是终局性的，而且，当他们完成任务后，我们又送他们回归他们惯常的生活。举凡全国性的重大事项以及日常的争端，都以这种方式解决。没有一个现代社会，敢于把如此大的赌注押在普普通通的男人或女人的判断之上。但今天的批评者（历史上类似的批评者很多）认为，这种肇始于中世纪英格兰的审判方式，已经不适合于一个互联网、基因图谱、太空漫步、程控电话、摇滚音乐、经济纷繁复杂、种族分裂远未消弭的新世界了。在这些人眼里，陪审制已变得愚不可及、易持偏见、拖沓昂贵，无法再适用于现代社会，因此，它的死期不远了。

但我觉得这种批评大错而特错。作为一名律师和法官，我有幸经手了数百起案件，我知道陪审制在实际地起着作用。如果有公平的机会，它甚至能够成功地处理纷繁复杂、情感饱满、极具公共价值的案件。它需要的不是横遭废除，而是公众更为坚定的支持以及法官和律师更好的工作。这一古老的制度正在危急之中，但它能够获得拯救，它兴盛或是夭亡，取决于我们在新世纪里如何对待它。选择权在我们手中，我们应当知道陪审制中哪些地方危在旦夕，并有意识地做出抉择。

当我亲眼目睹着一场场审判在就座于陪审席的陪审员们面前不断展现时，这些想法常常浮现于我的脑海，这些陪审员形形色色、有男有女、新旧更替。我还觉得，历史就像一片深海，我们所有人在法律方面所做的工作正处于海浪线上，如果我们想要了解它的浪潮、碎浪和岸上的阴晴风雨，就要不断探索这片深海。在史前阶段，农业、文字和工业都还没有出现，而我们的人类始祖已经长期生活于地球上。我们需要知晓的一切就肇始于史前阶段，因为正是从那时起，我们的抗辩制开始发端萌芽——而要了解陪审团、了解美国法庭上每天所发生的一切，我们必须首先了解抗辩制及其所有优缺点。

因此，我对陪审团未来的时刻关注与我在诉讼史方面长久以来的兴趣密不可分。我曾长期阅读诉讼史，甚至还在一所法学院讲授（没有额外的证书）过这门课程。过去的一切在当下仍然存活，这一点在各个方面无不如此，但是在法律领域则最为典型。

有鉴于此，本书勾勒了一幅诉讼体制的全景图。它的前半部分描述了为了找到不需诉诸武力而能化解纷争的种种方法，人类世界所付出的诸多努力。它记录了陪审制在13世纪时的起源、它在创立近代民主中所扮演的未曾预见的英雄角色，以及在这一进程中公正而又精密的游戏规则的发展。这些发展我将用历史上许多伟大的案件作例证；我使用的是原始文献以及一些尽可能得到的第一手资料，而且，我都是逐字逐句引用这些文献资料的，只有将拼写变为现代语言的情形除外。

本书的后半部分论述美国诉讼体制出现的问题、关于陪审团任职能力与完善健全的论战、必须进行的审判改革、将公平与经济带进庭外之争（主要是证据开示与和解）的需求，以及21世纪美国诉讼体制的革新框架。

　　本书由衷地欢迎学者们阅读和批评，但它主要针对的读者是那些对法律制度知之不多而又关心它究竟发生了什么的普通人。我并不想宣称自己的态度中立。读者有权了解全部事实，我从一开始就承认自己赞赏陪审制，这一态度在我当出庭律师时即已无比强烈，而担任法官的经历则更加深化了我的这一态度。尽管它还不是尽善尽美并且满是战痕，但在我看来，陪审团仍然能够做出公正而诚实的裁决，仍然能够对危及自由的官方势力说出微言大义的"不"，仍然能够赋予令公众感到疑惑、难以接受的判决以合法性。正如托克维尔165年前所写的，它仍然"对判决的形成起着最强劲有力的作用，增长着人民的天然智识"。而且陪审团也照亮了另外两项民主机制，一项是选民投票制度①，另一项是公民的创制与复决制度②。如果一般来说，陪审团审判产生的结果比我们所能指望的选举结果更合理，那么其中一个原因可能是我们给予了必须做出决定的公民不同质量的信息。与嘈杂虚假的大部分政治竞选运动相比，与连珠炮似的30秒电视商业广告相比，陪审团听取的证人证言则因有中立的裁决者而紧扣主题，这些证人证言经过了交叉询问的检验，并且往往耗费一整天才出示完毕。我们应当能够从信息沟通方面所存在的差别中学习到有价值的东西。

　　每年都有大约150万美国人在法庭担任陪审员，陪审团成了独

---

① ballot box：也可称作全民公投制度。——译者注
② initiative 和 referendum：initiative 是指公民立法提案权或曰创制权，即公民在州议会外通过投票或请愿提出或制订新法律的权利；referendum 是指公民复决，即把立法机构所提出或通过的措施提交选民投票来通过或否决的制度。——译者注

一无二的分权机制。随着获选官员进一步脱离其所代表的选民,陪审团非但没有过时,还逐渐凸显着重要价值。在美国政府成立之初,每三万八千名选民有一位属于自己的国会议员。由于人口的增长,如今,每一位国会议员代表着六十四万七千名选民,在代表与选民之间的关系上远了17层,而各州立法机关也见证了类似的变化。通过直接由人民之手做出判决,陪审团在公民与政府日渐扩大的鸿沟之间,架起一座桥梁。我们面临的挑战不仅仅是维持它,更是使其在崭新而又艰难的条件下茁壮成长。我相信,我们会达到、也一定能够达到这一目标。

对于那些意欲阅读更多资料的读者来说,我已将自己所引用的主要的第一手资料以及具有代表性的著作和文章列在本书注释部分里。法史学家和其他学者卓越的工作使我获益匪浅,而对于书中所列举的文献资料的诸位作者,以及其他众多通过不懈工作丰富了诉讼体制研究的人,我心怀感激。

正义可能是最为古老、得到最为普遍的宣称的价值。人类学家和历史学家也许都找不出一个这样的健康社会：它未曾将荣光赋予（或者宣称赋予）正义观念的某一异变形式。大自然是非正义的，人们也常常是非正义的，然而我们拒绝生活在一个没有正义观念的世界里。

——约翰·W. 加德纳，《道德规范》
(New York: W. W. Norton & Co., Inc., 1978)

将臣民的自由置于其 12 位同胞之手，对此，没有哪位暴君能够忍受得了。因此，陪审制不仅仅是一项司法机制，也不仅仅是宪法的一个车轮：它是一盏明灯，向人们显示着自由长存。

——帕特里克·德夫林爵士，《陪审制》，
载于《哈姆林讲稿》
(London: Stevens & Sons Limited, 1956)

Chapter 1
The Endangered Jury
危急中的陪审团

陪审团审判——这一被神圣地记载于美国宪法之中并为各州法律所保障的制度，在美国人的生活中有着深深的根基，而且看上去似乎永不朽灭。但是我们可能在某天一觉醒来，发现这棵古树已轰然倒落。若果真如此，那么决定案件的权力——对遭到指控或将纠纷提交法庭的活生生的民众适用法律的权力——将会完全落入法官或者其他政府官员手中。若果真如此，那并不是暴君之斧砍伐的结果，而是源于一个长期的、不易察觉的衰退过程。长远而言，漠视比任何突变都更加致命；民主机制更易于在忽视中丧失殆尽，因为忽视之后将会是衰微和废弃。被长期忽视的陪审团①，尚处于第一

---

① trial jury：据 Black's Law Dictionary 一书中的解释，petit jury 与 trial jury 几乎可以同等使用，这两个词都是指小陪审团，也称审判陪审团、庭审陪审团；与之相对的是 grand jury，即大陪审团，又可称为起诉陪审团，二者职能分工不同。本书在书名上即为 trial jury，全书也是仅仅围绕着审判陪审团来写的，几乎没有涉及大陪审团的内容。因此，本书中如不加特别注明或做出特别翻译，都是指审判陪审团，译者也统一简洁地译作"陪审团"。相应地，如不加特别注明，本书中的"陪审制"也是指由审判陪审团对案件进行审理并做出裁决的制度。——译者注

阶段，不过也即将踏上第二阶段。迄今为止，我们已经让陪审团独自受苦而未予太多关注，现在我们也需要审视一下：目前正在发生什么，我们有着怎样的得失，以及为何会有这样的得失。

美国共和体制的创立者们，若知晓陪审团在今日连生存都成了问题，那他们将会备感吃惊。当他们书写宪法时，陪审制被公认为是《联邦党人文集》(The Federalist Papers)中所称的"自由政府的守护神"，并且，民主投票箱一日不废，陪审制就将一直存留。时任驻法大使的托马斯·杰弗逊（Thomas Jefferson），在1789年的一封信中写道："如果要我决定人民更应当在立法还是司法部门中被忽略，我会说还是在立法部门中被忽略更好。"

今天，杰弗逊这一层级划分被颠倒了：我们每个人都知道，选举在我们的共和体制中至关重要，但是很多人认为陪审团是不值得保留的——是"极大的时代错误"，一位批评家这样指出。

让我们试想一下：由一批杰出的商界巨擘、公职官员、学者与记者们，来提议美国放弃选举制度并由专家小组治理国家。他们会说："宪法起草时选举制度是好的，但是现在它已经不再奏效了。那时候，事务比现在要简单，并且只有成年白人男子中的有产者才有投票权。如今，每个适格公民都有投票权，而且政府事务已经复杂得令普通民众难以理解。民众经常会感到困惑并选了错误的候选人。他们容易被不理性的感情和狭隘的私利所左右。各州的初选进程受到金钱的摆布；事实上，竞选财政的滥用败坏了整个选举制度。公众并不真正关心选举——适格成年人中只有约半数的人勉强参加了总统选举投票，白人以外的其他种族参与投票的人更少。因此，让我们卸下伪装、丢掉选举，让专家们用效益、经济、出众的知识和判断来治理政府吧。"

这将引起一阵骚动。此项意见的提出者将会被宣布为激进甚至叛逆分子，被请出电视谈话秀节目。

然而，一项建立在类似论据基础上、有关陪审制的类似提议正在散播并悄悄获得了一席之地。虽然正如我们的官员选举一样，陪审团只是自治机制，但是废除陪审团的呼声已逐渐可闻并越来越直白、频繁。废除陪审团意味着抽走了民众的一项基本权利。这一点没有引起骚动——至少到目前为止还没有。

例如，前任最高法院首席大法官沃伦·伯格（Warren Burger）建议，在民事案件、至少是复杂的民事案件中废除陪审团而采用法官审理制。法官审理制是指完全由法官进行裁决的审判；这里面并没有陪审员的席位。在刑事案件中，根据新美国基金会（New American Foundation）的高级会员、哈佛大学法学院的报告人迈克尔·林德（Michael Lind）所说，"美国的陪审团制度在释放无辜、惩治罪行方面，并没有以有效和人道的方式起作用，而且它从来都没有起到过作用"。在特拉华州法院负责陪审团事务的约翰·巴比亚兹（John Babiarz）法官认为，陪审团"根本就是毫无功能可言的"。

这些批评家坚持认为陪审团根本无力胜任其职能，我们应当承认这一点，停止感伤，并且做出必要的变革。

另有专家并不呼吁废除陪审团，但是也发现了目前的危机。"我想美国陪审团正面临严重问题。"心理学教授瓦莱瑞·汉斯（Valerie Hans）说。他是陪审团制度的支持者，也是该领域的权威。"我们的民主机制正在崩溃，陪审团也难逃劫数。"法学教授艾尔伯特·奥斯舒勒（Albert Alschuler）写道。联邦上诉法官理查德·波斯纳（Richard Posner）预言，"以长远趋向视之，陪审团，至少是民事陪审团极有可能灭亡"。

陪审团面临困境的征兆在全国都已出现，但在一些大城市最为明显。由于众所瞩目的案件中无罪开释和悬案陪审团①等结果的出现，公众对刑事追诉的信心已有所动摇，而对许多人来说，若从长远的眼光来看，这些案件中的证据足以证明被指控者有罪。这就存在着这样一个要求，这个要求早已有人提出——以加利福尼亚州前州长皮特·威尔逊（Pete Wilson）为代表——即废除意见一致的裁决从而使有罪裁决的做出更加容易。一些观察家提议，利用人员配置实现陪审团中的种族平衡——这一措施将会承认我们未能不顾种族、信条与经济条件地追求正义。在某些州适用的、少于12人的陪审团降低了裁决的可靠性和权威性。由辩诉交易来代替刑事审判已经变得甚为广泛，目前，联邦的刑事指控只有4.3%是以陪审团裁决的形式结案，而在1988年则是10.4%。

刑事陪审团的未来远未确定，而民事陪审团正面临风险的事实则更为清晰无疑。一些法院都在推翻以前的裁决，这比过去更为自由——即对于证据的采信不再那么仰仗陪审团的评估。例如，德克萨斯州最高法院推翻了对受侵害的索赔者进行赔偿的裁决，这使得持异议的法官抱怨"我们要求由陪审团审理的权利正在逐步受到侵蚀"。

---

① hung juries：又称悬而未决的陪审团，指由于陪审员之间未能达成一致意见导致裁决无法做出的情形。——译者注

近些年来，一些法院已不再将全部事项交付民事陪审团，而是悉数交至法官手中。这些事项包括对涉及破产、雇员利益、保险单用语含义、消费者保护、欺诈等案件的审理，还包括对证据的权衡。所谓对证据的权衡，是指衡量证据，以判断是原告的证据占优势从而做出原告胜诉的判决，还是双方的证据达到了"均衡"的程度从而做出被告胜诉的判决。"现在绝对有不再将案件交付陪审团的趋势。"法学教授南希·金（Nancy King）说道。审判权力的享有者由陪审团转变为法官，这一般是源于法规或者宪法的理由，但有时明显是出于对陪审团能力的怀疑。美国最高法院在1996年做出了对陪审团不祥的意见，裁定：专利的含义这一问题不应由陪审团而应由法官来决定。这一裁定的做出主要是基于历史原因——在1791年联邦陪审团审理制被写进宪法得到保障时，法官就曾试图辨明专利的含义——但最高法院还增加了一条功能方面的理由："法官比陪审团更适合去探求专利条款所固有的含义。"这一意见似乎回应了若干法院在20世纪70年代的做法，它们对陪审团审理权创出了一种"复杂案件例外"（complexity exception）制度——即让法官决定某一案件着实复杂而且陪审团难以理解，从而必须启用法官审理。

法官们也要对增多适用简易判决负责，这种判决缩短了民事案件进程，其适用理由在于败诉方不能举证证明案件中存在可予以裁决的实质性问题。由简易判决决定的案件不再进入正常的审理程序。这一技术是合法的，但是必须谨慎使用；超负荷的日程量会使法官将解剖刀不当地变为砍肉斧。如果这种情况发生，那么陪审制就遭殃了。

有34个州的立法者对受害人可获得的赔偿金额设定了上限。这些救济方法在法律上的变化也同样适用于法官审理制，但却被解释为对"失控的陪审团"①的束缚。一名工人在工作场所的一场爆炸事件中丧生，而根据州法律，陪审团判给该工人家庭的惩罚性赔偿金被大幅度削减。一位灰心的陪审团成员这样发问："我们要陪审团到底还有何用？"不论是各州立法者还是联邦立法者，他们为法院提供的资金都长期不足，这使得案件审理无故延长进而降低了审判价值。由于常规诉讼存在审理迟缓、成本高昂和风险巨大等弊病，数以千计的商业公司开始选择不再去法院诉讼，而是通过签订协议要求顾客和雇员将纠纷提交给私人仲裁庭裁决。陪审团的声望大受影响——然而成本高昂、审理迟缓和法律规定的赔偿责任，这些都不是陪审团自身之过。

在媒体报道和利益集团活动的激励下，越来越多的人相信：陪审团对受侵害的索赔人更有利，因为这令他们很容易获得超额的赔偿；陪审团难以理解复杂的证据；他们容易受怜悯情绪的影响而放纵有罪的被告人；他们对法官所给予的法律方面的指导置若罔闻，随心所欲地做出裁决。这些看法都是错误的，而且，具有讽刺意味的是，正是持以上诸种观点的人在其担任陪审员后证明了他们的错误。但是，受尊重程度较低的机制确实更容易衰退。许多城市陪审团征召回应率较低的现象令人堪忧，因为它破坏了公民和需要其参与的自治方法之间的关系。报道就任的陪审员做得的确很出色，但

---

① runaway juries：失控的陪审团，指陪审团的行为特别是裁决的做出不受束缚，此处是指陪审团判赔给受害人过多的赔偿金。——译者注

是陪审团制度需要具有多样性的美国公众给予更充分的回应。

我们的抗辩制建立在这样一种假定之上：充满活力的竞争式的辩论是实现正义和令各群体满意的最佳途径，在处理案件时它给双方当事人及其律师以无比的独立性和自由。这也是数世纪以来它的首要力量源泉。

今天，这一制度遇到了各种问题，但是这些问题并非来自陪审团，而是来自我们抗辩式司法体制的运作方式。我们确实面临着成本高昂、审理迟缓、审判质量不高、难以走近司法等问题，但是为了处理这些问题而采用废除陪审团的方式，与为了医治流感病人而将其截肢如出一辙。在那些没有陪审团的地方，即每年数以千计的法官审判中，这些问题也同样存在。如果我们只采用法官审判——假使陪审团从未存在过——那么我们能以较低的紧迫感做出所需的改进，也能以智力资源保证审判的顺利进行，法官无论采取什么方式总有办法支配审判的进程。但是我们美国现在却的的确确存在着陪审团，它所隐约面临的危险是，如果我们改进它周围体制的步伐太慢或者能力不足，我们就会失去它。

这一危险正在陪审团的诞生地英格兰发生，由于数十年的漠视和宪法保护的缺乏，民事陪审团已经濒于灭绝，刑事陪审团的权限与威望也有所降低。英国陪审团的衰落正在继续，官方依然在施加压力将更多种类的刑事案件抽离陪审团。其结果正如一位权威人士指出的那样，是"一种完全不同的司法"——一种直到我们确信我们需要才应当将其接受的司法。

在美国，陪审团制度因被广泛忽视而遭受愈发危险的侵蚀。"在我国历史上，陪审团制度的未来第一次陷入极度危险之中，"美国律师协会诉讼部门（American Bar Association's Litigation Section）负责人罗纳德·杰伊·科因（Ronald Jay Cohen）说道，"这在各州、各法院以及法律制度的一些不同领域都平静地发生着。但是倘若没有弄错的话，要求由陪审团审判的权利正在悄然逝去。"

我们可以逆转这一潮流，但是首先必须决定：我们是否真的想要这么做。我们需要退后一步，追溯一下我们是如何形成了陪审团制度、它在过去实现了什么；评估一下它现在如何运作；了解除了做出裁决归入法院卷宗之外，它还能如何使我们受益。围绕陪审团的争辩并不仅仅是有关时下之事，也牵涉到这一机制的命运。陪审制贯穿着整个美国历史，它早在欧洲移民到达这片大陆的数世纪之前就已存在。这场连绵不息的口舌之争使我们兴味盎然，陪审制在每天的报纸上也充斥其间，那么它到底是怎样一回事？缘何它会一直在各类小说、电影与电视表演中被反复塑造？我们为何首先要让普通公民来裁断案件？我们现在所拥有的一切是否值得维护？要回答这些问题，我们必须从头开始寻找答案。

Chapter 2
Civilized Fights
文明的争斗

一切诉讼活动都是个体行为。这一点在某一男性或女性公民对他方提起的诸如离婚、身体伤害、诽谤、欺诈或违约诉讼中当然可以清晰地看到。但是,当特定当事人是抽象存在体时,例如政府、公司等,这一点同样成立。在布朗诉教育董事会(*Brown v. Board of Education*)一案中,一方当事人是被置于种族隔离学校的黑人儿童,另一方当事人是拒绝改变不公正体制的立法官员和学校董事会成员。针对社会保障金提起的一项上诉是反对官僚政治的,但是真正的当事人却是原告和一名拒绝发放保障金的活生生的公务员。在一起抢劫案的追诉中,国家是原告,然而检察官是一个具体的个人,她为受到创伤的银行出纳员和钱款被盗的银行股东代言。在野生动植物保护案中,当事人可能是塞拉俱乐部①或一家伐木协会和某一政府部门,但实际的论战却是在这样两方之间展开的:一方是

---

① Sierra Club:美国环保组织。——译者注

在丛林中远足或工作的公民个人，另一方是当时恰巧担任内阁大臣的某一自然人。甚至在丢失财产案件里——它可能是类似于美国诉宝马汽车公司案（United States v. One BMW Automobile）的纠纷——也有如下当事人：将毒品交易利润用来购买汽车的毒品商人、被提供毒品的吸毒者、检察官、辩护律师和众位证人。无论一起诉讼因其固定程序而变得多么缄默无声、激昂慷慨或束缚手脚，它总是一种文明的争斗。

折射出这一点的是，我们国家自从殖民时代起就一直实行抗辩式的审判制度。我们对这一以言辞为基础的公正的裁判阵地习以为常——是如此的习惯，以至于我们将之视为天赋的先决条件，就如同天气一样。人类创造了无数方法来解决纠纷、给付赔偿、施以惩罚或者无罪开释，从而使冲突状态得以终结、平和秩序得以重建，抗辩式的审判制度只是众多方法中的一种。今天，我们的审判制度需要修补，但在我们能够自信地进行修补之前，我们需要审视一下它是如何适应对正义的普遍探求的。我们可以从一个灾难性事件开始，它向我们展示了，当公共的纠纷解决机制不能掌控局面时会出现什么情况——就从美国副总统射杀国家第一财政部长之日开始。

1804年7月11日早晨，亚历山大·汉密尔顿（Alexander Hamilton）在一名医生和一位仆从朋友的陪同下，乘着一艘由两名划桨手驾驶的轻舟横渡哈德逊河。在这个清凉的早晨，汉密尔顿一定渴望着回到曼哈顿。他只有49岁，尚有家室需要供养，虽然于政坛上暂时不利，但是他梦想能成功地重返政治舞台。他深知自己所面临的风险。不久之前，他20岁的儿子在一次决斗中被杀，汉密尔顿一直谴责这些决斗行为，将其称之为"冷漠、迷信和哥特式暴行"的残渣。汉密尔顿是个理性的人，他清楚此次渡河乃是疯狂的举动，然而他继续朝新泽西海岸而去。

当然，他仍可能挺过这一天而安然无恙。当那一时刻来临，面对挑战者而立，他可能射向空中。如果对方也这么做或者根本未射中，那么两个人都能全身而回，名誉也都完好无损。

不幸的是，另一方是亚隆·伯尔（Aaron Burr），美利坚合众国的副总统。他时值48岁，是个暴躁的冒险者、在权力角逐中失败的阴谋家，还是一个渴望复仇的对手。伯尔将汉密尔顿视作导致其政治失意的元凶，他当然不愿放过这个机会。

由于一些尚未完全明了的原因，伯尔和汉密尔顿之间的敌意已经超过了当时刺耳的政治言辞的程度，逐渐演变为经年积怨。可能是他们的相似之处引发了彼此的对抗。二者同为纽约人；都是成功的执业律师（他们甚至共同作为辩护律师参与审理了一桩著名的谋杀案）；两个人都身材较矮、精力充沛、激情四溢；他们都风流成性（汉密尔顿被认为对伯尔情妇的姿色垂涎已久）；在政治上两人都尊崇马基雅维利主义。不过，也有一些不同点激发了两人的对立：伯尔出身良好，而汉密尔顿是个私生子；汉密尔顿在开创共和体制方面功业不朽，而伯尔的政治生涯收获寥寥。汉密尔顿惯常于诋毁伯尔，后者对前者的积怨与日俱增。当1800年伯尔与托马斯·杰弗逊结束总统竞选投票时，两人的敌意再度上升。竞选结果交由众议院表决，而汉密尔顿作为两者的对手，促成了杰弗逊竞选的成功。愤愤不平的伯尔成为副总统，一个留给亚军的位置。四年之后，伯尔竞选纽约州州长。据说他意欲自立一个分裂国家的北方联邦。汉密尔顿作为纽约政坛巨擘，再次横身挡路，于是伯尔又一次落败而终。

在二人的政治争斗中，汉密尔顿谴责伯尔是投机主义者、谣言煽动者，甚至还有更激烈的言辞。如今，愤怒不平的伯尔已经受够了。他从新闻报道中抓到了一个机会——汉密尔顿曾在一次晚宴上对其发表过"鄙夷的观点"。我们知道汉密尔顿曾评价伯尔粗鲁无知，尽管伯尔可能确实如此，但他写了一封信给汉密尔顿，要求汉密尔顿"迅速且无条件地予以承认或拒绝"。汉密尔顿试图以一种既能挽救声誉又能避免决斗的方式回复他。他的回信模糊，并未承认或拒绝。"我相信你会和我一样对此事有更多深思。如果不是这样，那么我只能对此表示遗憾，并且必须遵从相应后果。"

伯尔对此不会同意。汉密尔顿的答复给了他想要的开场，于是他下了挑战书。汉密尔顿为了不失颜面，既不能逃避也不能拒绝，他只有接受。

这时，致命武力的运用已经迫在眉睫，许多我们一直所认为的"原始未开化"的社会原本会介入其中以阻止灾难发生；年长者、教士们或其他权威人士原本会掌控局面以确保生命存续。而这一切在1804年的纽约并没有发生。

当汉密尔顿和随从到达新泽西州一边时，他们发现，伯尔与仆从已经来到决斗场，一块自河岸很容易到达的有林木遮蔽的空地。顷刻，一切准备停当。当朝阳拨开清晨的薄雾时，两人手持无膛线手枪，相距十步面对而立。

一位仆从喊道："行礼！"接下来发生的事由于以下原因而变得模糊不清，一是决斗后双方党羽的争辩；二是基于这样一种传统：

尽管当时决斗成风，但在决斗的关键时刻见证人要背转过去，这样他们可据以否认曾目睹犯罪行为。我们知道有两枪相隔数秒而开。最可能的情况是，汉密尔顿首先开枪，但是故意射进了一棵树里，子弹从对手上方擦边而过。然后伯尔举起手臂、仔细瞄准，开枪了。0.54英寸的子弹正中汉密尔顿胸腔下缘，他应声倒地。

内科医生奔至他身边，汉密尔顿在丧失意识之前努力对他说："这是致命伤，医生。"子弹穿透了汉密尔顿的肝脏，嵌进了脊柱里。仆从和医生将其运过哈德逊河，带到曼哈顿的一所房子里。在他的妻子、存活的七个孩子和纽约州圣公会主教的陪伴下，经过了三十个小时的痛苦折磨后，汉密尔顿撒手人寰。

决斗引发的公众舆论迅速联合起来支持死去的汉密尔顿，伯尔逃到南方躲避控诉。他在不幸之中多活了三十余年，八十岁终，却顽固执拗不知悔改。

汉密尔顿是死不起的。尽管他是个能力出众的律师，但被政治权术耗尽，而且他对自己的财产状况毫不关心，以至于他的妻子和孩子负债累累。所幸他的朋友们帮忙还清了债务，但慷慨的友谊并不能弥补他的死带给国家的损失。身为出生于英属西印度群岛的私生子，汉密尔顿十七岁时即来到纽约，崛起为独立战争中的高官、1787年制宪会议上的指明灯、《联邦党人文集》的合著者、国家第一财政部长、华盛顿著名的《告别演说》（Farewell Address）的代笔人、解放奴隶的早期提倡者和在敌对势力仍负隅顽抗的美国建立强劲有力的中央政府的最初拥护者。汉密尔顿树敌颇多——杰弗逊和约翰·亚当斯（John Adams）都悲叹他是隐蔽的君主主义者和对共和制的威胁——他对普通民众关注不足而对权力过分痴迷。然而他机敏的才智、雄辩的口才和对公共事务的献身精神使法国外交家塔列朗（Talleyrand）将其称为最伟大的"时代的选择与大师精神"。由于其英年的成就与早逝，如今，他正透过每一张十美元的钞票额面注视着我们。

决斗之前的日子里，汉密尔顿已经把律所事务处理妥当，尽其所能地为诉讼委托人办结了许多案件，并写好了遗嘱。他有充足的理由拒绝决斗——但他不能拒绝。如果他对伯尔的挑战退缩，那么他的自尊心、朋友们对他的尊重甚至政治前途都会毁于一旦。因此，他毫无必要地英年早逝了。

至1804年时，理性时代（Age of Reason）很久之前即已到来。科学方法、人权和法治理念也已宣告天下。在这样开明的时代中，这样一位杰出人士，怎么会白白地丢掉性命呢？汉密尔顿和伯尔都是律师，国家有诽谤诉讼体制以救济对他人声誉的中伤，有自由的新闻可以发表拒绝或反驳意见，还有宣告决斗为非法行为的法令。然而在政治贵族们看来，如果一位绅士坚持决斗，那么以上情况都不足以成为避开灾难的理由。汉密尔顿之所以死去，是因为他陷入了一个社会阶层，而这一社会阶层缺乏格陵兰岛的爱斯基摩人和新几内亚岛族人所具有的精明敏锐与创造活力。

处理狂暴的争端——阻止愤怒演变为谋杀、防止一次杀人行为升级为大批残杀、避免争执愈演愈烈以至倾洒几代人的鲜血——已经成为法律的首要任务。人类一直都在争斗。他们争斗是基于狩猎与捕鱼区域、交配权、土地、财产、职位、实际存在或凭空想象的侮辱，或者是出于纯粹的侵略（酒精常常起到火上浇油的作用）。

《创世记》告诉我们，争斗是从第二代开始的，"该隐（Cain）起来打他兄弟亚伯（Abel），把他杀了"。该隐被描绘为"一个种地的"，亚伯则是"一个牧羊的"。这是农夫与牧羊人之间的第一次冲突。该隐逃往东方躲避了更大的麻烦，但是没有哪个社会能指望通过与人群隔离来解决纠纷。我们必须安居在一起，也必须平息事端。

每个社会都有规则，尽管这些规则可能是不成文的、甚至是未言明的。但是当规则遭到违反时，每个社会均有解决纠纷的方法。我们所知道的是必须将这些方法发展、改进。不这样做的后果，已经由今日的国际社会生活向我们展示了：各类冲突激增失去控制；争斗一次次爆发；震怒与暴行彼此共生。大部分时候，国际法规则都存在并得到了遵守。但是当这些规则被违反时——当某国以武力侵犯另一国家、恐怖分子将飞机撞下天幕或者某国独裁者的爪牙警察们折磨政治囚徒时——就没有可靠的方法来实现正义了。如今，我们应当更为清楚地知晓这一点。在每一个秩序良好的社会里——在各国、各部落以及各宗族的内部事务里——我们都早已深知这一点。

我们的祖先是狩猎者、采集者和维持生计的农夫，如今世界上仍然有人在从事这些工作。这些群体的人必须一起工作，以求在森林、海洋、大草原或者新开发之地中讨得生活。仅因一场小小的口舌之争就将某一有用之人杀死，或者使一次杀人事件演变为群体不和，这些都是他们承受不起的。因此，早在有记载的历史出现之前，他们就设计出各种各样的纠纷解决方法——司法体制——以给予团体和争斗者们都能接受的最终结果。法律人类学家按照编年体记载了这些方法，他们的工作绝大部分做于 20 世纪，但是他们考察的习俗却饱含各个时代的智慧。随着后工业时代席卷全球，传统的方法正在逐渐淡出历史舞台，在描述这些方法时我将使用过去时态；但其中有些方法现在仍然存留，所以此处的过去时态包含着最近发生的过去之事。

原始的一步举措是在可接受的杀人和谋杀之间画出一条界限。大部分社会都区分在公平争斗中死亡和秘密或偷袭中杀人，后者的场合更可能招致致命的报复。在这一较小程度上说，汉密尔顿和伯尔之间的决斗也获得了文明之益。决斗虽然野蛮残酷，但是在两位绅士的法典里，这是一场公平的争斗。法律不允许复仇和报复的循环，事实上这种循环也没有发生。汉密尔顿和伯尔的后代们也从积怨中走出，不再纠缠于二人曾经的枪击往事中。

当"公平争斗"概念不起作用时，失去生命或者身体一部分的情况就不可避免地呼吁人们采取行动进行改变。为应对这种局面，为使复仇保持在理想化的正义界限之内，一种等量规则在全世界许多地方冒出来。如果你杀死了我的兄弟，那么我也可以杀死你或者你的兄弟——但是不能再杀其他人。我不能杀死你的全家人——我一旦杀死了你或者你同样的亲属，纠纷即告结束。

一个显著的例子是在东非的基苏族（Gisu），被杀青年的亲戚要等到杀人者的儿子长到死者的年龄，然后才能杀死这个年轻人。

《圣经》里的"以眼还眼"是一条等量规则——不仅是对复仇的要求，也是一种警示，即对挑衅的回应不能超过挑衅的程度。如果你夺走了我的眼球，我也可以摘掉你的眼球——但不能是你的生命——然后我们就扯平了。这就不会有更多的争斗，也不会拖延争斗。这一规则在《汉谟拉比法典》（*Code of Hammurabi*）——镌刻于公元前1750年的古巴比伦王国的伟大成文法典——中同样可以找到：

> 如果某人毁伤了另一人的眼睛，他们也应当毁伤此人的眼睛。
> 如果他打断了一人的骨头，他们也应当打断他的骨头。
> 如果某人打掉了他同阶层人一颗牙齿，他们也应当打掉他一颗牙齿。

但是：

> 如果他只是打掉了某一普通人一颗牙齿，那么他应当赔付三分之一马纳①白银。

"以眼还眼"规则一直都在我们身边。它反映了深植于我们灵魂的观念，在今天表现为这样一种要求——杀死谋杀犯、鞭打行凶者。

先工业时代的人们发明了一些比以眼还眼的暴力更复杂的方法来发泄愤怒和侵略情绪，这些方法既不会造成实际伤害，又不会使人颜面扫地。在世界各个角落，纠纷被引导为身体的对抗，这些对

---

① mana：一种计量单位。——译者注

抗并不会使人死亡或残废，却仍会产生一个最终的结果。

例如，如果汉密尔顿和伯尔都是爱斯基摩人的话，他们之间的争吵将会由一套历史悠久的程序加以解决。习俗要求他们站于公众集会面前，伸直臂膀打击对方头部，直至其中一方倒下为止。也可能他们必须彼此对面而坐，以头相顶直至一方掉下座位。群体只会许可得到控制的争斗而不允许使用更严重的暴力，后果将会为争斗双方和各自的亲戚所接受。这就是在寒冷的北极维持生活的社会群体的规则。我们必须承认，这样的结果将会好于相距十步持枪决斗的结果。

在新几内亚岛西部高地，类似汉密尔顿与伯尔之间的争吵是通过一种叫做塔格巴伯斯（tagba boz）的程序得以缓和的。双方对手和彼此的亲属一字排开互相面对，手臂紧扣于背后。然后他们朝对方胫骨踢去，直至一组主动撤退为止。这样，争斗的冲动得到了平息，而且也没有造成比进行一场橄榄球赛更大的损害。

得到控制的争斗常常是由代表争斗双方的斗士进行的。在菲律宾的伊富高（Ifugao）① 人中，由于雨季的侵蚀和酷热的消退，稻田的边界经常变动。伊富高人找到了避免让边界纠纷演变为致死冲突的方法。在祈求祖先的保佑之后，两方各挑选一名年轻人参加正式的格斗比赛。接着这两位斗士在稻田的泥浆中格斗，旁边有各自的支持者在给他们打气，每一方都想压倒对方以获取领地。格斗者

---

① Ifugao：东南亚菲律宾民族。主要分布在吕宋岛北部山区。属蒙古人种马来类型，混有尼格利陀人血统。使用伊富高语，属南岛语系印度尼西亚语族。无文字。保持万物有灵和多神信仰，有男性祭师，以猪、鸡为祭品，定时献祭，也盛行祖先崇拜。——译者注

跌倒之处即为边界点，双方对此都深信不疑，如同我们相信工程师的测量一样。我必须承认，在房地产纠纷案件中，偶尔地，我曾羡慕过伊富高人。

许多社会聪明地将暴力悉数移开而代之以象征性的比赛。爱斯基摩人的歌唱比赛即是如此。纠纷当事人在会集的群体面前见面。一方创作了侮辱性的歌曲并演唱出来，以此作为对另一方的口头攻击。另一方则予以回敬，以尽其所能的巧妙方式谩骂对手。回敬与反驳反复多次，直至双方筋疲力尽为止。到最后，谁获得人群的掌声更多，谁就是胜者。

在菲律宾的侗侗（Tongtong）人中，争吵当事人要在相等时间内咀嚼稻米，然后再吐出。旁观的人群作为裁判，谁将满满一口稻米咀嚼得更细碎，谁就领先。一个显著有效的程序化争斗是南太平洋特洛布里安群岛居民（Trobriand Islanders）的竞争性食物交换。当争斗已经交锋到了有致命交战的风险时，当地的某位"要人"就会介入，并指令一方所属的村子把储备的番薯作为礼物交给另一方所属的村子。按照习俗，后者也必须回赠。侵略性的力量得到了转移；两方对手和各自的同盟在计算、运输和提交番薯的日子里也耗得筋疲力尽。当实现了大致等量的交换时，争论就止息了。

西北太平洋的夸扣特尔人（Kwakiutl Indians）设定了著名的冬节——类似于工业化时代的富人们所称之为的显著的消费。对手将各自最值钱的财物扔进熊熊火堆。每一方都极为奋力地表现其能够比对方舍弃更多。双方都遭受了资本净值的损失，输者颜面扫地，但双方都能择日再行争辩。

习俗会将决策权交予某位外来裁判者。起初，最为普遍的是，这位裁判者是一位或者众位神灵。

由于神灵是不可知的，因此必须找到获知其裁断的方法。历史悠久的方法是借助神力进行判断。

当澳大利亚原住民认为某人死亡是由于巫术引起时，他们会祈求死者自身的帮助。他们把尸体抬至族人间的棺架上。当行进队伍靠近巫士时，死者的灵魂会使棺架前移并使一块巨大的占板（Ouija board）碰触巫士。接着人们会对其施以刑罚。

在20世纪的缅甸，诉讼当事人被要求同时点燃同等长度的蜡烛。蜡烛燃烧时间长者获胜。

但是探求神的裁断最为普遍的方法是神判法，它在某个阶段于世界许多地方都曾使用。嫌疑人要做测验，而且常常是十分痛苦的测验。测验结果显示神的裁断以表明有罪或无罪。烈火、沸水、冷水和毒药都曾经被使用过。

在西非的"基尼格木①审判"中，遭指控者必须喝下一种液体，这种液体由基尼格木有毒的树皮中提取而来。如果他将毒液呕吐了出来，那么他就是无罪的，并会活下来，反之，如果他没呕吐出来，那么他就是有罪的，就会死去——裁决与行刑的巧妙结合。

在利比里亚的劳玛（Loma）人中，被指控偷窃者要从盛有沸腾的油的罐底将黄铜脚镣拔出。如果他能成功做到这一点而无损伤，那么他就是清白无辜的，而如果明显受伤，那么他就是有罪的。

---

① sasswood：一种植物。——译者注

这种类型的方法——使用沸水或者烙铁,稍后检测嫌疑人的皮肤是否有脱皮、起泡或者溃烂的迹象,以其结果显示神灵的裁决——在许多地方都占有支配地位。

与此相反,冷水神判法是将嫌疑人的身体置于河流或池塘中。这在其他地方都适用过,也可见于《汉谟拉比法典》的记载:

> 若某人指控另一人施行巫术,但又不能证其有罪,被指控者应走向神圣之河并跳入河中。若河流将其溺死,则指控者应将其带回家中。若河流显示被指控者清白无辜,其毫发无损而出,则指控者应处死刑。

神判法(trial by ordeal)盛行了很长时间,并获得了令人吃惊的成功。1937年,一位到东非的美国旅行家玛格丽特·哈伯德(Margaret Hubbard),描述了她在赞比西河附近跋涉时所目睹的一次神灵审判。运输者有偿运输的一批明亮色调的印花布中有一部分被偷了。露营帐篷也翻遍了,仍一无所获。如果此次盗窃事件不能得到解决,那么剩余的印花布仍有可能失窃,而且运输印花布的远征行动将彻底失败。族群中的巴拉西(Barotse)族人提议进行一次神灵审判,60余名原住民也全都表示同意:

> [哈伯德女士写道]存在着一个行窃者,大家要以沸水测验将其找出。人群中没有一丝异议。所有人都认为这是一次公平的测验,因此大家生起火来,把盛有水的巨大水罐放到火上。我们肃穆地看着水达到沸点,然后猛烈地沸腾。盛有冷水

的一个小些的水罐被放置在沸水罐旁边，当沸水蹿着大浪头翻滚时，测验就开始了。

　　男人、女人、孩童和老人们依次上前，每个人都把右臂伸进冷水里，再伸进沸水中没至肘部，然后拿出来，走到火堆另一边的画线处。每个人都做了测验，没有哪怕是低吟一声。当测验全部完毕时，他们被告知次日下午同一时间返回原地。到那时，皮肤脱落或者起泡的人就被证明是行窃者。

　　他们排成一列返回，在我们面前走过，每一个人都赤裸着右臂并伸直以接受检验。在行进队伍里，只有一人的皮肤起泡且脱落。其他人均没有灼伤的迹象。最后他供认了罪行而且返还了印花布！

正如哈伯德女士的例子所显示的，在审判中神灵们有时会做出正确判断。

"除了言辞，没有别的东西能使我们成其为人，也没有其他方法使我们彼此联结制约。"蒙田（Montaigne）在四个世纪前写道。言辞可以结束一场纠纷，正如它可以引起一场纠纷一样。恢复和平秩序的言辞可由帮助当事人双方达成合意的调解人表达出来——例如在非洲黄金海岸①的传统阿善提（Ashanti）社会，由德高望重的长者作为调解人——或者由法官表达。言辞支撑着今日我们所认为的各种文明的方法，言辞也是律师和法官们的职业工具。

---

① Gold Coast：即加纳。——译者注

当然，这并不是说，律师的每次发言都是恰当得体的。

我所在的法庭上曾有一位律师，在最后辩论阶段被对方所说的话激怒而起身回复。"法官阁下，"他说道，"我想让一条红鲱鱼上床睡觉。"

有一位刑事辩护律师坚持认为其被告人正被变成一只"逃跑的山羊"——"我的意思是，"他自我纠正道，"一只刮伤的山羊。"

也有一位律师引用上级的话说，"如果我原来的证据学教授活到今天，他会在坟墓中翻身而起的"。

法庭上有大量词语误用的情形，这丰富了每一位法官的生活——而做一名律师就是要在语言的传统下工作，要在迄今为止语言所能穷尽的全部意义之内，尽可能清晰、有针对性、优雅地使用语言。比如法学家詹姆斯·麦迪逊（James Madison），他写道：

> 国会不得制定关于下列事项的法律：确立国教或禁止信教自由；剥夺言论自由或出版自由……

诸如此类，在石刻的《权利法案》（*Bill of Rights*）和主要由麦迪逊起草并于1791年通过的前十条宪法修正案中都有所体现。

我们也可以大法官小奥利弗·温德尔·霍姆斯（Oliver Wendell Holmes, Jr.）为例。第一次世界大战期间，一小伙无政府主义者从三楼窗口把传单扔到了纽约市的百老汇大道上。传单呼吁全国工人清醒起来，发起一场大规模罢工，迫使政府停止干涉新近爆发革命的俄国。这些散播传单的行为并不会掀起多大波澜，但是这些无政府主义者因触犯煽动暴乱法案而获罪，并被判处了二十年监禁刑。

其中之一是个二十岁的女孩。这些人都是幼稚无知的。他们的有罪判决因1919年美国最高法院的"亚伯拉姆斯诉美国"（*Abrams v. United States*）一案而得到确认。年已78岁的霍姆斯大法官则表示反对。其余几位大法官对此案反应强烈，他们去霍姆斯的办公室拜访，试图劝说他保持沉默或仅仅说一句"我反对"。但是在表决之日，从法官席上传来了霍姆斯的声音，那是迄今为止法官针对言论自由所写下的最著名的言辞：

> 当人们意识到，时代颠覆了许多彼此对立的信仰时，人们有理由相信，甚至比对自己行为的根基更加相信，人们所渴求的终极益处通过自由交流思想能更好地得到——对真相的最好检验是让思想的力量在市场竞争中为人们所广泛接受，真相是人们的愿望能得到安全实现的唯一基础。不管怎样，这是我们的宪法中包含的理论。

请注意，在这一简短的段落中，霍姆斯不仅解释了我们为何要珍视言论自由——它为我们提供了获知真相的最好机会——而且阐释了我们为何要首先珍视真相。在我们的传统中，阐述真相是一种道德训令。除去外交或者仁慈基础上的例外，我们假定知晓真相自身乃是良善的。这对持怀疑态度的霍姆斯来说还不够，他提出了务实的理由：真相是"我们的愿望能得到安全实现的唯一基础"。换句话说，我们所意欲得到的东西——繁荣、安全、自由、①成就——通过追求真相比屈从于虚妄或者错觉能够更可靠地获得。

霍姆斯未能将其对第一修正案的见解表述为"给人更加深刻印象的言辞"，他对此表示遗憾。即使莎士比亚在世也不能做得更好。霍姆斯未能改变1919年那一案件的判决结果，但是自此之后他和他的言论占据了上风。

在今日之世界，采取以言辞为基础的审判模式被认为是理所当然的。法庭甚至把我们最残暴的行为也以提出证据、分析案情和做出判决的方式放进文明的磨坊里。当事人的诉求与答辩需要提前陈述——民事案件中是以诉辩状的形式，刑事追诉案件中是以公诉状与辩护状的形式。事实证据要提交给一位中立的裁决者，通常是一位法官或者是陪审团。当事人双方都可以求助于业务纯熟的律师。证据一经采用，法官或者陪审团即开始认定待证事实，适用法律并做出判决。公正地探寻真相和对案件事实忠实地适用法律，是这一过程的核心。

这一方法诉诸理性，非常公正，且忠实于已发生的事实。我们赞赏这些优点，但是这些还远不是全部。正如争斗的冲动深植于我们的本性一样，处理纠纷、解决问题以及恢复和平的需求也是如此。纠纷必须要解决，但是必须要令各方满意地解决。审判体现了公民性的功能，但还远不止如此。它也是一种仪式、一种程序和一

---

① liberty：该词意指挣脱束缚获得解放的自由，freedom 指具有行为选择权的自由，二者有别。而鉴于语词含义、翻译技巧、相关语境等具体情形，译者又不得不译作"自由"。为加以区别，本书凡涉及 liberty 之处，"自由"二字均标为楷体（只有第五章题名"自由"除外）；其余不加特别标识的"自由"，均指 freedom 意义上的自由。liberty 意义上的自由在本书第五章中尤为常见，敬请读者谅解与辨识。——译者注

种驱魔法。诉讼程序本身，包括证据、争辩和理性的判决，是我们生活的重要组成部分。我们去观看哈姆雷特演出，不只是去看演出结尾时的尸体横于舞台，而我们进行法庭审判，也不只是为了生成那些所谓的裁决书和判决书。

人们无数的纠纷解决方法，无论怎样奇异，都要满足普遍的需求：侵略性的冲动得以发泄；得以戏剧式的体验案件、心灵得以净化；冲突得以解决、结局得以接受，因此生活得以继续；对神灵或者对正义的世俗标准的信念得以维护。也存在一些实现这些目标的较快的方法，但是没有无人类参与的方法。在这一过程中，戏剧式地体验案件的需求随着案件所引发的情感而起落。谋杀、伤害、强奸和绑架案件理当得到显著的解决，但是也有相当多的民事纠纷需要处理，包括诽谤、离婚、违约、过失伤害、复杂商业诉求等等。这并不是说每一案件都需要审判，事实上大部分案件能够得到令人满意的解决。这里是说机械的或者僵死的官僚式纠纷解决方法并不能为我们很好的造福。

正如霍姆斯大法官所言，"生活就是在描绘一幅图画，而不是做数学运算"，诉讼过程也同样如此。我们是爱斯基摩人、巴拉西人和新几内亚岛族人的兄弟姐妹。我们现代抗辩式的司法体制，连同它对事实真相的忠实、它的逻辑与言辞陷阱、长袍加身的法官、庄严的法庭和"尊贵的法官阁下"的咒语，是神判法、神力竞赛和格斗审判的衍生品。对法律而言，它绝不仅是演绎法这么简单，还意味着更多，而要使其永世长存，整个过程必须要有人的个体进行参与。

Chapter 3
From Revelation to Verdict
从神的启示到人的裁决

在中世纪的迷信与暴力中，陪审制的兴起是人类进步的重大事件之一。英格兰是我们的法治之母，直至今日我们仍为其刑事审判而着迷：身穿黑色长袍而头戴白色假发的出庭律师、机智的交叉询问、雅致的总结辩论，还有古老法庭的鲁波尔①。这一切都像我们今日法庭场景的翻版，极为文明且富于才智。但是，为了理解美国法庭制度的起源，我们必须回溯到更久远——诺曼征服之前的盎格鲁—撒克逊时代，那时英格兰还是只有森林、泥塘和荒野的岛屿，荒地与原始农田相连，道路稀少而破败，民智几乎尚未开化，辩论说理式的审判方式也还没发明出来。

让我们做如下想象：这是 1001 年维塞克斯②的一个夏日。令一

---

① Rumpole at the Old Bailey：《法庭的鲁波尔》(*Rumpole of the Bailey*) 是英国小说家 John Mortimer 的一部推理小说。——译者注

② Wessex：英国历史上一个王国的名称，当时人们所讲的口头语是西撒克逊方言。——译者注

些预言家吃惊的是，新千年刚刚到来，却并未带来世界末日，太阳则如往常一样照射在林间地头。艾德里克（Edric），一个时值二十岁、年富力强的农奴，正与其他农奴一起劳作，清理新砍伐出的田地上的石块与树桩以便耕作。大热天里，农奴们都是赤背劳作。

一位信使来到了田间。他是神父（priest）① 的助手，一个跑腿儿的，通过让自己具有利用价值而逃避重活儿。艾德里克不喜欢他。

信使走近艾德里克，说道："你必须跟我走一趟。"

"去哪儿？"艾德里克问。

"到村里去。"

"为什么？为什么要我现在到村里去？我得干活。"

"有一项针对你的指控。"信使说。

"指控我什么？"

"指控你偷了领主牛群里一头牛犊。你和同伙在森林里把它屠宰后运走了。"

"什么牛犊？什么同伙？"艾德里克问。

"我不知道。"

"我没这么干。"

"你必须跟我走。"

村子离这儿两英里。艾德里克和信使沉默地走着，穿过了田地，然后又沿着一条布满灰尘的道路前行。其他人跟在后面，要看

---

① priest：神父，天主教的一般神职人员，协助主教管理教务，通常是一个教堂的负责人，也有译者译为"主教"。——译者注

一看会发生什么。艾德里克知道偷领主牲畜的惩罚。肢体残缺——也许会失去一只手——对惩治轻微的偷窃者来说可能已经足够，但是从领主那里偷一整头牲畜的人要被立刻绞死。他也知道：农田、森林还有他自己都属于他的封建庄园主——领主，看不见的幽灵和恶魔遍布于黑暗之中，如果他死于原罪的话上帝会将其投入地狱受尽折磨，而神父正是上帝在地上的代言人。艾德里克没有读写能力。他没有任何可能掌握这些技能，不仅是因为农奴和奴隶从不读写，也是因为他并不知晓读书识字能带给他教化。事实上，他脑中根本没有教化的概念。他的世界观刻板而简单。在他脑中有着土地、炎炎夏日、凛凛寒冬、动植物、庄稼、领主、像他一样的劳作者、可以偶尔痛饮的节日，还有来世——充满人们渴求的回报或者具有威吓性的诅咒。除此之外，别无他物。

村子弥漫着粪肥、家禽和人类聚居的味道，这种味道由于田间的清新气味而有所缓解。广场是一片开阔的空地，由一个木屋、一个小些的居所、一个小教堂、一个铁匠铺、一个马圈和一些稀疏的棚屋环绕，木屋由领主一家居住，小些的居所由领主那很有权势的助手——领地管事居住。艾德里克到达村子时，村民们已经聚集起来等着观看了。当村民们分开让他通过时，艾德里克从他们脸上看到，有些人支持他，但另外一些人则斜着眼睛，渴望看到他受罚的场面。

在小教堂入口处站着神父和领地管事。他们前面的桌子上放着一头小牛犊被砍剩下的残留物，缺了两条后腿、舌头和其他精肉。

肥胖的、上了年纪的、威严的神父用冷冰冰的目光看着艾德里克。他说："有人指控你和跟随你的同伙确实从领主的牛群里偷了这头小牛犊,也确实在林里把它屠宰并把牛肉拿走了。如果这是真的,我奉劝你现在就承认,这样上帝会更加怜悯你的灵魂,否则就会诅咒你永远遭受折磨。说出真相吧,以免你将困扰今生的原罪带入来世。"

艾德里克害怕地看着这老头的脸,然后目光低落到了地面。"神父,"他说道,"我没干这事。我真的没偷这牛犊。"

"这是你的刀,是在牛犊附近找到的,"神父说,将一把木柄的刀放在了桌上,"牛犊在林间空地上被找到,有人看见你和其他年轻人从那里逃走。"

"神父,"艾德里克说,"我真的没干。我去年冬天就把那把刀丢了。从那之后就没再见过。"

"另外的那些年轻人都是谁?"

"我不知道。"

问话结束了。不会有证人被传唤。不会有一场审判把艾德里克有罪或者无罪交付人类来决定,他们将寻求神的判决。神父和领地管事就是当地的法庭,但仅仅是作为上帝的代理人罢了。

神父画了个十字,口中振振有词,于是面包变为了圣餐。

"我庄重告知你,"他说道,"如果你有罪,即不能分享基督的身躯,而如果你清白无辜,那就享用吧。"

艾德里克走向他,跪下,领受了圣餐。

教堂门口附近生起一堆火。神父捡起以前曾用于许多神灵审判的一根铁棒,走近了火堆。

"主耶和华啊,保佑此地,"他说着,"保佑此火。"

他将铁棒放入火里,将圣水洒在上面。"主耶和华啊,请净化此金属,将所有错误与欺骗逐出其中,让正直的判决所揭示的真相得以彰显。"

铁棒逐渐变热,关键时刻到来了。"火之上有圣父、圣子和圣灵的保佑,"神父说,"对我们来说,这可能昭示着上帝所做出的判决。"

艾德里克用右手捡起了灼热的铁棒。他感到了一种灼烧的疼痛,但还需要拿着铁棒走九步。他大步走完全程,然后跪下,把铁棒放在地上。

他站立着,抑制住啜泣,这时人群冲到他周围看接下来的包扎。神父用亚麻布把他被灼烧的手包扎起来,并用教堂蜡印把布封印起来。三天之后除去包扎之时,判决即最终做出:如果手有溃烂,他就是有罪的,否则无罪。神父说了一些仪式性的话,然后人群散去了。

艾德里克缓慢地走开了。他有一个十六岁的妻子、四十五岁牙齿尽脱的父亲,还有两个妹妹。艾德里克在村里找到了他们,对他们说自己是无辜的,上帝会拯救他。但是他无法说服他自己。他独自走着,穿过一片田地、一片树林,又沿着一条溪流走着。他非常想把受到灼烧的手放进凉水中,但这是不允许的。

第二天和第三天,艾德里克都是用一只手劳作。他让其他农奴告诉他是谁指控了他。没有人知道这一点,但是大家都知道"其余那些年轻人"被看见从林间逃走却没有被认出来。艾德里克将永远不会知道是谁指控他了。这也已意义不大,他的命运并不由某人的话而决定,而将由神判测验来决定。"敬爱的上帝,请拯救我吧。"他祈祷着。他想不出更多精心的祷词了。

第三天晌午过后，艾德里克走到教堂门口等待着。他的手仍然疼痛，他怕这会让他被判有罪。村里的男人、女人和小孩子聚集起来，来看他们一生中为数不多的戏剧性场面之一。

　　神父与领地管事从教堂里走了出来。艾德里克站在他们面前。神父画了个十字，说道："主耶和华啊，请将你神圣的指示赐予我们，以你的名义我们将实现正义。"他打开亚麻布上的封印，慢慢解开包扎。然后将艾德里克的右手放在掌中，长久地、深思似的凝视。人群微微一动，接着等待。艾德里克看到一个红色印记跨过手掌。他深深地恐惧，他将被判死刑，然后陷入地狱的诅咒之中。

　　神父将艾德里克的手放下，转向人群。他等待人群逐渐安静下来，然后说："此人没有偷牛犊。伤口并未溃烂。而且也并不灼热。他手上只显示着无罪印记。"他又画了一个十字。"以圣父、圣子和圣灵的名义。阿门。"他转身走回了教堂。

　　接下来有一段时间的沉默。人群中一些人离开了，口中低声抱怨着。然后一声叫喊自艾德里克的朋友们中间冒出，他的妻子和妹妹们冲过来拥抱他，他的老父亲咧嘴而笑，艾德里克仰望蓝天，喜极而泣。

　　当天晚上的祷告中，神父头脑里闪过了这样的想法：艾德里克这件案子或是或非其实是悬于一线的。在阅读主的指示时，他做对了吗？这个问题不能拖延。他的全部想法中不存在疑问，而对一个强壮的年轻人判死刑将十分可惜。他会告诉领主发生了什么。领主会对窃贼逃之夭夭而感到不满，而鉴于艾德里克是一位出色的劳作者，领主也会对艾德里克被拯救而感到满意，且这种满意情绪会抵消其不满情绪。这将不会有什么麻烦。神父感谢了主的所有佑护，并祈祷主对全体教徒和他自己进行救赎。

艾德里克案件是杜撰的——也不得不是杜撰出来的，因为1001年的英格兰还没有审判记录。我们只知道当时所用的方法，至于所说的言辞则无从知晓了。

在解释某一案件的时候，我们不得不使用英语，而不是盎格鲁—撒克逊人生硬的语言。艾伯特·艾尔弗里克（Abbot Ælfric）自大约955年至1010年生活于维塞克斯，以其续唱文本为样本我们可以获知盎格鲁—撒克逊语的大意："*Thā heofonlīcan œhta sind ūs eallum gemœne. Nacode we wœron ācennede, and nacode wē gewitath.*"它的意思是，"天国的财富为我们共同所有。我们赤条条地降生，又赤条条地死去"（如同现在一样，艾尔弗里克的布道终其一生都未引起广泛关注）。

以现代的感知力去回顾一千年前，大部分时候我们会遇到障碍。我们可以想象出发生了什么，但是要完全进入祖先的精神状态则是力所难及的。古英格兰乡村绿意盎然、未遭破坏，但是我们黑暗时代（Dark Ages）和中世纪早期的祖先则是半野蛮和原始的农夫，有着天然的暴力癖好。在刀剑争斗中被杀、肢体被战斧砍掉、眼睛被刀剜出，这些都是寻常的事情，带着我们今日所缺少的刚毅之气。即使是在和平时期，生活条件也十分恶劣。秋天一次短期的收割会意味着挨饿，每个冬季都会带来寒冷与隔离的围攻。未经修理的荒野是求生过程中的一大敌手。人们出于生存的必需而狩猎——打杀捕食牲畜的狼与狐，将野鹿、野兔和鸟类带回餐桌。

农奴与奴隶是主人的财产，女人生养小孩终日劳碌，所有人都因封建社会牢不可破的纽带而受到约束，自由人隶属于领主，而领主隶属于国王。

在这个垂直忠诚的社会，一个"无领主者"即是罪犯，而如果某人来自人们不知晓的地方，那么他就是嫌疑犯。我们已经知晓了一些零碎的盎格鲁—撒克逊法律。出自维塞克斯的其中一条说道：

> 如果来自远方的某一人或者外国人离开公路走进树林，却既不发出声音也不吹响角号，他将被视为窃贼而被杀死或者罚取赎金。

其信条为所有人所信仰的教会极有权势，既是地主，又是救赎灵钥的保管者。蓝色法规①与复仇并存。其中一条规定，"如果奴隶按照领主的命令在星期日劳作，他将获得自由……然而，如果自由人在星期日劳作将被贬为奴隶，除非他是奉了领主的命令"。

在教会与国家之间没有清晰可见的区分界限，权力由世俗的和教会的领主们共同享有。事实上，当时并没有现代意义上的国家。存在着一个盎格鲁—撒克逊王国，但没有中央权威，人们是向其当地领主寻求保护与正义。

古希腊古罗马的遗产——科学、艺术、法律——已经遗失，只有牧师所使用的拉丁语留存。当时没有警察、没有律师，也没有职业法官。法律基本是以习俗的形式存在，有时付诸于书写的文字，

---

① blue laws：殖民地时期清教徒社团颁行，禁止星期日饮酒及娱乐等世俗活动。——译者注

但是要使法律获得遵从，则是一场激烈而不平顺的斗争。

这场斗争最初是通过自助行为进行的。当有人目睹一起犯罪行为时，"呐喊与大叫"（hue and cry）——如今适用于更加文明活动的一个短语——将会大量使用。例如，目睹行窃的任何人均有义务发出呐喊，而可以预测的是，嫌疑犯将会逃走，所有听到骚乱者都会如一群吠叫的猎犬般加入追逐的行列，当嫌疑犯被抓到时，会当场绞死。肯定会有无辜的人被绞死，而他们仅仅是出于害怕而逃跑。只要一经喊叫，肯定有很多人会感到害怕。

杀人行为由私人以流血冲突的方式加以解决。被杀者的亲戚能采取同种报复——当然也会引起反报复和一系列致命暴力事件。制止流血冲突的早期努力是沃杰德①，这是一种替代剥夺生命的赔偿方式。每一等级的人、身体的每一部分，都有确定的价格。一个幸存至今的文本这样写道，"如果某人杀死了另一人，应付100先令的沃杰德"，"如果骨头裸露，应付3先令；如果耳朵被打掉，应付12先令"。

"呐喊与大叫"和流血冲突不需要任何程序与判决，不经思考即残杀。相比而言，英格兰占据支配地位的神判司法则代表了一种先进性：非理性程序代替了不经任何程序的做法。尽管产自于迷信，但这些做法标志着由私刑和私人冲突到公共决策和公共刑罚的转变。两者的差异对被指控者也许是微乎其微的，但是对于社会公众来说，审判后再绞死比未加审判即绞死要好得多。将法立足于公

---

① Wergeld：古日耳曼和盎格鲁—撒克逊法律中为避免世代结仇根据被害人的地位高低而规定的凶手付给被害人家属的赔偿金额。——译者注

众脚下是一个漫长而艰苦的斗争过程,在这其中,灼热的烙铁扮演了荣耀的和也许是残酷的角色。

还有其他盎格鲁—撒克逊审判方法。在冷水神判中,被指控者双手绑在膝下,系于绳端,浸入因审判目的而变得神圣的池塘中。如果上浮,他就是有罪的;既然水将之拒绝,那么随之而来的就是对他行刑或者将绳子切断。如果下沉,他就是清白的,池塘接受他的身体即为明证。如果足够幸运的话,无辜者会被及时捞出而避免溺死。

在中世纪英格兰的等级结构中,神判法主要应用于低阶层人群,他们之间最常见的犯罪是盗窃、抢劫、伤害和谋杀。对贵族阶层则适用一种不同的方法。上层人群也会犯重罪,但他们之间最常见的纠纷是关于土地产权的。土地是财富与权力之源,他们争抢土地的方法从持械格斗、战略联姻到进行诉讼不一而足。宣誓断狱法,作为一种誓言测试,成为他们选择的审判方法。某人就其自身土地的权利和指控的清白宣誓。他将 6 至 12 位宣誓断狱人——誓言辅助者——带去参与审判,让他们宣誓他的誓言真实可信。誓言辅助者并非证人,他们对于案件事实问题并不发言,只阐明其当事人誓言的真实性。他们必须坚持遵从精确言语的程式,如果无意间说了错词,誓言将会"破裂",所争之利益就会丧失。

盎格鲁—撒克逊人果真相信神判法和宣誓断狱法吗?他们真的相信。这些方法历经数世纪而不倒,由教会筹集费用保证其实施。我们的祖先并没有发狂,他们的世界观与我们相比,理性色彩虽弱,宗教信仰却强。救赎与诅咒真实而切近,中间无调和的余地。真相是绝对的——绝无遮掩、也非相对,不服从于疑问和怀疑态度

——并且是被权威地显露而非理性地询问出来的。由于上帝不仅创造而且监管着大地，他的判决必须解决犯罪与致命争斗问题。人们渴求事物的确定性和答案的无可争辩，而通过信仰判决乃是出自于上帝，这种渴求得到了满足。将责备从人类法官身上转移的需求也同样得以满足。如果溃烂的手显示有罪，或者身体沉入深渊证明清白，那也不是法官的判决。如果某个宣誓断狱人舌头打结，其当事人的誓言破裂，那也是神的判决，与人无关。

各种古老的审判方法历时久远，部分原因是由于其娱乐性价值。最终结果的悬念和争斗的激动，吸引着人们。许多人不仅仅是前来观看戏剧性场面，也是为了追求一阵令人愉悦的施虐的快感。古英格兰某些时代与地点的纪录显示了人数不等的妇女遭受神判——最可能是基于施虐的快感，而这一施虐的快感却是乔装为正义粉墨登场的。由于神判法乃是经合法认可的，被指控者也有逃脱处罚的机会，因此旁观者可以无负罪感地品味这一场面。如果绞刑立即实施，那会更好，小孩子们也会从中得到教益。

被称为宣誓断狱法的誓言竞赛依赖于言辞和其所描述事物之间魔法般的联系。如果能够成功地说出程序性的话语，那么誓言肯定是真实的，谎言将会破坏宣誓者发言的程式。众所周知，地狱的火焰在等待着伪誓者——现代法官们也会不时地看到这种想法在宣誓者身上再次觉醒。

当征服者威廉（William the Conqueror）与其操诺曼语的骑士们于1066年占领英格兰时，他们带来了一种审判方法，带有如非逻辑即为骑士气概的特征。这种方法是决斗审判，在欧洲大陆有着悠久传统。它快捷而简便。决斗双方手持古代兵器交战，这些兵器已经为此而祈福过。或者，如果足够富裕，他们也会雇佣斗士代替他们而战。兵器大战中的胜者也将在诉讼中获胜。他们不会浪费精力去争论案情的是非曲直。

决斗审判法从未在本土英格兰人中普遍适用。诺曼统治者只是在他们内部使用此方法，同时保留了神判法和宣誓断狱法等盎格鲁—撒克逊方法以供一般性的适用。

因此，事态平稳地发展到了威廉的各位继任者统治时期。英格兰使用的所有审判方法都寻求神的判决，若以我们今日的眼光审视，这些方法都是非理性的。

从神的启示到人的裁决，这一转变经历了大约二百年。现存记录算不上丰富，但足以使我们知晓以往发生之事。对古老审判方法的信仰有一个逐渐衰微的过程。与此同时，这种方法开始渐渐使用：召集一小群"有宣誓能力者"，使其宣誓并说出国王需要知晓之事的真相。断断续续地，在对古老审判方法的怀疑、困惑与倒退中，因旧机制的灭亡而未获满足的需求由新机制的诞生来弥补。这一结果如同文艺复兴一样，对现代生活重要而关键。人的判决代替了神意，最终，人类担负起了为自身而做出决定的责任与荣耀。所发生的这种转变，虽然结局不同，但推动力相同，这在西方世界莫不如此。

陪审团在英格兰的初次亮相，是和审判无关的。诺曼国王一心要将这混乱的岛屿与其税基（tax base）置于中央控制之下。为紧紧掌控各地事务，国王们将当地贵族召集至巡回法庭——法庭会议——以誓言的形式描述他们所在地的每一处领地庄园：由谁所有、里面有什么人和物、它值多少钱。被通知宣誓者就是一种陪审团。

全国范围内的结果首次公布在1086年著名的《末日审判书》(Domesday Book)中。

不管当时还是现在，控制犯罪、保护住宅与公路安全，都是皇家的利益。"出席的"陪审团——我们所称呼的大陪审团——逐渐开始用来对付犯罪。皇家法官们网罗一组有声望的人宣誓陈述谁是嫌疑犯。那些被指控者随之将遭审判——但是审判的进行仍然沿袭那些古老方法。

到12世纪时，宣誓断狱法——誓言竞赛的审判——日渐衰微，原因在于其显而易见的不可信赖性。伪誓甚至贿赂丑闻在应用中频频出现。而且，如果双方的誓言辅助人都正确地背诵出了魔法似的程式，那该怎么办呢？在某些案件中，谁的誓言辅助人多就判谁获胜，这使得结局与真相的联系断裂，令人不满。

至于神判法，当神的指示与第一手的知识冲突时，甚至连最虔诚地相信神判法的人都开始感到怀疑。由人类理性加以观察某些案件，人们逐渐认识到神判法的结果可能有误——绞死了无辜者或者放纵了罪犯。非正义感——我们精神中有时会休眠的一部分，正在觉醒。

另外，教权与王权之间也存在摩擦。掌控神判的神父们有可能出于怜悯或者偏见而歪曲了结果，皇家官员却对此无能为力。早在1100年，当50个人因触犯森林法被指控、继而经受灼热烙铁之神判却无一人获罪时，征服者威廉之子威廉·卢夫斯(William Rufus)暴怒了。可以理解，这种做法让他认为所有神职人员都爱管闲事却毫无判断力。

亨利二世(Henry Ⅱ)——机敏过人、活力四溢、不知疲倦、精通语言、自征服者威廉以降的英国国王中可算作极富涵养者——

1154 年登临王位并统治了 35 年。民众对其印象深刻,是因为他和昔日朋友兼酒友托马斯·阿·比开特(Thomas à Becket)大主教的连续争吵,导致托马斯在坎特伯雷大教堂被四位受到国王怒火激励的骑士谋杀。但是亨利二世理应被人们记得更多。他自己本身是立法者。他对创立英国皇家司法体制所起的作用大于任何其他人。

亨利二世的目标是抑制犯罪的爆发和对土地的霸占,当地领主及其法庭对这些事情处理得并不够。他并非完全是出于雅量虚怀,只是更好的司法能够增强王权。

1166 年,他的政府组织建立了大陪审团。各地陪审员们要定期交给执法长官①或者皇家法官一份名单,上面写有臭名昭著的罪犯的姓名。然后遭指控者将会接受神灵审判。于是对犯法者的定期围捕成为常态。

尽管神判法仍在使用,但亨利二世对其信心颇微。他下令,任何被指控犯有严重罪行但在水审中无罪开释者,如果社区中有足够的"有宣誓能力者"宣布其名声不佳,那么他将会被驱逐出王国。该法令不动声色地将部分决断案件的责任由上帝转换为"有宣誓能力者"。

亨利二世也为地主们创立了新的补救方法。若某人丧失对土地的占有或者土地产权受到挑战,可将购买令状呈交给执法长官,由

---

① sheriff:也有译者将该词译为"司法行政官"、"郡长"、"警长",它源于盎格鲁-萨克逊语的 scirgerefa,中世纪英语作 shire reeve,意指一县或一郡的首席治安官员,在其辖区内负责监狱的管理与监督,可以执行民事与刑事程序,也可以执行司法命令与决定。该词也可称为 high sheriff, vice - comes。有鉴于此,译者将其译作"执法长官"。以上有关 sheriff 的注解参见 Brgan A. Garner 主编:Black's Law Dictionary (Eighth Edition), Thomson West 出版公司,第 1409 - 1410 页。——译者注

其召集陪审团。陪审员们、当地地主们,可以利用自己对附近沟沟坎坎的具体知识来决定案件。有些骑士对决斗审判法并不热心,对他们而言,这一转变作为对决斗审判法的缓解肯定大受欢迎。

亨利二世的改革使得陪审团和初期法律职业离我们所认可的角色更近了。然而神判法历经了他的统治时期和其后若干年,要完全放开它,有很大的阻力。并且有一个现实的问题摆在面前:如果取消了神判法,该如何决定案件呢?

对神判法的最后一击来自于教会。长年来,思虑深远的神职人员一直声称,将一个个不可思议的真相显示出来乃是奉了"善诱的上帝"的要求。上帝也许是万能的,但是神的耐心却有限度。最终,罗马教廷于1215年公然抨击了神判法。神父从此不再参与其中。历经数世纪而为人们所接受的神判法忽然之间被禁止,理由是它野蛮残暴。

教会的撤出给英国法律留下了一个裂缝。神判法已经一去不复返,然而眼下并没有其他方法能够替代它。同样于1215年签署的《大宪章》(*Magna Carta*)确认了英国臣民可与国王对抗的重要权利,但是陪审团审判并不在其中。《大宪章》所设定的前提是,原来的审判方法仍继续适用。

皇家法官们陷入了困惑之中。按照指令,巡回法官们要将被指控犯有重度罪行者投入监狱,"因我们的监狱,他们不会有丧命或变残的危险",允许被指控犯有中度罪行者离开王国,为了安全,要犯有轻度罪行者改过行善。所有这些并无任何刑事审判的存在,因为那时还没有人知道该如何进行一场刑事审判。

这样一个真空地带必须迅速得到填补,以下就是解决方案。重刑犯被判死刑仍与永恒的诅咒观念相联系，要做出的生与死的重要判决也多是源自土地纠纷，因此法官们不愿自己掌握案件决定权，也不愿承担随之而来的风险，以免遭受责备与招致失败。首先，他们缺乏决定案件所需要的知识，也没有证据收集制度以资帮助。民众也没有强烈要求由法官代替上帝做出决定。因此他们转向了眼下可行的措施——为了其他目的而已经存在的陪审团。

在13世纪，陪审团审判成为在英格兰占据支配地位的审判方法。由当地12位陪审员组成的陪审团要宣誓根据自己对案件事实和诉讼当事人的了解来决定案件。每位陪审员要宣誓在裁决中说出真相，即"真言"。陪审团运用知识和常识做出决定，法官们对于民众不满的决定可以得到一个缓冲，正义将得以实现。

这一措施是如此聪明灵巧且合乎时宜，它使陪审团审判超越了其可能主张的任何法律支柱。当时法律没有在刑事案件中授权使用陪审团审判。法官们决定，如果遭指控者不愿意接受陪审团审判，那么就不能强迫他接受，这留下了一个棘手的问题：该怎样对付那些阻止陪审团审判的人。一些拒绝答辩者未经审判即被径行驱逐出境。1275年的一项法规规定，被指控者若拒绝接受陪审团审判，要被投入条件恶劣的监狱，直至其同意接受审判为止。这一做法很快转变为一种酷刑。被指控者若拒绝接受陪审团审判，要被置于两块厚木板之间，上面一块木板上堆放重石，直至此人回心转意或者粉身碎骨为止。有一些人宁愿选择死亡，因为受到这样一种认识的激励：确证的重刑犯的财产要没收充公，但死于重石之下者由于并未判罪而可以将财产留给继承人。大部分重罪被告人因为没有财产而无所顾忌，于是接受陪审团审判变得普遍起来。奇怪的是，直到

1772年，被指控者拒绝接受陪审团审判本身才被视为一种答辩——起先是一种有罪答辩，然后又过了半个世纪，才如今天一般被视为是一种无罪答辩。

刑事案件中的陪审员最初是从负责起诉的陪审团中挑选出来的。提起控诉之后，可以推定他们有足够的知识来决定有罪还是无罪。但是有一个明显的不利之处：陪审员们不可能做出一个无罪裁决，因为这将显示他们自身提起的指控是错误的。于是开始从外界引入陪审员，至14世纪中叶时，形成了彼此独立而区分明显的两个陪审团：由大陪审团提起控诉，新形成的审判陪审团则负责决定案件性质。

很长时间以来，审判陪审团坚持自己为自己提供信息，它依赖自身已经获知的知识来做决定。随着社会的发展，随着陪审员需要获得更多信息，有时也需要传唤证人出庭作证。出庭律师最后要走过的门被开启。陪审团有足够的知识决定案件而无需帮助的假定，逐渐让位于陪审团需要听审证据的假定。许多案件是结合了陪审员们最初所知和庭上所知的内容才做出决定的。到17世纪末期时，法律要求陪审员应当仅仅根据在法庭上听审的证据做出裁决。人们意识到，预先不知悉案件才能保证公平与公正。我们经历了这样的转变：从要求陪审员知悉案件，到假定陪审员不够知悉案件，又到要求陪审员尽可能少地预知案件。

陪审制的到来并不是一道驱散所有黑暗的光明。有很长时间，审判是粗糙而混乱的：陪审员们与被告和证人争论不休；程序规则松散无章；重罪被告人不能聘请律师；法官对法律的指导模糊不清或者人为操控；通过关押陪审员或者将其以马车拖曳于街道上直至同意法官意见为止，法官们胁迫陪审员做出符合自己心意的裁决。许多案件继续由当地法院审判，这些法院是由有田贵族们而非王权操控的，在素质上与先前的法院有较大差别。

但是我们仍迈出了巨大的一步。数世纪后，我们从魔法走向了理性。由神启示的审判让位于辩论说理的审判。人类最终解除了由神来决定尘世纠纷的负担。

然而在做出这一转变时，我们并未完全丢弃历史的遗迹。陪审制取得了部分成功，因为它诉诸理性价值，而这些理性价值也曾由种种古老方法出色地实现。而且它现在仍然如此。它为人们提供了戏剧性教益，净化了人们的心灵，其规模堪比团体竞技运动。抗辩制使双方当事人彼此相争。决斗审判存留于那些被称为律师的雇佣斗士之间的争论中。誓言辅助人不再需要，但有时人格证人扮演了相似的角色。裁决须经陪审员一致同意的要求——最初采用这一要求的前提是审判结果必须反映出上帝明确而不含糊的意志——现在是为了实现一种不同的目标：使陪审团仔细听取所有成员的意见。

而且，虽然我们忠实于理性，但有时我们却面临着理性的极限。尽管有千百年来累积的知识、智慧和先例，仍然有一些案件是如此困难、挑战着我们的道德观、以法律推理无法回答，我们渴望神的指示来告诉我们如何决定。在这样的案件中，陪审团有一种独特的优势：不需要对裁决做出解释。

52英尺长、木质结构的"木犀草"（Mignonette）号旧游艇，正从英格兰驶往澳大利亚途中，那里将会有它的新主人。船上是为进行这次漫长航行——沿非洲海岸而下、绕过好望角、穿越印度洋

——而雇佣的船员。全体船员包括：托马斯·达德利（Thomas Dudley），船长；埃文·斯蒂芬斯（Edwin Stephens），助手；埃德蒙·布鲁克斯（Edmund Brooks），得力水手；还有理查德·帕克（Richard Parker），一个十七岁的小伙子，普通水手。

驶离赤道以南的非洲西海岸时，游艇遭遇了狂烈的风暴。大浪敲破了干舷，游艇在五分钟之后就沉没了。凭借着运气和达德利船长的技巧、冷静，四人用配备的小船逃生。达德利当即用从残骸中打捞的材料做了一个航海铁锚，以免他们倾覆于狂风之中。

那是1884年7月5日。船员们安然度过了风暴。但是离他们最近的陆地远在数百英里以外，他们无法到达，盛行的东风会将他们吹往至少2000英里以外的南美洲。

"木犀草"号船员们的小船中已没有淡水，食物也仅剩下两罐萝卜。日子一天一天地过去，他们饱经烈日的酷晒和饥渴的折磨。他们用衬衫做成了一块航帆。他们捉住了一只小海龟把它吃掉了，但是再也找不到其他补给。陷入极度虚弱和脱水症状的他们，开始喝自己的尿液。

他们看到死神正向他们所有人逼近。达德利怀着渺茫的希望给妻子写了一个字条，希望有一天妻子能够看到：

> 我们已在此地17天了。没有食物，我们四个活人都盼望着能有航船经过。如果没有的话我们马上就得死了。如果你去找汤普逊先生，他会把一切打点好。对不起，亲爱的，我踏上了这样一艘航船，但是我一直都在尽我全力。知道吗，亲爱的，我会喜欢留于此地。你会知道，在余生我过着基督徒般的

生活。如果这字条能到你手中，你会知道你的爱夫汤姆爱你至生命最后一刻……永别了，愿上帝保佑你们所有人，愿你们生命长驻。

大家讨论用抓阄的方法来决定将谁杀死并由其他人吃掉，但随之又放弃了这一提议。然后上天安排了一位候选人。这就是小伙子理查德·帕克，他躺在船底，因喝海水而病得厉害，身体迅速虚弱下去，处于半意识状态。达德利和助手斯蒂芬斯眼见着理查德就要死去。第二十天时，他们决定迅速了结理查德的性命，否则四个人都会死。达德利用刀子割断了理查德的颈静脉血管。

之后的四天里，三人靠着理查德·帕克的血肉得以维持生命。在第二十四天时，他们见到了一艘航帆。不幸的是，在此之后达德利口不择言，说由于害怕被错过，"他们的心都悬到了嗓子眼儿"。但是他们被发现了，正在南美至汉堡途中的德国航船"蒙特苏玛"（Moctezuma）号将他们救起。达德利和斯蒂芬斯过于虚弱，他们是被用绳子拉到甲板上去的，布鲁克斯则是自己挣扎着爬上了甲板。小船在海上航行漂游了超过1000英里，已经在里约热内卢以东大概990英里了。在"蒙特苏玛"号船长的命令下，船内残留的可怜的理查德·帕克的尸体——一根肋骨和一些碎肉——被从船上扔下。

"蒙特苏玛"号将衰弱的幸存者们绕路运到了英格兰。在福尔茅思①港上岸后，达德利和斯蒂芬斯坦白了所发生的一切。他们并

---

① Falmouth：一座沿海的城镇，同时也是重要的海港，位于英格兰西南角。——译者注

不知道会遭到指控。在以前,绝望的失事船员同类相食是很常见的。美国诗人惠特曼(Walt Whitman)曾在《草叶集》(*Leaves of Grass*)中讲述过这种灾难:

> 我坐着展望世上一切忧伤……
> 我看到饥渴生于海上
> 我看到船员们为把性命延长
> 正抽签决定将谁宰杀
> 以供余人分飨……

船长和助手都是有声望的人。达德利,一位虔诚的英国国教徒,每周日都在"木犀草"号上提供服务,他也是年轻的理查德·帕克的宗教启蒙者。

> 达德利宣誓供认道:在第二十天时,小伙子理查德·帕克因喝咸海水而非常虚弱。在助手斯蒂芬斯的协助下,宣誓者达德利将其杀死,维持了剩余三人的生命,他们也一致同意该行为确属必需。

斯蒂芬斯说他"同意主人的意见,认为牺牲一人以拯救其余绝对必需,主人选择了身体最虚弱的小伙子理查德·帕克。宣誓者斯蒂芬斯同意这一意见,于是主人将小伙子杀死了"。

他们的所作所为引起了公愤。从未去过海上、也很少吃不上饭的社论作者们要求实现正义。女王犹豫了,然后站在训诫的立场上坚定地申斥道：在补给用完的情况下，英国船员不得推知其可以彼此相食。达德利和斯蒂芬斯以谋杀罪遭到指控。如果罪名成立，两人将获绞刑。

审判中的辩护理由在于必需性：他们处于死亡边缘，别无选择。然而这种辩护理由难以成立——法律并没有规定可以剥夺另一个人的生命来拯救自己的生命，哪怕这个人即将死去。法律也不能清楚地回答本案引发的其他问题：应当首先适用英国法律吗？或者，是否应当允许漂流于中大西洋的狭船里的这些可怜虫们自行成立表决组织？在当时悲惨的环境下，需要拯救三人性命是否可以成为剥夺一人性命的正当理由？现实原因——小伙子的死亡由于自然原因而迫近，或者达德利和斯蒂芬斯有义务回家养活妻儿——能否成为选择小伙子而非布鲁克斯并将其杀死的正当理由？或者，是否应当同意以协议方式来抽签？如果交由命运进行选择，赌博中的输者改变心意并拒绝被杀死，又该怎么办？有没有法律途径来解决呢？或者，除了饿死与绞死之外，法律没有给人们留下其他的选择吗？

对其中的一个幸存者布鲁克斯的指控已经取消，在审判中他为控方作证，却在一个关键问题上帮了被告的忙：如果没有同类相食，任何人都不可能活下来。

　　辩护律师：在那四天里，你是不是靠了这位可怜的小伙子的尸体才活了下来？
　　布鲁克斯：是的，毫无疑问，是这样的，先生，我确信。

庭审法官①拜伦·哈里斯顿（Baron Huddleston）决定，不能让公众对达德利和斯蒂芬斯的怜悯削弱英国法律的指令。这就必须要做出一个谋杀罪的裁决。但是如何才能阻止陪审员们对此二人仅定杀人罪，或者更糟糕地，将之无罪开释呢？哈里斯顿忽然想出了一个聪明的、也许也是尚存疑问的策略：他要让陪审团仅仅认定案件事实，而将有罪无罪的问题留给法庭。他记述了自己对证据的看法，在双方都休息时念给陪审员们听。他们会同意吗？

陪审员们接受了法官的记述，并做了一些修正。他们坚持，他们负责发现的案件事实要包括案件必需事实："如果三人不吃小伙子的尸体，他们可能就活不下来……而早就会在那四天之内饿死。"裁决将有罪无罪的问题留给了专业的法官，这正中法官的下怀："但是对于在整件事情上几位囚犯以前和现在是否犯有谋杀罪的问题，陪审团无知地交给了法庭决定。"陪审团建议对此案宽大处理。

如今，法庭面临着一个自己制造的困境。陪审团可以做出决定而不需要陈述理由，但是当案件逻辑不明时，这些穿长袍戴假发的权贵有义务对判决做出解释。于是一场争论在最高法院（the High Court of Justice）的王座法庭（Queen's Bench Division）的五位法官面前展开。有人认为哈里斯顿以非法程序剥夺了陪审团决定案件的权力，法官们对这一争论不予理睬，认定达德利和斯蒂芬斯谋杀罪名成立。为论证这一判决的正当性，他们却诉诸一个谬论：他们

---

① trial judge：也有译者译作"初审法官"、"审理法官"、"审判法官"，由于陪审团一般出现于具有初审管辖权的法院中，本书对陪审团各项活动的讨论也基本限于初审法院中，对应的法官一般也都是初审法官，因此，除个别地方之外，译者将该词统一译作"庭审法官"。——译者注

说，法律有权要求凡人在其能够承受的范围之外尽义务。"我们经常不得不设置一些我们自己无法达到的标准，制订一些我们自己无法满意的规则。"

因此，法律的权威得到了维护，没有受到脆弱人性的侵扰。达德利和斯蒂芬斯被判了死刑。

许多人期盼着，如果失事船员们被判有罪，女王会仁慈地开恩。但是会不会呢？几星期过去了，当皇家官员们还在迟疑时，一封封信件蜂拥而至。最后，从内政大臣那里传出话来：维多利亚女王（Queen Victoria）会赦免二人，条件是他们要在监狱里服刑六个月。这完全不能有缓刑的余地，但是也不会再有绞刑了。

经过备受煎熬的思索，政府最终形成了一个让人可以接受的结果。尽管陪审团原本就能很快做出决定，而法庭将船员们的命运从陪审团夺到自己手中，审判程序并非非法，判决意见也并非不完整。只是结果处于一种令人尴尬的境地。对于这一案件来说，如果按照惯常做法让陪审团做决定，可以更好地实现正义。

在狱中度过六个月后，达德利和斯蒂芬斯获得释放并度完了余生。他们的诉讼提醒我们，在现代，并不会有神的指示。既然已承担了为我们自己而做决定的责任，我们就不能因案件疑难而丢弃这一责任。我们应当倾尽所有，用尽所能。一些法官祈祷获得神的指引，但是，如果一位法官真的认为自己已经获得了神的指引，又有谁会愿意站在他面前接受审判呢？①

---

① 有关达德利和斯蒂芬斯一案，译者参考了邓子滨先生所译《法律之门》第八版中的相关内容。具体参见［美］博西格诺等：《法律之门》，邓子滨译，华夏出版社，2007年1月第1版，第58－65页。——译者注

Chapter 4
The Jury Breaks Free
挣脱束缚的陪审团

采纳陪审团制度的国王和领主们，将陪审团制度看成是在其领土内维持秩序的一种方法，因为在这些领土内争吵冲突和不法行为泛滥猖獗。他们并没有——哪怕是一点点——扩大公民权利的想法；他们所在意的仅仅是陪审团制度能够在解决纠纷上起到作用。土地所有权纠纷——这一中世纪民事案件的主要来源，从事实真相可疑、裁判方法致命的决斗场，搬到了法庭。在争斗的地主之间，仰仗暴力让位于偏好诉讼。在明察秋毫的法官那警觉的目光下，刑事案件由了解附近风土人情、了解被告和被害人的陪审员们来审判。此时的司法体制虽然粗陋，但仍好于英国人之前所知悉者——因此，这一新制度增强了国王权力。

但是陪审团正如许多其他孩子一样，很快就令父母大吃一惊。它不仅成为政府的一个工具，而且成为一种反抗、阻止和遏制残忍与暴行的机制，成为一股支持理性、常识和怜悯心的力量。为充分发挥这一作用，陪审团必须赢得自己的自由——有权自由裁决案件，不必害怕国王、法官或者当地领主的报复。一件具有划时代意义的案子将一个英格兰大家族的后裔带到了刑事被告席上。

海军上将威廉·佩恩爵士（Sir William Penn）是17世纪政府体制中的一位重要官员。他曾与荷兰人海战，为国王降伏牙买加，赢得了爵士身份，写下了不列颠海军战术手册。在英格兰和爱尔兰，他都拥有巨额财产。他一生都是在控制和命令别人——只有一件事情他做不到，那就是无论怎样他都控制不了那个和自己同名同姓的儿子。

小威廉·佩恩聪明机灵、生气勃勃，是巨额财产的继承人。但不知为何——海军上将真的就是看不透自己的儿子——当他还是个在校生时，就已经成为一个宗教叛逆。16岁时，他被父亲送到牛津接受绅士教育，但是仅仅一年后他就因宗教信仰不一致被学校开除。自此之后，上将父亲为他所做的一切——让他到法国旅居、让他去负责管理位于爱尔兰的家产——看起来都仅仅是增强了这个男孩冥顽不化的信念。到20岁时，这个男孩成为一名贵格教徒（Quaker），更糟糕的是，还成为他新信仰的代言人和小册子的作者。

上将被激怒了。在所有异教徒里，贵格教徒们——基督教的公谊会（Society of Friends）——是最受鄙视的。他们崇尚和平、富有德行、追求独立、拥有自信。他们不分等级地将所有人称呼为"你"。他们拒绝宣誓——这是冒天下之大不韪的，因为当时宣誓是一种忠诚的表示。他们是如此令当局者恼怒，以至于在复辟时期①的头两年里，超过三千人被捕入狱。

---

① Restoration：查理二世在英格兰的统治，1660–1685年。——译者注

上将咒骂自己的儿子，并威胁要剥夺他的财产继承权。但是小威廉对这些威胁充耳不闻，他只听得见那来自贵格教徒良心的安宁之声。教徒们发现他是一个理想的斗士：他不仅是个勇敢而魅力超群的年轻人，而且正如已经发生的事实，他还是个贵族。

佩恩撰写小册子抨击国教（Anglican Church）信条。当局者们把他关进了伦敦塔里，这当然只会更激起佩恩的怒火。在那个时代，尽管异教徒会被以最站不住脚的理由关进监狱，但是他们能够在狱中写作以消磨时间。塔里的佩恩写了一部狱中杰作——《不要十字，不要王冠》(*No Cross, No Crown*)，这是一部详细阐明贵格教教义的书，此书雄辩有力且富有幽默感。贵格教徒们不仅希望升入天堂，还希望改变世界。佩恩写道："真正的信条并不是要人们脱离尘世，而是让人们能在尘世更好地生活，并激励他们努力改善尘世。"

1670 年夏天，小威廉·佩恩获释，在伦敦继续逍遥法外。如今已 26 岁的他，踌躇满志。

8 月 14 日，星期日，小威廉·佩恩想做一次布道宣讲，却发现城中那些极力想让贵格教布道者沉默不言的当局者们已经关闭了贵格教徒们位于天恩寺街的会堂。于是佩恩就在大街上布道。数百人汇集一处——他们彼此喧嚷着、倾听着、谈论着。42 岁的亚麻布商威廉·米德（William Mead）站在佩恩旁边进行协助。

佩恩正在宣讲时，治安官（constable）[①] 们在人群中冲开了一

[①] constable：该词意指"治安官"、"警官"、"巡官"，联系历史背景，译者将其译为"治安官"。——译者注

条通道。他们手持逮捕证,逮捕了佩恩和米德,把他们关进了新门监狱(Newgate Prison)。随之有一项指控被提起,指控二人非法集会、扰乱秩序。据称,佩恩"在米德……的煽动下……确实做了布道宣讲",结果"一大群人聚集在街头……而且的确持续了很长时间,这一行为蔑视……国王和国王之法,极大破坏了国王陛下的和平秩序"。

这是一项严重的指控,是近似于叛乱和谋反的重罪。佩恩和米德如果被定罪,将会面临重刑。他们知道这一点,并已做好准备。佩恩给上将父亲写信说道:"亲爱的父亲,现在请不要感到不快或悲伤。我们怎知这不是主的安排,来磨炼我们的耐心呢?"被指控者可能获得的希望将来自陪审团——一个此时已历经四个世纪、但仍在进化中的机制。

起初,陪审团的审判简单而直接。临近的自耕农经召唤来尽陪审义务,选出十二个人之后,审判就开始迅速进行。陪审员们宣誓会基于他们对当事人和事实的了解做出真实的裁决。随着时间的推移、社会的发展,证人证言也被引进审判程序。

在民事案件中,一种高度技术化的书面诉辩状制度开始形成。这些文件以一种被称作法律法语①的混杂不纯的语言写成,在陈述诉求和辩护理由时必须符合严格的要求。一个格式错误可能会输掉整个官司,律师的机巧言辞代替了诉讼委托人的大刀。这一切发生

---

① Law French:一种由诺曼语、英语和拉丁语特殊混合而成的法律语言。——译者注

时，审判是由陪审团来进行的。

相比之下，刑事案件则更简单更迅捷，几乎无一不维系着较低层人民的命运。正是在此，陪审团开始不时地反对官方的指令，开始说出无声的"不"。如同现在一样，中世纪时，尽管法官很少说出同意陪审团的意见，但是法官和陪审团经常对裁决结果保持一致看法。但是当法官与陪审团意见不一致时又发生了什么——会发生什么？当法官确信陪审团正在放纵一个罪犯时怎么办？当那个被放纵的罪犯对委任法官，给法官披上红袍、戴上长长假发的国王造成威胁时，又该怎么办？

谁应握有最终发言权——法官还是陪审团——围绕这一问题的争论始于中世纪的刑事审判中。这些案件中没有出庭律师，法官们引导着诉讼进程，询问证人，指导陪审团。被指控者并非被假定无罪。他们无权聘请律师，不能保持沉默，不能申请证人出庭，也不能上诉。他们只能自己辩护，对指控自己的证据做出回答。当时的理论认为，一个无罪之人对指控的自发反应本身就是充分的辩护。该理论的一位支持者说："不需要什么技巧方式，在这种案件中，做出坦白而诚实的辩护永远都是最好的。"

我们缺乏早于 16 世纪的文献记录，但是托马斯·史密斯爵士（Sir Thomas Smith）写于 1562 年——那时伊丽莎白一世（Elizabeth I）还是个年轻女王——的观察记录可能足以描述多年来的实践做法。托马斯爵士是个谨慎持重的学者，他为我们展示了生动的一幕：法庭快速地将男人或女人带到绞架下，或者给他们打上犯罪的烙印，或者无罪释放。

巡回皇家法官和当地治安法官（justice of the peace）①"根据其财产与等级"坐在分层而列的席位上，文员与书记员也是如此。由大陪审团提起指控的囚犯们被带进法庭，"身上的铁链彼此相连"。

然后传令员大喊一声，命令全场安静。其中一个法官简短地陈述判决理由，并给群众以教益。接着顺次点囚犯们的姓名，囚犯们要应声答到。

书记员宣读对每一被告的指控并要求其进行答辩。程式性的回答是"由上帝和国家做主"——这意味着由陪审团进行审判。

陪审员们——"他们是地道的自耕农，住在附近或者至少住在百里之内，或者住在重罪可能发生之地的附近"——被召唤落座。被告人可以某陪审员持有偏见为由拒绝其陪审，这一否决权的行使可能会成功获得支持。当十二人的陪审团准备就绪，法庭就开始传唤证人。

至史密斯爵士写作的时代，陪审团都是依赖提交的证据来做裁决。如果没有证人出庭，被告将无罪释放。但是据托马斯爵士所言，"除了在小案件中，这样的情况很少发生"。

证人们——第一个通常是犯罪的被害人——要宣誓，要被问到是否认识囚犯。"他说认识，囚犯有时说不认识。"证人和被告席里的男被告人或女被告人经常有争论：

---

① justice of the peace：意指"治安法官"、"治安官员"、"地方执法官"，联系语义与背景，译者译为"治安法官"。——译者注

> 我很清楚你，你在某地抢劫了我，你打我，你偷了我的马、我的钱包，你当时身穿这样的大衣，有这样一个帮凶。盗贼会说不，然后他们站在那儿理论一番，盗贼会使尽浑身解数做出辩解。在他之后，那些了解囚犯的人，或者能给出标示或者表征——我们今日的语言称作对罪犯不利的证据——的人，也如法炮制。

陪审员和被告之间也有争论，陪审员经常跳到争论中去，这与今日他们作为消极的倾听者有所不同。

当证据提交上来后，法官指导陪审团：

> 善良的人们啊（他说道），你们负责审讯，你们已经听到了这些人对囚犯的指控，你们也已经听到了囚犯为自己所做的辩护，注意你们自己的誓言和职责，将灌输于你们脑中的神意以良知释放出来吧，并记好你们所说的话。

法官很少再陈述有关法律的事项，并不摆出犯罪构成要件，也不说明举证责任。

当把第一个案子呈送法官后，陪审团通常并不离席，而是继续听取下一个案件的证据，然后是再下一个。最后，负担过重的陪审员们可能会祈求获得怜悯："阁下，祈求您不要再给我们更多任务，我们的大脑已不堪重荷。"

如果同时有几个案件需要做出决定，陪审团会退场评议。返回时，陪审长要陈述对每一个被告人所做出的裁决：

你要说什么呢？他有罪还是无罪？陪审长只用一个单词做出回答，guilty［有罪］，或者只用两个单词回答，not guilty［无罪］：前一个会要了囚犯的命，后一个则会将囚犯无罪开释。

如果某人能够证明自己识字、以前从未犯过罪、目前只是犯了"神职可宥"（clergyable）的罪行（其认定有赖于具体的时间和地点，可能仅仅是盗窃、偷猎或除谋杀、公路抢劫之外的其他重罪），那么他可以要求享有神职特权（right of clergy）。由主教代表到场回答法庭的问题：合法还是不合法？如果回答的是合法，被告人将躲过死刑一劫，"当着法官们的面立刻以灼热的烙铁在手上打上印记，以 T 代表盗窃，或者 M 代表杀人"。如果再次犯重罪，这一印记将把犯罪人送上绞架。

如果神职人员回答"不合法"，被指控者将被划入那些已被定罪的大多数人之列。对大多数贫穷而又不识字的被告人而言，第一次被判重罪也就是最后一次。他们不会有神职特权（benefit of clergy）。法官会说：

陪审员们判你有罪，你已说尽为自己辩护之言，按照法律规定，你应首先回到所来之处，然后到行刑地，在那里被绞死。

几天之后，囚犯将会在一群旁观者面前被绞死。没有上诉。正如托马斯爵士所写的:"如果陪审团说有罪,那么不论普通法官还是大法官都不必再有所行动,他们不能推翻、修改或者改变这一事实。"

死刑是适用于所有重刑犯的刑罚,从盗窃到谋杀无一不包。

留存至今日我们能够见到的记录资料显示,在13和14世纪期间,很大一部分重罪被告人——可能占到了大多数——都被无罪开释了。这其中有一些毫无疑问是由于举证不力。此外,中世纪的指控方法也为一些指控不能得到证实留下了很大空间。另外一些开释肯定是由于陪审员被贿赂,或者是由于他们害怕被告人的同伙或者亲属报复。但是,有一点十分清楚,那就是在许多案件中陪审团投票将被告人释放仅仅是因为他们认为被告人不应被判死刑。因此,死刑为创立现代自由起到了不可预期的作用——它增强了陪审团的独立性。

面对着将所有重刑犯送上绞架、对杀人行为不作任何等级的区分的中世纪法律,认为需要对囚犯施以怜悯的陪审员们会规避法律,而找寻自卫、意外事件或者一些其他正当性理由。他们的常识给严苛和刻板的法律注入了柔韧性。他们证明了今日的出庭律师们所知之事:陪审团不仅"认定案件事实",他们也决定整个案件。正如法学教授托马斯·格林(Thomas Green)所记述的,早期陪审团的工作:

> 包含着对个人价值的评估:嫌疑人是那种可能恶意地犯有某一确定罪行的人吗?几乎是不可避免地,陪审团的裁决即是对谁应存活谁应死去的判决,而不仅仅是决定谁对谁实施了何种行为,以何种意图实施。

只要陪审员们是依赖着自身对事实的认识做出裁决，法官就不能对裁决话以短长，因为他并不知晓证据。但是当证人开始出庭、庭审开始呈现在公开法庭上获取的证据时，一种紧张关系发展了：此时的法官也听取了证据，如果他认为陪审团错了该怎么办呢？

陪审团无所忌惮地履行职责，我们对此已习以为常。不论今日的陪审员们做出什么裁决，他们都使得法院免受官方的报复，甚至也免受对形成决定的质询（某些陪审员选择接受媒体采访或出现在脱口秀节目上则与此离题甚远）。陪审员的这些权利并不是从天上掉下来的；而是通过与强大的政府相抗衡得来的，来之不易。

憎恶陪审团义务、认为其带来不便的人也许会深思五百年前的情形。那时，接到召唤即是被拖入损害的深渊中。人们期望陪审团做出的裁决不仅应当是诚实的，而且应当是真实的——做不到这一点的话他们就要接受惩罚。如果法官或者另一身居高位的名士对裁决结果持异议，他们会签发一纸污点令状（writ of attaint）。一个由24人组成的新陪审团将会宣誓对原来那些作伪誓的陪审员们进行审判。如果新陪审团认为旧陪审团的裁决错误，那么，正如一位观察家在1470年所写的：

> 旧陪审团的所有成员都将被关进国王的监狱，货物被充公、财产被没收、住宅与房屋被推倒、林地被采伐、草地被翻犁，从此之后他们将永远在法律上留有恶名。

有鉴于此，许多陪审团根本不愿做出裁决。法官对此经常以胁迫做出回应。通常情况下，在评议案件时，法庭不给陪审员们提供食物和饮水。如果陪审员顽固不化，法官会让人以敞篷马车拖着他们逛遍全城，直至他们醒悟为止。如果他们做出一份法官认为错误的裁决，法官会喋喋不休地对之劝导，并退回裁决让他们重新考虑——通常还会提醒他们所面临的风险。这一风险逐渐包括了比笨重的污点令状更迅速、更确定的制裁措施。对与自己建议相反的裁决感到不快的法官，会对陪审员们当场施以罚款，并将其关进监狱直至付清罚款为止。一些陪审员缴纳了罚款，另一些则在压力下屈服，改变了裁决。

随着中世纪的没落和文艺复兴的兴起，定罪率有所上升——看起来部分是由于司法压力策略所致。但是许多案件中，在正义感的驱动下，陪审员们仍会拒绝定罪。

17世纪时危机来临——复辟时期的英格兰是这样一个时代：贵族们欢庆胜利、各大剧院上映着高雅喜剧、大街上法庭里充斥着对少数异教徒的指控。在一场混乱内战之后，流亡国外的查理二世（Charles II）被请回复位。他并不是个对宿怨怀恨在心的人，也不过分看重宗教的要求。他在欧洲大陆时即已有之的对于娱乐和情妇的兴趣爱好有增无减，在位时继续沉迷于此。他同意与议会分享权力。报复被控制在了最低程度内，他只认定十二个人应对十一年前自己的父亲被斩首一事负责并被绞死。塞缪尔·佩皮斯（Samuel Pepys）——当时在皇家海军行政办公室任职的一位年轻办事员——在1660年10月13日的日记中描述了其中一场公开行刑的场面：

> 我出门去查令十字路（Charing Cross）看哈里森少将

（Major-General Harrison）被绞死、拖出，然后尸体被四等分——就在那里这样做——他看起来是高兴的，如同任何在此种条件下的人所能做出的一样。他被当场斩首，头颅与心脏被示众，这引起了阵阵欢呼。

与查理二世友好、悠闲的性情相一致的是，他对指控异教徒缺乏兴趣；甚至有人怀疑他同情天主教徒。但是由贵族控制的骑士议会（Cavalier Parliament）并不像这位国王一样悠闲。英国国教重新被确立为王国的官方信仰。在一个指控成风的时代，议会没有理由宽容异教徒，理由在于：他们在内战中站在清教徒一方；他们拒绝承认基督教会的权威，这有损于政府体制；他们坚持精神自由，而这，可能在无意间向可怕的天主教敞开了大门。议会通过了镇压非国教徒的法律。在1664年的《非国教徒秘密聚会法令》（Conventicle Act）中，议会将不按英国国教礼拜形式实施或者参与任何宗教服务活动的行为规定为犯罪。贵格教徒们是这一立法，以及禁止非法集会与扰乱平和秩序的各项法律的首要打击目标。

1670年9月1日审判开始时，小威廉·佩恩和威廉·米德已经被关押了16天。他们被带到伦敦巡回法庭（London Court of Sessions）。主审的是伦敦市长大人、记录官①（伦敦市的首席刑事法官）和五位高级市政官。一个12人的陪审团宣誓"进行良好而真

---

① recorder：该词具有一定的历史性，指英国一些城市或者自治市镇中拥有刑事管辖权的地方法官或曰治安法官。参见 Bryan A. Garner 主编的 *Black's Law Dictionary* (Eighth Edition)，Thomson West 出版公司，第1301页。——译者注

实的审判,在至高无上的国王陛下和法庭受审的囚犯之间做出真实的陈述"。

佩恩不久之后写下的对审判的叙述已经为我们所知,市长大人也写了一份审前陈述,佩恩的叙述大部分与之并不矛盾。

在贵格教徒的信仰问题上,市长大人开始向二人发起诘难。贵格教徒在面对官员时通常是戴着宽沿帽子的,他们认为脱下帽子是对世俗权力的不恭敬。然而佩恩和米德未戴帽子进了法庭。

"喂,谁命令你把他们的帽子给摘了?"市长大人对一个法警(bailiff)① 说道。"再给他们戴上。"

一个法庭保卫执行了这一命令,二人戴着帽子又回到了法庭上。

"你们不知道应当对法庭有适当的尊重吗?"记录官问二人。

"知道。"佩恩说。

"那么你们为何不尊重法庭?"

"我的做法是尊重法庭的。"佩恩说。

"那么你们为何不脱帽?"

"因为我并不认为那是对法庭的尊重。"佩恩回答。

记录官抓住这一条不放:"好吧,鉴于你们对法庭的蔑视,法庭对你们每人罚款四十马克。"

证据尚未提交,被告人已被罚款。佩恩的回应展示了他的勇气与才智:"我盼望法庭留意,我们进入法庭时未戴帽子,如果我们

---

① bailiff:有译者译为"法庭监守"、"司法警察"、"执行官",译者在本书中译为"法警"。——译者注

是在那时之后戴上了帽子,则是奉了法庭的命令。因此,应该被罚款的不是我们,而是法庭。"

旁听观众们已经能够发现这一审判具有巨大的娱乐效果。两被告人勇敢无畏,而市长大人和记录官则意欲引诱他们。

当局一方传唤了三位证人,他们曾目睹佩恩在天恩寺街布道。面对法庭的提问,他们回答说由于人多嘈杂而未能听清佩恩的话。这并不要紧,被告人非但不否认曾经布道,还对自己的行为颇为自豪。佩恩说:"我们自己集会来布道、祈祷或者礼拜永恒、神圣、公正的上帝,对此我们并不认错或者辩白,我们要向全世界宣布,我们认为这是我们责无旁贷之义务。"

两位被告人要求知道指控是基于哪条法律而提起。"根据普通法。"记录官说道。他拒绝做出更为具体的回答。如果法律是"普通的,"佩恩说,"就不应如此难以宣示众人。"佩恩挑战了指控的合法性。"问题并不是我是否犯了该项指控的罪,而是这项指控本身是否合法。"

法庭在顷刻间就失去了耐心。"把他带走,"记录官说,"阁下,如果你不给这讨厌的家伙一点颜色看看,封住他的嘴,我们今晚就什么也做不了了。"

市长大人表示同意。"把他带走,把他带走,"他说道,"把他带到罪恶的被告席(bale–dock)里。"

当佩恩被带走时,他冲着陪审团大喊:"就因为我要求英格兰根本法的辩护就必须要被带走吗?无论怎样,我把这一点留给作为我裁决者的陪审团的良心来裁决了……"

法警把佩恩拘禁在罪恶的被告席里,那是房间的一角,周围用尚未触及天花板的隔板挡着。佩恩和陪审团彼此不能再互相看见了。

威廉·米德下一个接受讯问，他告诉陪审团自己是个和平主义者，对他的这项指控则充满了谎言。"柯克（Coke）大法官告诉过我们，"他说道，"什么行为才构成暴动、骚乱和非法集会。"

"应当把你的舌头割下来。"市长大人这样回答米德。

"你们确实向我承诺过，"米德说，"我应当享有被听取意见的公平的特许权。为何我不能享有一个英国人的特许权呢？我是个英国人，你们应当为此种做法而羞耻。"

记录官说："我看你是英格兰法律的敌人……别人享有这一特许权，你不配。"

"在这一问题上，主才是我和你之间的裁判者。"米德说。他也被拖到了罪恶的被告席里。

然后记录官指示陪审团：

> 你们已经听取了该项指控的内容，是有关于被告人向人群布道的，他们身后有一帮骚乱人群陪同，佩恩先生一直在宣讲。如果没人打断他们（贵格教徒们），你们会发现他们仍会继续。有三或四个证人已经证实了佩恩确实在那里布道，米德先生也确实容许了他这样做。在此之后，你们已听取了对他们不利的大量证人证言；现在，我们将事实交予你们裁决，你们应当如同自己所充分宣誓过的那样，固守和遵从案件的事实，否则自担风险。

换句话说，陪审团只应当决定佩恩是否布道以及米德是否协助了他，证据显示他们确实做了这些事情，如果不做出有罪裁决，陪审员们会遭受惩罚——这一裁决使其"自担风险"。

在这时，佩恩爬到罪恶的被告席的隔墙顶端叫喊："我要诉诸于作为我们裁决者的陪审员以及所有的旁听观众，由他们判明：在囚犯们不在场的情况下，法庭将自己的意见强加给陪审团接受，法庭的这一程序是否极为专断、是否规避了所有法律……"

"把那个家伙拉下来，把他拉下来。"记录官说道。

接着，米德出现在墙顶端，说道："是否是根据英国人的权利与特许权，我们才不应被听取意见，而是被拖进罪恶的被告席里为自己辩护……"

"把他们带进臭洞（Hole）里。"记录官说。

囚犯们被带进楼下一个称作"臭洞"（stinking hole）的地方。

一个半小时后，陪审员们报告称他们以八票对四票认定有罪。其中一位高级市政官认识陪审团中的一名陪审员——爱德华·布歇尔（Edward Bushel），并怀疑他投了无罪票。高级市政官说："布歇尔先生，你自己已经卷入这个陪审团……你比今天被带到法庭上来的任何人都更应得到指控。"

布歇尔抗议道："不，约翰爵士，我前面还有六十个，我本情愿逃脱处分，但是不能够。"

市长大人以打烙印威胁布歇尔："喂，你这无耻之徒。我要给你打上烙印。"

陪审团又出去评议了一番，不久之后带着裁决回来了。囚犯们被带进来，书记员问道："威廉·佩恩有罪还是无罪？"

"犯了在天恩寺街宣讲之罪。"陪审长说。

记录官被激怒了。"你等于什么都没说。"

市长大人指令:"这不是一场非法集会吗?你的意思是说他仅仅是在那儿对着骚乱的人群讲话吗?"

一边是坐在高高的席位上各位长袍加身的官员、法警们、警卫们,他们身后是这个国家里声威显赫的诸多要人。坐在另一边的是陪审席里的十二个普通人,作为普通公民,他们既无权势也没有接受过法律教育。在市长大人的指令下,一些陪审员"看起来开始屈服",但是另一些立场坚定。陪审长说:"阁下,我已尽了所有义务。"法庭告知陪审员们除非他们达成一项裁决才能解散,然后又让他们退场评议了。

半小时后陪审团回来了。对佩恩的裁决保持不变:"犯了在天恩寺街宣讲之罪。"对米德则做出了一项新裁决:"无罪。"

市长大人发怒了:"什么,你们会被布歇尔这样的一个蠢蛋牵着鼻子走吗?"记录官也助阵道:"绅士们,除非我们获得法庭能够接受的裁决,否则你们不能解散;你们应被关起来,没有肉食、饮水、火炉和烟草;你们不应……戏弄法庭,我们会在上帝的帮助下获得裁决,否则你们要为此而忍饥挨饿。"

佩恩抗议说:"作为我裁决者的陪审团不应遭受如此威胁,他们应自由地做出裁决,不能遭受强迫。"

"让那个唠里唠叨的家伙闭嘴,或者把他拖出法庭。"记录官说道。

尽管佩恩不是律师,但此刻他展示了一个天生律师的才智。迄今为止,这场争论包含的是这样两方:坚称佩恩对众人布道的法庭官员们和辩称审判程序不公正的两名被告人。现在佩恩试图首次在陪审团面前对实质问题——案件事实——做出辩护。

> 陪审团不能如此无知地认为我们在那里集会，并意图破坏社会秩序，因为（首先）我们是被以武力禁止进入合法会堂，并且是在大街附近官方士兵许可的地方集会；（其次）这种集会对我们来说司空见惯、并非新鲜事物。众所周知，我们是和平安全之人，无法对任何人施以暴力。

他转向陪审团："你们都是英国人，留意你们的特许权，不要放弃你们的权利。"

"我们永远也不会放弃。"陪审席上传来一个声音。

陪审员们再次退场。他们"整晚没有肉食、饮水、火炉、或者……也没有夜壶，尽管很需要"。次日早晨七点，星期天，他们重复了裁决："犯了在天恩寺街宣讲之罪。"

"是否是一场非法集会？"市长大人指令道。

"不，阁下。"爱德华·布歇尔回答。

"你这个捣乱分子，"市长大人说，"我要给你点颜色瞧瞧……"

布歇尔平静地回答道："托马斯爵士，我所做的一切皆是出自我的良心。"

"你那良心会要了我的命，"市长大人说，"……我要尽快了结你的性命。"

陪审团又两出两进，裁决依旧不改。提到布歇尔，市长大人说：“你们除了让这个可鄙的家伙牵着鼻子走之外，就没有其他办法吗？我要切下他的鼻子来。”

佩恩说：“我的陪审团竟然遭到这样的威胁，这简直不可容忍。这是依据根本法而做出的吗？根据英格兰的《大宪章》，他们难道不是我的正当裁决者吗？”

记录官说道：“阁下，您必须也给这家伙点颜色瞧瞧。”

"狱守，让他闭嘴，给他上脚镣，把他拴在地上。"市长大人要求道。

现在，记录官准备抛弃英国人民的自由了："我现在才明白，西班牙人在忍受宗教法庭（Inquisition）①方面，为何会如此贤明远虑，"他说道，"当然，只有类似西班牙宗教法庭的机构出现在英格兰，我们才能得享福乐。"

经过数天的言辞暴力，陪审员们已经疲乏不堪。他们起初拒绝了法官要求其再次退场评议的命令。"我们已经给出了自己的裁决，"陪审长说，"所有陪审员一致同意，如果要我们再给出一个裁决，那将是施加在我们身上、拯救我们生命的一种力量。"但是他们决定再试一次，于是在经过又一个漫漫长夜后，他们带着最终的裁决归来：小威廉·佩恩，"无罪"。威廉·米德，"无罪"。

主审官员们暴怒了。他们要求每一个陪审员单独陈述姓名与裁决——"他们一致都说无罪，这极大地满足了旁听观众的要求。"

官员们不得不接受这一裁决，但他们仍然有权处罚错误地决定

---

① Inquisition：中世纪天主教教会审判镇压异端的司法机构，也可译为"异端裁判所"、"宗教裁判所"。该所对异端分子或异端嫌疑者用刑以及鼓励告密的做法使之声名狼藉。——译者注

了案件的陪审员们。记录官告知陪审团:"上帝未将我的生命置于你们之手,但是为此法庭对你们每人罚款四十马克,并判处监禁,直至付清罚款为止。"

无罪开释的佩恩走上法官席,要求获得自由。法庭拒绝了,因未付清开始时蔑视法庭的罚款,二被告人要被关押监禁。"《大宪章》所保障的权利怎么办?"佩恩要求道。"把他带走。"记录官说。

他们所有人——佩恩、米德和十二位陪审员——都被关进了新门监狱。

迄今为止,佩恩已是监狱的常客。他给父亲写信道:"我热切地盼望您不要因我目前遭监禁而受困扰,我的境况不会更好也不会再坏,上帝的意愿将会实现。"

但是病情严重的海军上将盼望见到儿子,他为佩恩和米德缴纳了罚款,将他们保释出狱。

其中八位陪审员很快就厌烦了监禁生活,也缴纳了罚款。但是爱德华·布歇尔和其他三位陪审员坚持着立场。他们聘请了律师,上诉到民事上诉法院(Court of Common Pleas),要求获得自由并免除罚款。在交保获释后,他们仍然坚持自己的诉讼。

布歇尔案(Bushel's Case)的判决结果于 1671 年做出,也就是对佩恩与米德审判一年之后。由于拒绝"在法律方面根据法庭指示"做出裁决,陪审员们已被罚款和监禁。首席大法官沃冈(Vaughan)写了一份常识性意见书,对政府与贵格教徒之间的争斗避而不谈。适用法律乃是法官而非陪审团的职权范围,沃冈对此深信不疑。但他也看到，要呈交法官所要求的裁决，陪审员们就不得不接受法官们对事实的描述——而由普通法授权认定案件事实的正是他们陪审员，并不是主审官员们。沃冈写道，法官"绝不能知道陪审团掌握的证据"——这一陈述反映了一个古老观念，即陪审员们可以考虑来源于庭审外的各种信息。而且即使所有证据都在公开法庭上提交，"法官与陪审团也可能根据证据诚实地做出结果迥异的裁决，正如两位法官也经常会这样一般"。

现代观念认为所有人都容易出错，因此不应将官方认为的真相强加于人，这在沃冈的意见书中暗示了出来：

> 一个人不能通过另一人的眼睛来观察，也不能通过另一人的耳朵来聆听，不能通过另一人的理解或推理来决定或者推断有待解决的事情。

宣誓根据证据做出符合事实真相的裁决的陪审员们，不应被强迫违背誓言，做出有悖于其所理解的证据的裁决。自然而然的是，陪审员不应因做出了法官认为错误的裁决就遭受处罚。后来令状得以签发。

爱德华·布歇尔与他勇敢无畏的陪审员伙伴们赢得了胜利——不仅仅是为他们自己，也是为所有英美法的继受者。法官们会再次对着陪审团高谈阔论，陪审员们有时会屈服于官方压力，像其他任何制度一样，陪审团制度自身也有失败之时。然而，一项伟大的原则从此确立：由陪审员们而非法官来做出裁决；他们绝不能受胁迫；不论法官认为陪审员们诚实做出的裁决有多么错误，陪审员都不能因此而受惩罚。在法律的范围之内，由人民而非官员对有罪还是无罪握有最终发言权。对法庭上的正义来说，没有比这更伟大的胜利了。

海军上将威廉·佩恩爵士最终接受了儿子的贵格教信仰，也不再威胁儿子要改变遗嘱，他在1670年那场审判之后不久去世了。

年轻的小威廉继承了家族的财产，继续远近闻名地生活着。早年的佩恩鲁莽急躁不知畏惧，情愿在肮脏的监狱中一待数月来维护良心的自由，经过时间的历练，现在的他变得更为谨慎小心、持重稳健，且熟谙政治的精妙诡诈。坚持着贵格教信仰的他，甚至成为国王查理二世与其兄弟詹姆斯的朋友。佩恩两度结婚，是十五个孩子的父亲。他写了一百多部著作宣扬自己的宗教信仰，包括大报纸和书籍。作为皇家对上将的欠债，他从国王那里取得了位于美洲特拉华河西岸的一块巨大土地。为纪念上将父亲，1681年他在那里建立了名为宾夕法尼亚的州。这里将成为被指控者的避难所，成为一个成员之间情同手足的社会共同体。佩恩为这片新土地制订了政府宪章。它这样规定：

> 所有审判都应由十二人的陪审团决定，这些人应在附近的同阶层或等地位的人中挑选，且应无一例外地公正无私。

美国十三个州都采用了陪审制，但是陪审制在宾夕法尼亚却有着特别的共鸣：那个伟大的贵格教徒从没有忘记伦敦的陪审员们对他进行的那场审判。

Chapter 5
Juries and Liberty in the United States
美国陪审团和自由

在美国，法官们告知陪审员们利用自己的判断来"认定事实"——决定谁在说真话、什么证据应予采信、事发当天发生了什么——但是要把法官对法律的陈述奉为福音书。具有典型性的是，联邦司法中心（Federal Judicial Center）建议在刑事审判中应用以下对陪审团的指导：

> 陪审团的各位成员，从证据中认定事实真相是你们的责任。你们，也只有你们，将是案件事实的认定者。然后你们要将法庭给予你们的法律适用于那些事实。不论你们是否同意这一法律，都必须遵从。（这一点我予以强调）

这告诉陪审员们以如下公式决定案件：案件事实（由陪审团认定）×法律（由法官确定）=裁决。通常，法官会在对陪审团的指导中说，最终结果"不能受到任何个人喜好或嫌恶、观点、偏见或者同情心的影响"。陪审团自法官处接受大前提，自己填充小前提，然后像计算机一样得出逻辑性的结论，即裁决。

这一公式仅仅描述了一小部分事实情况——陪审团的工作并不是机械的，而是充满了自由裁量权和价值判断——但是它确实引导着陪审团的评议，今天它又遭到一场抗议运动的极力反对。在传统的美国自由的名义下，"陪审团充分知情协会"（Fully Informed Jury Association［FIJA］）与其他类似组织大力宣扬这样的法律：要求告知陪审团，如果他们不同意法官的指导，可以将其"否决"——换句话说，陪审团可以自己决定需要适用的法律。政治领域内的法律抵抗者们——无限制地携带手枪、大麻合法化、取消所得税，或者堕胎诊所关闭权的拥护者们——支持这一观点。陪审员们亟须在法庭外为了更高正义①而崛起，以对抗法庭的支配。

在一场对加利福尼亚堕胎抗议者的审判中（被告人被控非法侵入与抗拒逮捕），一则报纸广告建议陪审员们不仅应拒绝法官的指导，还要对其拒绝的意图撒谎："不要让法官和检察官知道你知晓此项权利。"在对一些毒品交易者提起的指控中，陪审员们采纳了这一建议，因为这些指控的刑罚太严苛，陪审员们认为不论这些被告人是否有罪都应予以释放。"陪审团充分知情协会"发出了"陪审团权力全套信息组件"（jury power information kits），告知候选陪审员们"陪审员的誓言均不可强制执行"。该组织在最近一封致西

---

① higher justice：英美法传统中，如果律师认为法官的意见不能接受，可以寻求或者诉诸"更高正义"或曰"更高正义原则"，以此作为代表着实在法的法官的抗衡，这在很大程度上受到自然法观念的影响。——译者注

雅图编辑的信函中声称，陪审团"如果感觉到指控毫无根据，被指控者已遭受足够的痛苦，可能判处的刑罚太重或者法律本身错误，被误用或模糊不清，就可以在事实面前拒绝定罪"。

很少有公民，也不会有法官会赞同以下观点：陪审员的誓言是不可强制执行的，陪审员应当对其拒绝法官指导的意图说谎。但是抗议运动并非空穴来风的反常行为，而是关于陪审团角色之争的最新篇章，这一角色问题回溯到了我们国家的起源。它唤醒了一个从一开始就不时伴随我们的问题：法庭上的权力在法官、律师和陪审团之间如何划分才能够最好地实现正义与自由？

在18世纪的美国，移植而来的陪审团制度开始生根并前所未有地兴盛起来。普通公民虽是法律外行，但人们赞扬他们所拥有的常识甚至超过了法官和律师的专业化知识，陪审团的独立性成为一种信仰。陪审团有权在与法官意见相左的情况下自主决定所适用的法律，并在此后一个多世纪里保持这一权利。刑事案件中陪审团基于良心的无罪开释权变得牢不可破。尽管在"陪审团否决权"的标牌下，陪审团的这两种权力经常纠结在一起，但它们确有不同，且有着各自不同的命运。陪审团的法律适用决定权已不复存在，但是其基于良心的无罪开释权仍然存留了下来。陪审团的自由裁量权——它能使法律条文变得有意义和将公平、适度与怜悯融入法律的刚硬逻辑——经受住了考验并繁荣兴盛起来。为理解我们是如何达成这一妥协——审视一下当前围绕陪审团角色问题的争论会将我们引向何方——我们应首先看一个伟大的案件，在这一案件中陪审员们表现优异，但是陪审团两种权力的关键性差异是由一位出庭律师开启的。

威廉·考斯比（William Cosby）由英王乔治三世（King George Ⅲ）任命为纽约州皇家总督①，他的言行无时无刻不在证明着自己的傲慢、贪婪与腐败。他不知羞耻地利用职位牟利，打压反对的声音，罢免了一位胆敢与其公开叫板的州殖民地首席大法官。按照当时法律规定，以任何公开方式批评一位公众官员乃是犯了煽动性诽谤罪。一想到蹲监狱的后果——在18世纪，监狱甚至还不如现在更吸引人——大部分反对者都会打退堂鼓。一伙纽约的有钱人决定通过赞助报纸这样一种甚为安全的方式反对考斯比。这样一来，冒风险的就是印刷商而不是他们自己。他们不能与州殖民地的官方印刷者做此业务，因为这些人的生计全赖总督的恩惠。因此，他们转向了约翰·皮特·曾格（John Peter Zenger）——一个靠印刷宗教宣传册和在教堂演奏风琴谋生的德国移民。如果这些有钱的绅士们为其提供资金，他会刊印一份报纸吗？会的。由曾格编辑印刷的《纽约周刊》（New York Weekly Journal）于1733年3月首次发行。

《纽约周刊》不断刊行，登载了许多文章，对考斯比的执政做了尖锐的并带有讽刺性的批评。这些文章的作者并非曾格，而是总督的主要对手们，他们谨慎克制，没有署名。一篇文章将一个对考斯比溜须拍马者描述为一只小狗，"刚刚从狗窝出来迷了路，满嘴都是令人作呕的溢美之词"。另一篇文章则把执法长官描绘成一只猴子，"刚刚挣脱了锁链，跑进了这个国家"。考斯比一伙被称为

---

① governor：英国殖民地时期称为"总督"，指英王派至各殖民地方的区域长官，在美国当前社会，该词也指"州长"。——译者注

"剥夺了我们作为英国人的权利的猥琐欺诈的恶棍"。

当考斯比被不断地（也是公正地）指控渎职时，要求将其撤职的呼声从一小部分反对派贵族蔓延到普通大众。考斯比用一种以前和今后都多次运用的策略进行反击：为封住批评者的嘴，他求助于刑法。1734年11月，考斯比命令将曾格的四期报纸没收，并由公共行刑者烧毁。行刑者拒绝执行，这令其在历史上小有名气。然后执法长官让仆从执行了这一命令。不满足于焚烧印刷文字的考斯比又发布了一项逮捕令——不是逮捕支持周刊的有钱人，而是逮捕那位贫穷的印刷商。曾格被控"呈送并出版煽动性诽谤言论……蔑视英王陛下任命的总督，影响了人们的观念"。

曾格被关进监狱，并被判缴纳400英镑保释金。这一数额足以保证他被关到审判之日。

八个月过去了。曾格从审前的地牢里告知妻子继续出版《纽约周刊》。除了落下一期之外，周刊一直在刊行。

为了使对曾格的辩护寸步难行，总督取消了两名同意代表曾格进行辩护的律师的执业资格，并委托了一个忠于自己的人代替他们，此人名叫约翰·陈伯斯（John Chambers）。审判临近时，对曾格来说案件看起来已毫无希望。毫无疑问，曾格确实出版了令对方不悦的文章。按照标准程序，陪审团只应决定出版的事实，而这又显而易见，法官决定所刊印之言辞是否达到了煽动性诽谤的程度，然后曾格将会被定罪量刑。

但是总督并未重视一位大律师所开创的差异。审判开始时，一个陌生人站起来做了自我介绍。他是安德鲁·汉密尔顿（Andrew Hamilton），60岁，费城人，应曾格那些颇有影响力的朋友的要求北上，为身为囚犯的曾格辩护。汉密尔顿（与其后的亚历山大·汉密尔顿没有关系）是各州殖民地最著名的辩护律师。那位委任的律师陈伯斯站到了一边，毫无疑问他有一种解脱感，而汉密尔顿接替他进行辩护。

我们今日存留的审判记录是由一个反对考斯比的律师写的，他当时从旁听席上观察了庭审，但我们没有理由怀疑该记录在实质上的准确性。一个 12 人的陪审团落座宣誓。汉密尔顿立即转变了案件焦点：他说，控方不必劳神费力地证明曾格出版了诽谤文章，这很快就会得到承认，控方手头上那些证明出版事实的证人们也都可以回家了。

汉密尔顿接着说，留给陪审团的问题将是曾格被指控的那两篇文章是否具有诽谤性。其中一篇声称，

"［纽约人民］的民主与财产是不安全的，奴隶制就要强加在他们及其后代身上……"另一篇写道，"我们看到人们的行为遭到破坏，法官被任意挪位……只要总督高兴就可以取消陪审团审判……已知的有产者的投票权被剥夺，这与通行做法相悖……"

汉密尔顿辩称，如果这些言辞都是真实的，那么它们就不能构成诽谤——而且应当由陪审团决定这些言辞是否真实。

法官说，"不，律师所言两点皆为错误"。真实性并不是煽动性诽谤案件的辩护理由。事实上，"在任何恶意抨击中，表面上越具有真实性，就越让人恼怒"。而且言辞是否具有诽谤性——即犯罪

性——将由法官决定，陪审团只决定被告人是否出版诽谤文章的事实。这也反映了通行法律的精神。

法庭的这些裁定阻碍了辩方提交证据以证明文章的真实性。汉密尔顿只剩下一件武器：向陪审团争辩。他所做的争辩是如此令人信服，以至于它在今日仍回响于我们耳边。因这一伟大的法庭辩论总结，我们形成了这样一句俗语："你最好聘个费城律师。"

汉密尔顿对陪审团说，

> 我们现在必须恳请你们的恩准，让证人说出事实真相，他们被剥夺了作证权……你们是纽约公民；法律假定你们是真正诚实而合法的裁决者。根据我的辩论理由书（brief）①，我们意欲证明的事实并非偷偷摸摸实施的。众所周知，这些事实显而易见都是真实的。因此，我们的安全就依赖于你们的公正。

汉密尔顿问道，是否构成一项诽谤难道不依赖于听到或者读到言辞的人如何理解这些言辞吗？他从法官那里得到了有利的回应：

> 法官：这一点是确定的。所有言辞在为人们所理解时，都是诽谤性或者非诽谤性的。言辞性质的判断者必须判断这些言辞是否有诽谤性、讽刺性、有破坏平和秩序之嫌或者具有煽动性。这是没有疑问的。

---

① brief：可指诉讼要点，在英国英语中指辩护律师交与法庭主审律师的案情摘要，在美国英语中指律师的辩护状或提交法庭的陈辩书，有译者译为"法律理由书"、"辩护状"、"理由书"、"案情摘要"，译者在本书中译为"辩论理由书"。——译者注

汉密尔顿：谢谢法官阁下，很高兴法庭持此种观点。然后接下来那十二位陪审员必须理解这些言辞信息的**诽谤性**，即**失实性**。因为我认为这些言辞并非假装而是确实具有讽刺性，当他们理解到这些言辞是这样时，就会说我们犯了出版失实诽谤性言辞之罪，而无其他可能。

法官：不，汉密尔顿先生，可以由陪审团发现曾格印刷出版了这些报纸，而将判断这些报纸是否具有诽谤性的工作留给法庭，你知道这是非常普遍的做法。陪审团把法律问题留给法庭，它具有特殊裁决的性质。

汉密尔顿：尊敬的法官阁下，我知道，陪审团可以这样做；但是我同样知道他们也可以不这样做。我知道，他们有权超越所有争议，同时确定法律和事实，在他们对法律不持异议的时候，他们应该这样做。

汉密尔顿对陪审团继续说道：

这项权利所有自由人均可主张，在遭受侵害时均有权申诉。他们有权以最激烈的言辞公开抗议权力的滥用行为，有权保卫邻人免受当局者的诡计和公然暴力，有权勇敢地声称他们的对自由的感觉、置于自由基础上的价值以及他们排除万险维护自由——上天赐予人类的最大幸福之———的决心。

汉密尔顿再一次表达了他和曾格对英王乔治的忠心："我们了

解陛下对其子民的仁慈之意。他所渴望的，仅仅是种植园①里的子民应各尽职责并对大不列颠王权效忠，秩序得到良好的维持，司法得到公正的管理。"但是这其中任何一点能够"通过一位总督扰得民众互相争吵、通过协助一部分人群折磨和掠夺另一部分人群"来实现吗？

这些都是从长篇演讲中节录的片段。读着它们，我们可以感受到汉密尔顿不断增长的气势。他提醒陪审团注意煽动性诽谤指控的含义，注意"这些指控的实施"范围和"人民自由受影响的程度"。这些案件常常获得"随意确定自己立场（其他官员这样做可能仅仅令人不快，但是法官这样做则危险无比）的法官的赞同"。他指出，一个大声朗读圣经的人完全能被指控为煽动性诽谤罪。他以对更高正义的呼吁作为结尾：

> 摆在法庭和你们各位陪审团的先生们面前的，不是微不足道的私人利益，你们正在审理的，不是一个可怜的印刷商的案件，也不只是纽约的案件，不是！它的后果影响着大英帝国政府统治下美洲大陆每个自由人的生活。这是一个最有价值的案件，一个事关**自由**的案件。我毫不怀疑，你们今天的正直行为，不仅使你们有资格受到同胞的热爱和尊敬，而且每个要自由而不要终身奴役的人都会祝福你们，给予你们尊荣，就像对待挫败暴政企图的那些英雄一样。通过一个不偏不倚的、未被

---

① plantation：此处意指殖民地，是汉密尔顿口气委婉的说法，因此译者予以尊重，在正文中按照委婉语译出。——译者注

玷污的裁决，你们奠定了保护我们自身、我们后代和我们邻人的高贵基础。自然法和我们的法律已经赋予我们一项权利——人身自由——至少通过说出真相，写出真相，暴露并反对这块土地上的专横力量。①

检察官做出了愤慨的回复，他声称陪审团只需要决定曾格是否出版了文章（法官已经反复表达了这一意见），汉密尔顿所说的一切都是在混淆视听，法律要求我们做出有罪裁决。

迄至此时，法官的感觉明显受到了伤害。他给出了指导：

> 陪审团各位绅士们。汉密尔顿先生不遗余力地显示了：陪审团要尽量少地理睬法官的意见，而且在此种审判中针对一些法官的行为他坚持陪审团应这样做。这无疑是与这样一种企图密不可分的：对我在这一场合下所说的话，你们仅应予以极少的注意。因此，我只应对你们说，正如在事实与言辞的信息上被告所承认的：在你们面前唯一成其为问题的事情就是，所列举的言辞在信息上是否构成诽谤。这无疑是个法律问题，你们可以将之留给法庭处理。

作为行家里手的汉密尔顿迅速与法官议和：

---

① 关于汉密尔顿的这段陈词，译者直接引用了邓子滨先生在《法律之门》第八版中精确纯熟的译文。具体参见［美］博西格诺等：《法律之门》，邓子滨译，华夏出版社，2007年1月第1版，第591－592页。——译者注

我提请阁下注意：如果您认为我所说的话是处心积虑地［冒犯您］的话，那么您是误解我了。阁下，您知道，在这一场合下我发现自己不得不使用自由作为辩护理由，对此我表示道歉。要我说，这并不含有什么个人处心积虑的成分，这完全是源于我们防御的天性。

陪审团退场，简短地评议后回到了法庭。书记员问道，被告是否犯有印刷并出版诽谤言论罪行？陪审长回答，"无罪"。史料记录人写道，"听到这里，法庭大厅里聚集的人群叫了三声好"。第二天，曾格终于被释放出狱，重获自由。

曾格案——刑庭被告席上普通公民的坚定、被告律师的雄辩以及陪审团做出裁决的勇敢——迅速闻名于殖民地各地区。印刷商出版了审判记录，这其中也包括本杰明·富兰克林（Benjamin Franklin）。该案对美国法律有着立竿见影与深远持久的影响。陪审团基于良心、甚至违背法官的指导而对刑事被告人做出无罪裁决的无罪开释权，自此闻名。半个世纪以后《权利法案》书就之时，能够使无辜之人在狱中待上数月之久的过度保释金制度，在联邦案件中遭到了禁止。汉密尔顿对批评政府的权利所做的争辩，预示了宪法第一修正案对言论自由的保障。正如宪法起草者之一的古沃纳·莫里斯（Gouverneur Morris）所言，此次审判是这个国家里"自由的启明星"。

煽动性诽谤罪仍保留于法律条文中，但是在各州殖民地几乎已经形同虚设。在17和18世纪的英格兰，成百上千人被判此罪，但是通观殖民地时期的美国，大概仅有六起关于此罪的指控，其中两起定罪。大陪审团不愿提起指控，审判陪审团则不论证据如何，通常也不会定罪。如果恰恰相反——由王室委任的法官做出裁决或者陪审团顺从于法官——那么在这个国家里，说话、写作与抗议的自由就会一经出生即遭夭折。

随着美国人民与英国王室之间关于贸易法和税收的摩擦逐渐增加，陪审团变得更为重要。《航海法案》（Navigation Acts）由议会起草，为英格兰所有殖民地贸易开辟了道路，这对殖民地人民十分不利。这些不受欢迎的法律在殖民地人民眼中不仅是对繁荣也是对自由的侮辱，殖民地的陪审团对这些法律的实施叫骂不止。不列颠方面根据《航海法案》扣押的船只经常为陪审团所作的裁决释放，这是对该法律和相关涉案证据的公然蔑视。一位马萨诸塞州总督抱怨，将一个走私者交给陪审团审理，"只不过意味着由其同胞或者至少对其有良好祝愿的人来审判一个违法商人而已"。有一位波士顿的走私者就受益于陪审团的这种蔑视，他就是约翰·汉考克（John Hancock）。他华丽的签名像个感叹号，闪耀在《独立宣言》的底部。

大不列颠通过削减殖民地陪审团的权威作为对这些"暴发户"陪审团的回击。大不列颠建立了殖民地海事法院处理海事案件，陪审团则无权处理这些案件。其结果是进一步激起了殖民地人民的怒火。

启蒙运动、理性时代、崭露头角的个人权利观念、历经一个半世纪的殖民生活之后摆脱英国统治的斗争、认为普通人（至少是普通的有产者）比任何法律专业人员更适宜决定司法问题的信念，这些因素共同赋予了陪审团比以前更多的权力与威望。约翰·亚当斯写道，自由选举制与陪审制"是人民唯一的安全保障，以避免被像马一样骑乘、像羊一样剪毛、像牛一样劳作、像猪狗一样喂养"。截至独立战争时，剥夺陪审团的审判权已成为人们对英王的首要不满，与乔治三世的其他罪状一同被列入 1776 年的《独立宣言》之中。在独立战争和短暂存续的《十三州邦联宪法》（Articles of Confederation）之后，1787 年费城的制宪会议将刑事案件中采陪审制写入宪法（第三条）作为保障。1791 年的《权利法案》再次确认了这一保障（"在所有刑事起诉里，被指控者有权获得一个公正的陪审团对其进行迅速与公开的审判……"）（第六修正案），并在联邦民事案件中增加了一条（第七修正案）。

此后，陪审团作为一个制度性的英雄走进了我们国民的生活中。正如最高法院在 20 世纪所说，将要求陪审团审判的权利"授予刑事被告人是为了防止政府的压迫"。但是其意义还不止如此。殖民地的美国人相信，不论在民事还是刑事案件中，十二位适格公民比一个穿着黑色法官长袍的官员能更好地实现正义。在早期殖民地中，法官不由律师担任——并没有强有力的理由遵从他们的判决——在权力演变出明确的划分之前，陪审团不仅仅决定案件，还经常做政府性的工作：确定税率、管理监狱、监管路边建设并履行着日后被划为立法或行政性质的其他职能。在法律职业产生之后，人们仍偏好由陪审团做出决定。一位新罕布什尔州的法官告知一个陪审团，"清晰的头脑和诚实的心灵"敌得过"律师们的所有法律"。伴随着早期律师的匮乏和有感于需要抵制压迫，这一道德规范产生了陪审团否决原理——认为陪审团有权在必要时可不顾法官指导，径行决定需要适用的法律与案件事实。对司法而言，这一点并不具有革命性，却是基础性的。约翰·亚当斯说，"那种认为法律责成［陪审员们］背离自己的观点、判断和良心而根据法庭的引导做出裁决的观点是荒谬不堪的"。

陪审团在曾格案中的做法成为公认的原理。自此以后大约一个世纪里，按照惯例，法官都会告知陪审员，他们拥有否决权利，特别是在刑事案件中。法官会将相关法律规定告知陪审员，但通常会补充说明，如果他们不同意的话可以按照自己的意见来决定适用的法律。首席大法官约翰·杰伊（John Jay），在1794年一场由自己作为主审法官的审判中做出了具有典型性的法庭指导，他告知陪审员们有权"决定法律与争议事实"。

陪审团否决制的兴盛期持续到了19世纪晚期。陪审员在刑事案件中通常会被告知、在民事案件中有时会被告知：自己有权根据良心决定所适用的法律，而不接受法官对法律的描述。由于这一点和独立战争以及《权利法案》相连，人们将这一传统视为自由的核心。当时，这一点广为人们所接受，正如相反的观点在今日为人们广为接受一样。

相反观点——认为决定所适用的法律仅仅属于法官的职权范围——的发展伴随着以下因素：南北战争后的美国走上工业化道路，城市工作人口激增，生活节奏加快，商业活动变得错综复杂。法律需要变得更为明确和清晰。曾经一度稀少的律师如今已随处可寻。有人声称将权力从陪审团转入法官手中，这里面有商业利益集团深思熟虑的努力。可以确定的是，将陪审团降为"案件事实认定者"

的观点获得了通行地位。按照这种观点，陪审团仅应认定所发生的事实，然后将法官所列明的法律适用于这些事实。陪审员这一被降格的角色在法官的指导辞中出现得越来越频繁。正如在法律进化过程中时有发生的事情一样，对立的意见一直在起作用。在某一法庭上，陪审员可能会被告知有否决权，而在邻县，接受另一个法官指导的另一组陪审团则可能会被告知否决权不存在。但是，反对否决权的观点占据了支配地位，并于1894年最终赢得了最高法院的支持。

下面的案例发生自距离最近的国内海岸线数千英里以外的地方。一艘美国货船的二副在南太平洋海域消失得无影无踪，而他的消失一直是个谜。直到后来，一个海员吹嘘说，自己和一个朋友把这位二副同事杀掉了。尸体再也无法找到，但是有足够的证据对之定罪。货船上的两位水手斯帕夫（Sparf）和汉森（Hansen）遭到谋杀指控并被带回美国接受审判。陪审团听取了证言和法官的指导，经过一番评议后带着一个问题回到了法庭。两位被告人能否被定罪为低等级的杀人罪？不能，法官说。如果被告人有罪，只能是谋杀罪："如果被告人犯了重型杀人罪，那么案件事实决定了其不可能低于谋杀罪的等级。"法官还说，陪审团有"自然的权力"做出一个杀人罪的裁决，"但是作为国家的审判席之一，陪审团应受到法律和从法庭接收到的法律的规制"。

然后陪审团裁决斯帕夫和汉森犯有在公海上的谋杀罪，这是可以判处死刑的罪名。二被告人上诉到最高法院，辩称法官的指导剥夺了陪审团的否决权利——在必要时可自行决定所适用的法律以避免出现不公正的结果。

法官们意见有分歧,但法庭支持了定罪。多数意见认为,"做出低于所指控罪名等级的有罪裁决将是对所有证据的公然漠视,陪审团也会违背做出符合真相的裁决的义务"。陪审团有义务接受庭审法官对法律的陈述。"陪审团制度的首要价值和安全性就在于法庭和陪审团功能的这种分野。"两位持反对意见者徒劳地争辩说,陪审员"在刑事案件中"决定有罪或者无罪时"既有权利也有权力根据自己的判断和良心决定所有问题,不论是有关法律还是事实"。

反对陪审团拥有此项权力的人赢得了胜利。单纯形式上的陪审团否决制——陪审团决定法律问题的权利——在经过一段辉煌历程之后告别了历史舞台。

甚至在宣布废除陪审团的法律决定权时,斯帕夫与汉森案的法庭也小心翼翼地做出批注,认为当刑事陪审团做出无罪开释的裁决时——不论有罪证据多么强劲有力——其决定都具有终局性且不可撤销。政府不能对陪审团做出的无罪裁决提起上诉。尽管陪审团再也不能决定所适用的法律,但却有权不顾法律规定将被告无罪开释——当政府做得太过分时,当不论基于何种原因而做出的有罪裁决会有损于公平、常识和良心时,陪审团有权说"不"。

陪审团这一无罪开释的能力——作为对其难以言表的怜悯的延伸——已经多次将我们从自己选出的官员手中解救出来。其中最精彩的事件之一与《逃奴法》(*Fugitive Slave Law*)有关,该法于1850年经国会通过,意在迫使北方人将逃亡奴隶归还南方奴隶主。

这一残酷的法律授权了奴隶主与其代理人可以"追索并收回"逃亡奴隶；要求联邦官员予以协助；在确证逃亡奴隶身份的法庭程序中，对逃奴自身的供词不予采信；宣布了人身保护令状无效；并对任何窝藏或者解救逃亡奴隶者判处罚款或者监禁。该法律是在1850年的大妥协中对南方势力的主要让步，其立法者试图把即将因奴隶问题而分崩离析的国家统一起来。

《逃奴法》在边境各州实施得较为顺利，但是在新英格兰遇到了阻力。老街坊邻居的白人与黑人之中，若某人——可能他们已经相识多年——被遣返恢复奴隶身份，他们通常会极为愤怒。在一些案件中，愤怒的群众将逃亡奴隶从执法吏手中劫回，使其立即逃往能够自由生活的加拿大。当拯救他们的人遭到审判时，陪审团常常拒绝对他们定罪。

小理查德·亨利·达纳（Richard Henry Dana, Jr.）是个年轻的小伙子，写了航海系列著作《桅杆前的两年》（*Two Years Before the Mast*），他描述了一个发生在1851年的此类案件。一个从弗吉尼亚逃亡出来的奴隶名叫夏德拉克·米金斯（Shadrach Minkins），亦即弗里德里克·詹金斯（Frederick Jenkins），在其工作的一家波士顿餐馆被抓住，并被带到联邦法庭恢复其奴隶身份的听证会上。他的律师团，其中一个是达纳，申请推迟三天，获准后离开了法庭。接着，从办公室穿过大街的达纳看见米金斯"因突然的营救而目瞪口呆"，人群从狱吏手中把他抓走并簇拥着出了法院。达纳写道，他们奔向剑桥，"像一阵黑色风暴，当他们行走时，人群围着他们欢呼喝彩"。几天后，受到衷心祝福者帮助的米金斯安全到达蒙特利尔。对他实施营救的人中有8个——4个黑人和4个白人

——遭到了指控并在波士顿接受了审判。尽管《逃奴法》是由雄心勃勃的马萨诸塞州参议员丹尼尔·韦伯斯特（Daniel Webster）协助起草的，但这些指控却极不受欢迎。前三个案件中，有足够数量的陪审员为防止达成有罪裁决而坚持投无罪开释票。屡屡受挫的政府放弃了其余几个案件。无一人因帮助米金斯逃跑而获罪。米金斯奇迹般地获得了赦免，他在蒙特利尔开了一家餐馆，娶了一位爱尔兰妻子，组建了自己的家庭。他不顾凛凛寒冬与谋生之艰，发誓说只要奴隶制一天不除，他就永不回美国，甚至也不回美国北方。米金斯告诉一位到访者，他已经请求朋友们，如果有一天他竟疯狂到动身前往边境，就开枪打死他。1875 年，他在蒙特利尔去世。

在《逃奴法》之下，数以千计的逃亡奴隶中被审判席上没有陪审团安坐的法官送返奴隶主的，占有很高比例。但是当营救者遭到起诉时，可以启用陪审团审判，很多陪审员依照良心的呼唤做出了裁决。

受到经济利益必要性的激励的良心观念，再次盛行于 20 世纪 30 年代宾夕法尼亚的煤区。数千因经济大萧条而失业的矿工对养家糊口一筹莫展。他们之中有许多人，转向了随后很快变得有名的"私煤"。他们起初只在夜间工作，后来也公开化地在白天工作，他们在接近雇主土地表面能找到煤的地方挖煤，以市场价卖出，用利润来养家糊口。这一做法最多也就是能维持生计，但是到 1934 年时，私煤总量达到了四千万美元的价值。"我们要生存，不是吗？"一位矿工告诉采访者，并指出煤矿公司通过从印第安人手中盗取而将他们大部分的土地攫入手中。"那样做是件好事吗？嗯，我们是新的印第安人，正在从公司取回我们能够取回的煤。"通过夸大非法挖掘数,使得数十私煤矿工被捕,煤炭公司予以了还击。但这一努力是徒劳的,煤炭地区的陪审团仍然坚信法律禁止盗窃,但是不愿意对这些人定罪,以免他们的妻儿陷入更深的贫苦之中。一名公司管理人员看起来屈从于无罪开释判决了。他在非正式场合说道,"那些家伙以有权获得煤的方式利用了这些讨厌的机会"。

近期历史上,陪审团大发怜悯心的最著名例子发生在越战期间,当时很多人认为越战"极其错误"——这一短语在三十年之后用于指称国防部长罗伯特·麦纳马拉(Robert McNamara)。公众的抗议难以数计。在对非法侵入、烧毁文件草案或者妨碍公共官员公务的抗议者进行的审判中,一些陪审团不顾证据和法官指导,对被告径行开释;另一些感到自己被迫要定罪的陪审团,则做出了有罪裁决。

1967年,所谓的"奥克兰七人"(Oakland Seven)在"奥克兰武装力量征召中心"(Oakland Armed Forces Induction Center)外领导了一场停止征兵的示威运动。示威者不仅用声音宣扬着自己的情感,而且以实际举动扰乱了该中心的事务行为。这七人被指控策划了非法侵入行为,引发了公共事务妨害行为并且抗拒抓捕。审判中,对他们所做的这些事情大家并无争议。相反,辩方所争辩的是:战争是非法的,被告人的意图是高尚的,警方对待被告人的行为是粗暴的。这七人都被无罪释放了。审后采访显示,陪审员们在起诉中发现了政治动机。一位陪审员说,"我努力审视起诉方的理由,但是我想那意味着,换句话说就是,人民应当成为只会附和的玩偶。如果那是真的,我们的民主程序就不会有多少价值了。我不是玩偶,我有着自己自由独立的思考"。另一位陪审员是军队上校,他说:"我被深深卷入了案件细节当中,但是我在转念间也明白了,如果他们能这样对待这些小伙子,他们也能如此对待任何人,他们能够压制所有不同的声音。"

1973年,在美国另一端的新泽西,28个受到宗教驱动的反战派积极分子因毁坏当地选举事务办公室(Selective Service office)的案卷而在联邦法庭接受审判。证据显示,联邦调查局(FBI)知晓这些积极分子的计划,并在他们之中安置了知情者,他给予积极分子工具与情报以实施抗议行动。庭审法官允许这些被告人对自己的目的和政治信仰做出供述,并接收了有关五角大楼文件和越战性质的证据。最初庭审法官告知陪审团,他们无权违背证据无罪开释,但是到庭审最后时段他改变了态度。这位法官说他一开始的建议是错误的,并告知陪审团:

> 正如你们所听到的,如果你们觉得政府代理人或者知情者在行动中的参与已属过分,从根本上不公平地损害了文明的基本标准,并撼动了普遍的正义感,那么你们必须将这一辩护理由所适用的被告人无罪开释。

陪审团随后对28个被告人做出了无罪裁决。

另一个有关本杰明·斯波克博士(Dr. Benjamin Spock)与其同伙抗议者的类似案件,结局则甚为不同。陪审员们同情被告人,但是发现如果按照法官的指导,对他们的定罪将不可避免。一位陪审员后来说道,"我们接到法官指令后我知道这些被告人是有罪的,在那时之前我不知道——我完全同意被告人的意见,直到法官做出指令。那是死亡之吻（kiss of death）！"

这些片段——跨越了一个多世纪，涉及奴隶制问题、经济大萧条和越战——向我们展示了，在国家出现危机时陪审团的自由裁量权是怎样一次又一次地帮助我们实现正义。陪审团的作用升高到了顶峰。它并非升起于海平面，而是升起于陪审团的自由裁量权每天都在运作的群山层峦之中。陪审团并不总是美化自己行为的理由。有时陪审团施以怜悯仅仅是因为被告人的行为尽管非法但却可以宽恕。面对协助自杀（安乐死）指控，杰克·凯沃肯医生（Dr. Jack Kevorkian）不断被无罪开释——是由病人而非医生按下了致死按钮——可能即是一例（如果是由凯沃肯医生按下按钮的话，他就没这么走运了）。禁酒时期，在公众情感倾向不禁酒的地方，很难对私酒贩定罪。1929－1930年间依照联邦酒类法律起诉的案件中，堪萨斯、奥克拉荷马和内布拉斯加州的无罪开释率为13%，新英格兰州为48%，纽约州则是60%。没有理由认为东部的起诉更为不准确。1973年，旧金山打击卖淫业，警方授权身着"紧身衣"作为圈套的女警逮捕那些意图与之进行非法性行为的人。但是陪审团拒绝定罪，于是这一打击措施以失败告终。在一些乡间地区，偷猎被视为是本性良好的疏忽行为。20世纪60年代的一位法官批注道："就我记忆所及，本县尚未因行为违反禁猎法而做出一起有罪裁决。"随着资源保护的伦理道德感的提升，对偷猎行为定罪已经变得更为容易。

如果陪审团感觉做出一项有罪裁决会带来严重过量与残酷的刑罚，他们就可能基于怜悯而将被告人无罪开释，这一情形在曾经对轻微盗窃罪判处死刑的英格兰经常出现。在近期一些城内毒品案件中也有此种迹象。毒品交易并不为陪审团所宽容，但是当听到非暴力的初犯者会被判处长期强制性监禁刑时，陪审员们会随之做出反应。

如果警方或者控诉方的行为不公，陪审团就可能做出一项无罪裁决，这对以后的官方行为是一个约束。从某种意义上说，任何刑事案件中都存在两个性质不同的问题：被告人有罪吗？如果有罪，那么政府值得去赢得一个有罪裁决吗？第二个问题会不时地成为推翻第一个问题的王牌。近期的例子有对哥伦比亚特区区长马立恩·拜利（Marion Barry）（尽管他的一个女友站在政府立场上诬陷他，且有录像磁带显示他携带可卡因，但是对他的大部分指控都裁决无罪）和奥利弗·诺斯（Oliver North）（除了陪审员可能认为他是高层官员的替罪羊的一些轻微指控外，其余对他的指控都裁决无罪）的控诉。

陪审团的无罪开释权也有丑恶的一面。截至不久之前，陪审团经常不顾证据地无罪释放在南方杀死黑人——或者说民权工人——的白人。如果陪审团基于种族偏见或者任何其他形式的仇恨或冷漠而决定无罪释放，那么没有人可以阻止他们这样做，也没有人能够推翻其不正义的裁决。我们必须牢记艾米特·梯尔（Emmett Till）案和其他类似案件。正如司考特波罗（Scottsboro）案和哈珀尔·李（Harper Lee）的小说《杀死一只知更鸟》（*To kill a Mockingbird*）所提醒我们的，不仅存在基于种族偏见而将有罪的白人无罪开释的情形，也存在将无辜黑人定罪的情况。我们只有发誓做得更好——如今我们也的确正在做得更好，这已经由1998年在密西西比州的哈提斯堡对山姆·鲍沃斯（Sam Bowers）的审判得到了展示。鲍沃斯是三K党（Ku Klux Klan）的一位专横的术士，他安排的1966年的火焰炸弹案炸死了黑人参议员沃侬·达哈默（Vernon Dahmer, Sr.），当时沃侬·达哈默正在帮着其他黑人登记投票。四场较为早些的审判——包括20世纪60年代的两场谋杀审判——都以所有白人陪审员陷入僵局，鲍沃斯逃之夭夭而告终。鲍沃斯说，在密西西比，没有陪审团会给杀死黑人的白人定罪。但是这次是一个新南方（New South）的陪审团——六个黑人、五个白人，还有一个亚裔美国人。前三K党成员们证实，鲍沃斯一直是唯一被授权安排杀人的三K党高级管理人员，在达哈默案件中他也的确这样做了。陪审团一致认定鲍沃斯构成谋杀罪，法官最终判处他终身监禁，然后鲍沃斯被一群由不同种族组成的警察带走了。

小沃侬·达哈默（Vernon Dahmer, Jr.）这样谈及自己的父亲："他一直在努力让这一天来到。"投票登记——这一惨遭谋杀者以身护法的事业，它不仅意味着选举权力，也意味着担任陪审员的权利。小沃侬·达哈默说，"这"——种族多元化的陪审团——"代表了美国"。"这代表了我们的社会。现在，陪审团制度已在为我们而运作。"

陪审团的怜悯既可高尚正义，也能平凡无奇，还会声名狼藉。但是总体而言，它已很好地服务于我们。通过挫败不公正的起诉，通过对抗过分狂热的官僚主义以保护弱者，通过避开对法律的压迫性适用，陪审员们不仅增强了自由的力量，也增强了法治本身——而且他们仍在这样做。

陪审团的怜悯并不是每天都会出现。在几乎所有审判中，将法官给出的法律适用于所采信的证据都会产生陪审员也觉得公正的裁决,法官列明的法律与陪审团的良心之间并没有冲突。当冲突确然产生时,陪审团通常会通过精巧的推理而非公然对抗来解决。大部分陪审员都令人尊敬,他们所寻求的不是公然反抗法律,而是使法律合理地发生作用。

我法庭上发生的一个例子可以作为例证。查理·雷顿(Charlie Renton)——我愿意这样称呼他,是加利福尼亚的联邦囚犯。为有足够金钱来满足他对酒精、毒品和女人的狂热追求,他多次犯有徒手抢劫银行和毒品交易的罪行,在狱中被囚禁了好多年。现在的他已至中年,比实际年龄看起来要苍老,他已形容枯槁、改造良好、可亲可近。但是雷顿心中正因一件不公正的事情而不安。在最后一次进监狱之前,他曾委托一位酒友兼毒品交易同伙人在他出狱之前替他保管2500美元。可以预测的是,他那位朋友挥霍了这笔钱款。雷顿现在想要回那笔钱,他还有一年左右的光景就会被释放。在以礼貌的方式索要钱财未起作用之后,雷顿从狱中邮寄了一封信,告诉他的昔日旧友如果不退还钱款的话会对他采取什么举动(杀死他或者至少也是对其私处造成不可恢复的损伤)。那位朋友并没有回复,因此雷顿又邮出了第二封恐吓信,然后是第三封。这些信件中,形象鲜明的亵渎语言随处可见。雷顿这位昔日旧友的母亲把这些信件都上交给了警方。

紧接着,一项联邦控诉提起,这一控诉实在没有什么明显的必要。雷顿显然已没有能力将恐吓内容付诸实际行动,他已被关起来了。他这次的犯法行为本可以通过监狱内部惩戒制度得到迅速简单的处理。然而他却被指控犯有六项联邦重罪(每封信两项):有三项罪状是以暴力恐吓收取超额还款（违反了一项主要针对暴力勒索的法规），另三项罪状是发送恐吓邮件。如果他被定罪，将被追加很长时间的刑期。

雷顿被带到信件收发地的西雅图接受审判。仍欠雷顿2500美元的那位昔日旧友兼毒品交易同伙出庭做了证言。他母亲也做了证言。身穿囚服的雷顿上去招供，承认了对其不利的关键事实，自称"一个老傻瓜"，并说自己只是在根本无力做任何事情的情况下泄怒而已。

根据法律规定，被告人仅仅是意图实施与能够实施自己制造的恐吓之间没有差别。显然被告是有罪的。然而陪审员们经过延时评议后宣布陷入僵局。我让他们再试一次。他们照做了，然后回来宣布仍是陷入僵局。于是我宣布了无效审判。

不久之后，案子以辩诉交易的形式获得解决。雷顿获准仅对发送恐吓邮件一项罪状做出认罪答辩，并被追加了适度的刑期。

案子结束后，身为工程师兼商人的陪审长接受我的邀请，来到我的办公室谈论该案件。他热切地想要表达所发生的一切。他说，十二位陪审员都感觉这一案件太轻微，不值得交付法庭处理——对被告的处刑太重，这令人悲痛，而且交付法庭处理是对他们和法官的时间所强加的负担。然而，有十一位陪审员决定，根据法律规定和采信的证据，除了对六项罪状定罪之外别无选择。只有陪审长一人不同意。起初，他也困惑于为何自己会产生疑问。原来，这是有关自尊之事："我必须与自己——镜中那个我——活在一起。"然后，他想遍了这些年来在建筑工地和城市商业区附近街区工作时，自己所听过的所有污秽可耻的语言。几乎所有这些语言都是空话

——仅仅是情感的表达。陪审长坚持认为,雷顿写给债务人的信件"仅仅是酒后狂语或者一种修辞手段——不应按照字义理解"。换句话说,从双方对共有的语言词汇的理解而言,这根本不是恐吓,仅仅是情感的宣泄。陪审长以这种方式调和了自己的正义感和法官对陪审团的指导,而且他坚持了自己的立场,这让人感到不舒服,但是"与其余十一人怎样看我相比,我的自尊心才更为重要"。

陪审团以 11 比 1 的票数陷入僵局。但是最后的结果比全体陪审员一致通过的情况下会产生的结果更为公正。

近期一些案件中,陪审团的评议过程——通常是私密性的,但是这些案件已征得当事人双方、法官和全体陪审员的同意,因此可供观摩——被录在录像磁带上,这些实验案件生动地展示了我们对查理·雷顿案陪审团所窥之一斑。"前线"(Frontline)和哥伦比亚广播公司(CBS Reports)已经播放过此类节目。在这些节目中,我们可以看到陪审员们并非致力于公然反对或者克服法律,而是机智地适用法律。甚至那些最具怜悯心的陪审员也在努力使自己的怜悯心与法官的指导相调和。

我们不需要对陪审团的怜悯有所忌惮。它是陪审员在决定种类无穷的问题时必须利用的自由裁量权的一部分:一位汽车司机是否有过失驾驶行为,某位医师是否未能达到专业医疗水准,杀人者是否是有预谋地杀人,合同当事人一方不履行合同义务的行为是否足以构成根本违约,市场竞争者的会面是在密谋抑制贸易还是仅仅是社交性谈话,股票购买人是否被欺骗了,等等。陪审员们对这些问题做出判断,他们这样做所依靠的不仅是法官列明的法律,也依靠自己的正义感。他们以这种方式使法律合理地与社会共同体的价值观相协调。

那么，关于陪审员在刑事案件中基于良心而不顾证据地行使无罪开释权，应当告知他们什么呢？以我的观点来看，最佳答案是保持沉默。当情况需要时，我会将被告人的动机与信仰等纳入证据，即使这些因素并未达到合法抗辩的程度。在对陪审团的指导辞中我不会使用"不论你们是否同意"这样的专横短语，但是我肯定会告知陪审员们法律的规定，以及他们必须从证据中认定事实，然后适用法律、做出裁决。这为陪审团的评议提供了构架和推理的基础。陪审员们认真地看待自己角色的这一定位——在我的法庭上，陪审团还没有做出过看起来是蔑视或者忽略法官指导的裁决——但是他们也知道，他们的正义感在法庭上赫然有着一席之地。

Chapter 6
The Rules of the Game
游戏规则

　　陪审员像我们其他人一样，容易受到恐惧、偏见和困惑的影响，长久以来，这些因素使得众多无辜男女被白白绞死。陪审员们会直面困境，但是他们需要帮助。他们首先需要的是公正的法官和公平的程序规则。假若庭审嘈杂混乱，假若审判中取而代之的是风闻传言、长篇大论和天马行空的观点，假若对证据相关性的界定没有限制，假若不让证人接受交叉询问，那么非正义就会接踵而至。在美国历史上，最好地展示这一点的是我们的一大审判灾难，即1692年的赛伦巫士诉讼系列案①。虽然付出了多人丧生的高昂代价，但是对于帮助创造下一个世纪中保护我们免遭彼此侵害的规则——不论我们是位于陪审席、被告席或者律师席，或者是奔波街头忙碌于事业，在公开接受刑事指控或者参加民事诉讼时，我们每一

---

① Salem witch prosecutions：它标志着长达千年的基督正教对新教徒的迫害的结束，历史上曾称之为"女巫审判"或"巫婆审判"，鉴于其有男有女，译者将之译为"巫士"。——译者注

个人都是平等的——来说，这些案件的发生正逢其时。

对巫士的审判被描绘为这样一种史例：集体性的歇斯底里、宗教极端主义、以虐待别人为发泄方式的被压抑良久的性欲，或者力量渐弱的清教徒精英们的最后反击。这些观点都有一定的理由，但是这些审判最为恒久的遗产则简单而实用。赛伦巫士案的法官和怂恿法官的牧师，自那时起即因其顽固偏执和狭隘残酷而备受谴责。以下事实经常为人们所忽略：案件是由陪审团审理的；被指控的巫士本能够无罪开释；陪审员们屈服于官方压力和盛行的恐惧浪潮，做出了后悔终生的有罪裁决。但是清教徒的灵魂中并非完全缺乏怀疑精神。毫无疑问，陪审员们意欲做出正确裁决，而如果当时存在类似于公平的游戏规则之类的东西的话，至少对于某些被绞死的可怜的人来说，结果会迥然不同。

在该案发生七十年之前，作为使人完美的试验地，马萨诸塞湾殖民地①得以建立。清教徒的目标是缔造一个美德成风的王国，一个蛮荒之地上的"基督的花园"（Garden of Christ）。马萨诸塞湾殖民地设定了一种官方宗教，这与美国所有其余的州殖民地的做法一样，只有一个州是例外——本案中，这种官方宗教的教义刻板阴郁，其信徒活在对永恒诅咒的致命恐惧中。具有诱惑性的撒旦无处不在。为了抵制他，所有"无价值的享乐"都是被禁止的。

马萨诸塞湾殖民地的刑法典尽管比当时英格兰通行的严苛的法律要温和，但仍广泛地依赖着死刑，并配有圣经注释。有一条款将

---

① Massachusetts Bay Colony：即今日的波士顿。——译者注

巫术行为规定为死罪:"如果某男或某女是巫士,即有着类似幽灵的魂魄或与幽灵进行过磋商,那么应对其处以死刑[Exod. 22. 18; Levit. 20. 27; Deut. 18. 10. 11]。"

在当时,宣告巫术行为非法并对之判处死刑并没有什么不正常。迷信在西方世界根深蒂固,现代科学正处于婴儿期。当牛顿(Isaac Newton)在其著作《数学原理》(*Principia Mathematica*)中解释运动物理学,荷兰的安东尼·范·列文虎克(Antonie van Leeuwenhoek)用他的显微镜发现一个微生物新世界时,大部分人仍然惧怕巫术。数世纪以来,欧洲成千巫士被处死刑,主要是在火刑柱上被烧死。

当1691–1692年那个不寻常的寒冬到来时,马萨诸塞湾殖民地正麻烦连连。殖民地的开拓者们刚刚与本地印第安人打了一场野蛮又破费的战争,他们还忍受着查理二世对其独立自主进行削减的命令,而且他们自身作为社会共同体一员的感觉也在减弱。他们的代表议会(House of Deputies)发现,有必要通过一项决议,将社会摩擦谴责为"对幸福秩序的颠覆"。1688年波士顿的一位来访者注意到,人们在处理彼此关系时"像野人一样狂躁易怒"。

从这片较小的州殖民地环盖至西部,是一片隐秘的、无限辽阔的蛮荒之地,人们将其当做印第安人抢劫和野人不信神灵的源头而感到恐惧。东边则横卧着大西洋和并不和气的英格兰。一种隔离感逐渐滋长。如果救赎确会来到,那它也肯定是出现在自己的国度。但是理想王国之梦要屈从于人类的脆弱本性,州殖民地的存在本身也岌岌可危。大西洋海岸的其他州殖民地的理想王国之梦已经破灭消失。如果没有了上帝的恩赐,马萨诸塞湾殖民地也会步它们的后尘，为人们所遗忘：对许多人来说，有一点很清楚，那就是一定是撒旦制造了这些不幸。还有其他什么人想让这基督的花园凋萎呢？

随着马萨诸塞湾殖民地的麻烦加剧，牧师们开始布道说教，预言厄运并谴责神秘的黑暗力量。第一牧师尹克里斯·马泽尔（Increase Mather），于1684年出版了一系列传说故事，描述新英格兰州的巫术与魔法。他的儿子克顿·马泽尔（Cotton Mather）甚至是个更为热情的传教者，他写了一本关于"一些非常令人吃惊的巫术和疯魔"的书。他写道，巫术"是我们的原罪所能表现出来的最高形式"。他所讲述的故事——包括健康、疯魔、非自然性的疾病与死亡、从烟囱通道飞下又飞上房屋椽子——背景设置都在马萨诸塞。马泽尔相信这些都是真的，他的大部分读者也都相信这些故事的真实性。

迫害外来少数派的因素依然存在：社会不和、人们惧怕顷刻灭亡、认为恶魔的密使无处不在地秘密发挥着作用。清教徒的灵魂需要从这些紧张因素中获得解脱。而且社会缺乏一种要素，这种要素可能平息或者至少也会缓和即将到来的暴风雨：马萨诸塞还没有律师。当大约1624年第一位律师在普利茅斯下船登陆、不久之后又因诽谤行为被监禁并驱逐时，马萨诸塞殖民地的律师职业开始了不稳固的起步阶段。到1641年时，"恳求雇佣律师"仍为法律所禁止。由于希望管理一个理想国家，清教领导者们认为没必要开创律师职业。事实上，对律师的不信任弥漫在17世纪的美国各个州殖民地。如同康涅狄格州的做法一样，弗吉尼亚州也将律师排除出法庭。1669年《南北卡罗莱纳宪法》（*Constitution for the Carolinas*）将其称为"一件恳求获得金钱与报酬的低级与卑贱的事情"。宾夕法尼亚的贵格教徒们追求兄弟般的情谊与和睦——他们相信这些目标都被律师颠覆了。即使马萨诸塞存在律师，他们也无力对当时的情境有所裨益，因为当时通行的仍是禁止他们参与重罪案件的英国法律。

因此，即将遭到指控的赛伦巫士们将不得不面临这样的审判：律师尚未出现，而法官则没有接受过法律训练。

赛伦村是距赛伦城外数英里的一个小村落，那儿住着一个沉闷无趣的牧师塞缪尔·帕里斯（Samuel Parris），以及他的家人和侍从。帕里斯大人①家中有个外来人：一个名叫提图巴（Tituba）的女奴，她是被从巴巴多斯②带回来的，帕里斯作为一个英国商人的儿子曾在那儿生活过。1691 – 1692 年冬天，赛伦村的一些年轻姑娘变得喜欢在提图巴的厨房里打发空闲时间。提图巴可能对神秘学有所涉猎，她肚子里确实有着关于温暖遥远的加勒比的传说故事。我们已无法确知她到底对女孩们讲了什么秘密，但是这些女孩出现了歇斯底里的恐惧症状。她们会高声尖叫、栽倒在地、浑身乱抖痉挛抽搐、像狗般吠叫、因遭受不可见的折磨者所施加的挤掐和击打而痛苦地喊叫，也会因害怕只有她们能够看到的幽灵而畏缩。得到警报、迷惑不解的帕里斯请来了村里的内科医生。医生的办法并不多，当他所有的秘方都归无效时，他做出了一项免除自身责任的诊断：这应归咎于撒旦，女孩们被施了魔法。

---

① Reverend：对教士或牧师的尊称，常置于人名之前。——译者注
② Barbados：拉丁美洲西印度群岛岛国，首都布里奇顿。——译者注

这些症状迅速蔓延到附近其他女孩身上。威胁马萨诸塞生存的同一个恶魔似乎正在伤害马萨诸塞的年轻人。帕里斯招揽了其他牧师帮他发掘真相。是谁对这些孩子横加折磨？在讯问中，女孩们起初都很为难。后来，由于长辈们要求她们供认，她们就服从了，并指认了三个折磨元凶：提图巴自己；萨拉·古德（Sarah Good），一个抽着烟斗、尖酸刻薄、经常向邻人乞讨的干瘪老太婆。还有萨拉·奥斯本（Sarah Osborne），她在结婚的数月之前就曾让那个男人进入她家，因此事而授人以柄。

托马斯·普特南（Thomas Putnam）是其中一个受折磨的12岁女孩安·普特南（Ann Putnam）的父亲，他与其他三位农夫一道，在赛伦地方法官（magistrate）① 面前宣誓指控属实。1692年2月29日，地方法官签发了逮捕证，萨拉·古德、萨拉·奥斯本和提图巴因遭到巫术指控被捕入狱。

次日，在赛伦村举行了一场听证会，决定被指控的三个女人应否受到审判。主审地方法官约翰·海索恩（John Hathorne）对宗教绝对虔诚。他不久就会成为给所有巫士带来灾祸的根源：从一开始他就对每一起指控深信不疑，对与指控相对立的理由则置若罔闻，并对每一嫌疑人都预先设定了有罪前提。按照他的理解，他的职责就是击败撒旦，他不会被狡猾的辩护所劝止。

外面寒风呼啸，首场听证会在赛伦村一间木制的盒式会议室里举行。通常用于举行礼拜仪式的房间里挤满了人。受到折磨的女孩

---

① magistrate：也有译者将该词译为"治安法官"、"裁判官"、"行政长官"，联系该词语在原文中的语境以及所属时期，译者将其译为"地方法官"。——译者注

们坐在前排。记录员对当时的情形做了记录,流传给我们的这些预先查问记录形象生动、全面详尽。第一个接受质询的是萨拉·古德——她目中无人、品格不端,而且正如所发生的,她又怀孕了。海索恩自始便假定她是个巫婆,要求她招供。

> 问:萨拉·古德,你与什么恶魔熟识?
>
> 答:没有。
>
> 问:你未曾与恶魔联系过吗?
>
> 答:没有。
>
> 问:你为何伤害这些孩子?
>
> 答:我没伤害他们。我不屑这样做。
>
> 问:那么你雇佣了谁来这样做?
>
> 答:我没雇佣任何人。
>
> 问:那么你雇佣了什么生灵?
>
> 答:我没雇佣什么生灵,对我的指控是错误的。
>
> 问:你离开帕里斯先生家时为何喃喃低语?
>
> 答:我没有喃喃低语,我只是对他给我孩子东西表示感谢。

萨拉·古德立场坚定地对抗着威吓的讯问人和充满敌意的人群。地方法官让孩子们看着萨拉并说出是不是她伤害了她们。"是的",女孩们回答,又立即陷入痛苦之中。此时此刻,再通观整个审判过程,这一证据——女孩们一见到被指控的巫婆们就呈现痛苦状态——将是最致命的证明。前来访问的一位牧师约翰·黑尔

（John Hale）描绘了所目睹的情况："这些孩子被恶魔的隐身密使又咬又掐。他们的手臂、脖颈和后背不断呈现出各种姿势，因此他们不可能自己故意模仿得来，也不可能超越癫痫发作或者自然疾病的力量来做出这些动作。有时他们会变哑、停住嘴巴、喉咙阻塞、肢体遭受折磨，只有一颗石头般僵死的心可以运动……"

海索恩对被告席上不幸的女人穷追不舍：

问：萨拉·古德，你现在难道没看见你做了什么吗？你为什么不告诉我们真相，又为何如此折磨这些可怜的孩子呢？
答：我没有折磨他们。
问：那么你雇用了谁呢？
答：我谁也没雇佣。我不屑这样做。

但是在冷酷无情的讯问之下，萨拉·古德最终屈服了：

问：那么是谁折磨了这些孩子？
答：是奥斯本。

想把矛头转向她的共同被告的这一可悲努力只能是弄巧成拙——因为如果古德自己不是巫婆的话，她又怎么知道是萨拉·奥斯本折磨了这些孩子呢？

下一个进来的是萨拉·奥斯本——她显得惊恐无措、病怏怏的，倚着椅背寻求支撑，但是勇敢地以抗议回应海索恩，坚持着自己的清白：

问：你与什么恶魔熟识？
答：没有。
问：你未曾与恶魔联系过吗？
答：没有，我有生以来从未见过恶魔。
问：你为何伤害这些孩子？
答：我没伤害他们。
问：那么你雇佣了谁来伤害他们？
答：我没雇佣任何人。
问：你与萨拉·古德有什么亲密关系？
答：没有，这两年来我没见过她。

但是其中有四个女孩发誓说，被指控者或者其幽灵对她们又掐又扎并怂恿她们在其恶魔召唤书上签字。正在候审的萨拉·奥斯本将会在几星期后死于狱中。

迄今为止，来自法官的威吓并没有让被指控者们招供。但是随后进来的是提图巴，正是因为她，对抗撒旦的案件开始有了眉目。提图巴以否认指控作为开场：

海索恩：提图巴，你与什么恶魔熟识？
提图巴：没有。
问：你为何伤害这些孩子？
答：我没伤害她们。

问：那么是谁伤害了她们？
答：我一无所知的恶魔。

　　这显然使当局者们不悦，记录材料显示，这个受到惊吓的奴隶逐渐感觉到其唯一的希望就在于给予当局者们他们想要的结果——能将其他人牵连在内的供词。

问：你从未见过恶魔吗？
答：恶魔来到我身边并命令我侍奉他。
问：你看到了谁？
答：四个女人有时伤害孩子们。
问：都是谁？
答：古蒂·奥斯本和萨拉·古德，我不认识其他人。萨拉·古德和奥斯本意图让我伤害孩子们，但是我不愿意这样做。

　　也还有一个"波士顿高个男人"——一个男巫。

问：你何时见到他们的？
答：昨晚在波士顿。
问：他们对你说什么？
答：他们说让我伤害这些孩子。
问：你伤害他们了吗？
答：没有，有四个女人和一个男人。他们伤害了这些孩子然后把一切推在我身上，还对我说如果我不伤害这些孩子的话，他们就会伤害我。

问：但是你竟没有伤害他们吗？

答：伤害了，但我不会再伤害他们了。

问：你对自己伤害他们的行为没有感到后悔吗？

答：后悔。

随后提图巴迷迷糊糊地接受了三天的诱供。对旁听者来说，这一定是他们一生之中所见到的大戏。有关巫术的所有猜疑都得到了证实：有红猫红鼠低语着"侍奉我"；有一种生灵长着双翼和女人的面孔；午夜时分飞行到遥远之地；带着一只黄鸟的高个男人以"精致物什"引诱女人；要签署恶魔召唤书；幽灵挤掐并折磨信徒们；以及在巫士安息日举行魔法仪式。

海索恩问道："如今是谁伤害了这些孩子？"提图巴回答："我现在无法识别，我看不到了。"但是她的供词使信徒们确信，除了那三个被指控者之外，还有许多人都被卷入了撒旦祸害马萨诸塞的阴谋之中。

提图巴与两位萨拉一道，在狱中等候审判。但是与她们不同的是，提图巴是安全的。她的供词太有价值了，因此不能断送在绞架上。

遭受折磨的女孩们发现，自己平生头一次成为众人瞩目的中心，经要求，她们要指认更多嫌疑人。于是形成这样一种模式：女孩们被恶魔蛊惑而着魔；成年信徒们敦促她们指认折磨者；女孩答应进行指认；成年信徒们（其中最显眼的是普特南家庭的成员，他们挟私报复之心甚重）在地方法官面前宣誓指控属实；然后被指控者将会被逮捕、监禁并接受预审听证。

71岁的女族长丽贝卡·诺斯（Rebecca Nurse）颇有德行，子孙绕膝、令人羡慕，但偶尔会大发脾气。有人对她素怀怨恨，当几个女孩指认她是巫婆时，普特南家庭的成员也作证指认她。丽贝卡在预审听证会上予以否认，对此倍感愤怒的托马斯·普特南的妻子高声叫喊："你没把那个黑种男人带回来吗？你没吩咐我引诱神灵并且让我死吗？你多少次为自己的恶魔提供吃喝？"绝望的丽贝卡说，"主啊，帮帮我吧！"一听到这些话，遭到折磨的女孩们便立即呈现出了痛苦折磨之态。地方法官们注意到，遭到指控的丽贝卡并没哭泣。为什么没有呢？

答：你不明白我的心意。

问：如果你供认有罪，将会做出正确的事，也会给上帝带来荣光。

答：我像未出生的胎儿一般清白无辜。

丽贝卡坚定不移地否认了一切指控——包括折磨无辜者、签署恶魔召唤书（devil's book）、拜访幽灵，还有其余全部。"你想让我冤枉自己吗？"她被具保待审了。

当新英格兰州春暖花开的时候，数十男女被喊为巫士，然后逮捕，等候审判。他们被囚禁在阴暗、潮湿又凄惨的监狱中——以铁链锁在墙上，因为人们相信这样的预防措施会防止他们从狱中幽灵似的袭击受害人。在监狱囚禁的人中,最年幼的巫士是萨拉四岁半的女儿——道克丝·古德(Dorcas Good)。

伊丽莎白·普洛克特(Elizabeth Proctor)是一个事业成功的农夫兼小酒店主的妻子,声誉良好。最初她逃过了指认,但是随后一个女孩看见她位于礼拜会堂屋顶的横梁上,另一个女孩则声称伊丽莎白穷追不舍地要她签署恶魔召唤书。伊丽莎白说道,"亲爱的孩子,事实不是这样的。应该是另有其人,我亲爱的孩子"。但是她也要等候审判。她的丈夫约翰犯了公开批评法庭的错误,遭到谴责和一系列巫术指控,并被囚禁。

随着遭受折磨的女孩们获得信心和力量,地方法官们也同样如此——尤其是海索恩,他审讯时的骄傲在记录中清晰可见。布丽奇特·毕夏普(Bridget Bishop)被指控折磨了四个女孩并在早先即施加巫术杀死了其第一任丈夫。她对所有指控都予以否认:"我不是巫婆。"

问:那么你一出现就对这些人造成伤害,这又是怎么回事呢?
答:我是清白的。

但是在布丽奇特面前,遭到折磨者"陷入了极大的折磨痛苦中"。当她抬起眼睛时,女孩们的眼睛在眼眶中向上翻起;当她摇头时,女孩们的头从这边扭曲到那边。难道这不能显示她是有罪的吗?

答：我对此一无所知。我是清白的，不是巫婆。我不知道巫婆是什么。

问：那么你如何知道你不是巫婆呢？

这一定被认为是个聪明的问题。对此，可怜的布丽奇特无法给出好的回答。

最大的一次抓捕行动是针对一个最著名且令人吃惊的所谓巫士，名叫乔治·巴罗弗斯（George Burroughs）的牧师。十年前，矮小黝黑却年富力强、思维敏捷的巴罗弗斯成为驻赛伦村的牧师。他搬到了缅因，在那儿务农，拥有一个教区，与他第三任妻子（他曾两度丧妻）、他妻子的女儿还有他自己的七个孩子住在一起。五月初的一天，当他正与家人坐享晚餐时，家中却突然闯入了一伙手持传票的人。他们把他带走，骑马踏上了去往赛伦村的遥远征程。在那儿，他惊奇地发现自己为恶意证人所揭发，他们声称：他曾多次折磨安·普特南，谋杀了其前两任妻子，谋杀了一位劳森夫人（Mrs. Lawson）及其女儿（裹尸布里死者的灵魂这样说），并在巫士安息日作为男巫大师主持了仪式。没人提到安的叔叔约翰·普特南（John Putnam）仍因一桩陈年债务纠纷而对巴罗弗斯怀恨在心。地方法官们认为，有足够的证据可以正当地把他关押起来。

截至暮春时，监狱里有大约一百个遭指控的巫士等候审判。其中一些人已经招供，供词——被指控者做出这些供词乃是出于混乱的罪恶感，或者对怀有敌意的审讯官采取怀柔策略、使得遭指控者自身能够安然逃脱——支持了遭到折磨的女孩们的证据。

《旧约全书》中说，"行邪术的女人，不可容她存活"。然而在赛伦，供认自己行巫术被证明是一条保全生命的稳妥途径。最终招供的五十余名嫌疑人中仅有一人被绞死，因为他又翻供了。招供者得以保全，他们要提供对那些不肯挣脱撒旦魔爪者不利的证据。

新任命的马萨诸塞湾殖民地皇家总督威廉·菲普斯爵士（Sir William Phipps）于1692年5月14日到达波士顿港。威廉·菲普斯爵士长谋善断，但面对执法危机，他任命了一个特别法庭来审理积压的巫术案件。他任命自己的总督代表威廉·斯多夫顿（William Stoughton）作为首席法官，此人既是一位牧师，同时也是一个崭露头角的政治家。缺乏法律经验的斯多夫顿很快就会向世人证明自己是个决心如铁的法官：他要的是有罪裁决。法庭还会有六位法官出席，他们都是总督的咨询委员会成员。

留存下来的审判记录比预先查阅记录匮乏。我们所知道的是，1692年6月2日首先接受审判的是布丽奇特·毕夏普，她是个柔弱的小酒店主，被人们怀疑为巫婆已经很久了。毕夏普常出现在男人们的春梦里，因此，她是个妖妇。

一个全部由教会成员组成的陪审团宣誓就职。大约十八岁的约翰·库克（John Cooke）证实他曾于某日清晨日出时分看到过被告人的幽灵："她望着我，朝我微笑，然后立刻击打我头部一侧，这确实极大地伤害了我。然后我看见她从窗口之下的一条裂缝中出去了，大约这么大的裂缝，我能伸进手去。"还有其他证人所做的更多证言：毕夏普乔装为各种动物，导致孩子们生病、死亡，还曾给蛇喂奶。一个由女性组成的陪审团在开审之前检查了她的身体，在她阴部附近发现了"巫婆的乳头"。毕夏普没有一点机会了。陪审团认定其有罪，法官们判处了绞刑。

一位法官，纳塞尼尔·萨通斯多尔（Nathaniel Saltonstall），辞职以示抗议，但是其表态无济于事，以至于他立即沉迷于酗酒。

1692年6月10日，在赛伦村附近一座小山的一棵橡树枝杈上，布丽奇特·毕夏普被执法长官执行绞刑。

这第一场绞刑促使威廉·菲普斯爵士给波士顿的牧师们写信征求意见。有人对幽灵证据的可靠性提出了质疑。牧师们6月15日回复了一封信件，这封信措辞巧妙，可能为克顿·马泽尔所写。在信中他们说道，恶魔有可能会以某一个清白无辜者的形象出现，因此，不应该仅凭幽灵证据就对任何一人定罪。法官应该"以更温和的态度"将诉讼程序朝向被指控者推进。"尽管如此"——随后紧接着——"根据上帝之法和英国健全的法规所给出的指示，我们不得不谦卑地将这些使得自身面目可憎的迅速有力的诉讼提交政府处理，以便对巫术行为进行侦查。"这一观点得到特别法庭的支持，法庭对更多有罪裁决和死刑的执行敞开了大门。

随着听证和审判在夏季的继续进行，一个偶然的证人意图试着打破女孩们的可信任性。为伊丽莎白·普洛克特作证的丹尼尔·艾略特（Daniel Elliott）宣誓说，其中一个遭到折磨的女孩告诉他"她那样做是为了运动一下，她们必须做点运动"。但是这没有为法庭所采纳，随着女孩们的影响力逐渐增强，毫无疑问地，她们指控男男女女并不仅仅是为了运动，而是出于内心确信，而力量又滋生自信。

6月后期，五个女人被交付审判，其中包括丽贝卡·诺斯。遭受折磨的女孩们的症状当庭发作,数十证人做出不利于被指控巫婆的证言,会堂里的人群和被挤出会堂的群众要求给她们定罪。但是,众所周知,丽贝卡·诺斯是个善良的女人。在审判过程中,她表现得安详宁静、不卑不亢,陪审员们已知悉,很多高尚公民在对她开恩的请愿书上签了名。陪审团对她做了无罪裁决。这在指控者与其同盟之中立即引起一阵骚动和"可怕的抗议"。主审的威廉·斯多夫顿询问陪审团,他们是否考虑了在迪利沃伦斯·赫布斯(Deliverance Hobbs)与其女儿艾比盖尔(Abigail)出庭作证时丽贝卡所说的话:"你们带给她了什么?她是我们之中的一员。"斯多夫顿的话意带有牵连性,"我们"是指巫婆一伙。陪审团退场,经评议后带回一个问题,由陪审长托马斯·菲斯克(Thomas Fisk)问被指控的丽贝卡:她的评论是何意?有几分耳聋的丽贝卡没有听见这一问题,因此没有做出回答。陪审团再次退场,不久之后做出了有罪裁决。法官们对她宣判了死刑。

在狱中,丽贝卡·诺斯获悉,陪审长以其不能解释对赫布斯一家的评论作为陪审团所做裁决的正当理由。她向法庭和陪审团做出了一份书面解释,"谦卑地说明"她的意思只不过是在说古德外芙·赫布斯(Goodwife Hobbs)与其女儿都是她的狱友罢了。"由于我听力有些障碍,而且满怀悲伤,也没有人告诉我法庭对我的话采取何种态度,因此,我没有机会说出当我说她们是我的同伴时自己的真实意图究竟是什么。"

这一解释无疑具有真实性,但是却毫无用处。丽贝卡·诺斯与其他四个女人,其中有抽着烟斗、难以管束的萨拉·古德,于1692年7月19日在绞架山被施绞刑。当时的绞刑并不科学。死刑犯并不会被立刻折断脖颈，而是会被慢慢勒死。最后，一位管闲事的牧师要求萨拉供认自己施行了巫术。"你是个骗子！"她回敬道，"我要是巫婆，你就更是个男巫。如果你夺走我的生命，上帝将会让你饮血。"果不其然，数年之后，该牧师死于一场大出血。

7月23日，约翰·普洛克特从赛伦监狱将一封辩护信呈给尹克里斯·马泽尔与其他四位波士顿的杰出牧师，这封信要求获得公平对待，写得情真意切。普洛克特写道，法官们、陪审团与公众"因对恶魔的臆想而对我们怒气冲天"。他逐渐了解了自己的狱友，他们"都是清白无辜的人"。他的财产或被毁掉或被没收，儿子遭受折磨、被强迫招供。普洛克特要求更换法官，因为负责本案的这些法官"在审判之前就已经给我们定罪"。那五位牧师并未理会这封信。

8月5日，四男二女接受了审判，其中有普洛克特、其妻伊丽莎白，还有乔治·巴罗弗斯。53名邻人联名签署请愿书证明普洛克特一家品行良好，但这些言词被公众狂怒的飓风席卷一空。被从缅因带来的遭受指控的牧师巴罗弗斯，在狱中与所谓的巫士们一直待了两个月，他知道他们都是清白无辜的。他发现，女孩们、法官们还有公众都已变得歇斯底里了。他在法庭上竭力驱散这一歇斯底里的状态——不仅是为使自己恢复清白，也是为了将人们对恶魔的臆想驱逐殆尽。在提交给陪审团的一份理由书中，他说"现在没有，以前也不曾有过巫士与恶魔签署契约，与恶魔沆瀣一气，使恶魔暗中折磨别人"。但是有证据显示，巴罗弗斯于审判前夜在其指控者手臂上留下了齿痕。与其他人一样，他也被判有罪，六人全部被判死刑。

伊丽莎白·普洛克特因怀有身孕得以保全性命。8月19日，其余五人被以马车运至绞架山。在萨拉·古德弥留之际对之施以刑罚折磨的同一个牧师，拒绝了约翰·普洛克特向其祷告的要求，因为他坚持认为普洛克特顽冥不知悔改。乔治·巴罗弗斯获准面向人群做临终遗言。他站在绞架梯上，讲得如此动情，以至于有一些人眼中噙满了泪水。然后他平静且完美流畅地吟诵了主祷文——人群普遍认为这是一个壮举，巫士是做不到这一点的。

人群不安地骚动与低语起来，怀疑态度逐渐弥散。接着，自波士顿骑马赶赴现场的克顿·马泽尔在马背上做了发言。他说，恶魔有能力乔装成天使的形象，让大家不要受欺骗。

人群平息下来了，五位所谓的巫士勇敢赴死。

9月9日，又有六人受审被判死刑。其中有玛丽·伊斯蒂（Mary Easty），她和妹妹自狱中呈给法庭一封要求获得公平审理程序的请愿书。由于没有律师，这些女人请求法官们："请充任一下我们的辩护者"；让她们的当地牧师和教会成员作证；"因无其他合法证据"而认定女孩们的指控理由不充足；并允许"一场除不利信息外也包含对我们有利的信息的公平、平等的听证会"。由于不可知的原因，玛丽的妹妹并未交付审判，但是玛丽的审判如同其他人的审判一样出现了一边倒的局面，请愿书对操控法庭的坚信有罪者们没有起到作用。在判刑之后，玛丽·伊斯蒂又给法官们写信——这次不是为了自己，而是为了许多仍在候审的人们：

我向阁下们请愿，并非为苟全自身性命，而是因为我知道我肯定要死了，我的法定时限已到，但是……如果可能的话就

> 不会再有无辜者的鲜血倾洒……我质疑的不是阁下们用尽权力去发现与探查巫术与巫士,你们也并未犯有向世界倾洒无辜死难者的鲜血的罪行,但是以我自己的清白之躯,我知道你们的做法是错误的……我乞求阁下们能乐意在某个时间对这些受到折磨的女孩进行严格与单独的查问,也同样对某些招供的巫士们进行审判,我确信他们当中有一部分人在说谎……

玛丽本能够通过加入招供者的行列而自我保全,她对自己并未这样做的理由作了解释:

> 我对巫术一无所知。因此,我不能也不敢出卖自己的灵魂。我是个无辜者,又可怜又快死了,我恳求阁下们不要否决我这一卑微的请愿,我相信主会赐福于你们的努力。

所有法官竟然都不为这封请愿书所动,这难以令人理解,但是即使法官们确实为之动容了,他们也并未表现出来。两星期之后,玛丽·伊斯蒂与其他七人一道死于绞架山。"看到八盏地狱的火把悬挂在那里,多么令人悲伤啊!"管闲事的牧师评论道,看起来他参与了每一次行刑。

又有九名被告人在9月份被定罪,其中四人招供并被判缓刑,第五人做了怀孕辩护。

截至1692年10月,有十四个女人与五个男人被施绞刑,一名男子因拒绝接受审判被重石压死,又有七人被判绞刑,大约有一百五十名囚犯狱中候审,另有大约二百人遭到指控。

要求改变程序以消除偏见并使对巫士的辨认更加可靠的呼声不断涌现：例如，约翰·普洛克特更换法官的恳求，乔治·巴罗弗斯对幽灵证据的批判，以及玛丽·伊斯蒂将招供者封闭、分开加以查问的常识性提议。这些未受教育的被告人的主张与现代法律保障机制极为接近，这一点给人以深刻印象。普洛克特的要求在今日可以称之为一项要求撤换含有偏见的法官的动议，巴罗弗斯的批判是反对传闻证据与意见证据①，伊斯蒂的提议则是行使与证人当面对质、交叉询问的权利。但是威廉·斯多夫顿所引领的法官们不为所动。他们认为，这些观点和所提供的无罪证言都不能压倒显示被告施行巫术的证据。自始至终不曾有一个被告人获得无罪开释。

数月之后，在这片蛮荒大陆上，怀疑主义与常识的力量出乎意料地从遭受折磨的女孩们自身获得了帮助。正如系列指控者经常所为，女孩们做得有点过分了。轻佻的自信心使她们不仅指控穷人与怪癖的人，她们在最初是这样做的，也不仅指控恰好树敌的受人尊敬的农民与家庭主妇，但是现在，连殖民地中有权势的领导者都指控了。女孩们指控了地方法官乔纳森·科温（Jonathan Corwin）的岳母，一位前总督西蒙·布拉斯迪特（Simon Bradstreet）的两个儿子，牧师约翰·黑尔大人的妻子，还有哈佛学院（Harvard College）院长塞缪尔·威莱德（Samuel Willard）。很显然，这些人都不可能是巫士，他们也没有一人被捕。但是如果说女孩们错了——正如大

---

① opinion evidence：是指证人陈述其从观察到的事实中所得出的结论，也有人认为意见证据是证人根据其所感知的事实做出的意见或推断性证言。——译者注

家都同意她们确实错了一样——她们就不可能在其他案件中也犯错吗？

神职人员开始退缩，他们的支持对指控者来说至为重要。10月3日，尹克里斯·马泽尔在剑桥对牧师会众发表了讲话。马泽尔已经对巫术指控与死刑执行的浪潮变得忧虑，现在他暗示，遭受折磨的女孩们可能并不可靠。他说出了一句现代意味十足的话："让十个有嫌疑的巫士逃脱，好于将一个清白无辜的人定罪。"这一观点如经采纳，将会推翻此前一直指导审判的有罪推定原则（presumption of guilt）。不久，马泽尔的布道言论出版，序言由其余十四位牧师一起签名。

10月8日，托马斯·布莱托（Thomas Brattle），一个富有且受人尊敬的波士顿商人，同时也是一位数学家和皇家学会（Royal Society）会员，写了一封大体上是在批评法官们、证据制度和巫士控诉的信，并将之公开：

> 我将很愿意了解这些赛伦村的绅士，然而却不能理解，如果这些被捕的人是巫士，他们看一眼遭受折磨的女孩们就会毒害她们使之陷入痛苦状态，我也不能理解，我是说，为何这些女孩看别人一眼却不会给别人带来痛苦和毒害……

至于那些招供的人，

> 现在狱中大约有50人，其中许多人我曾不止一次地耳闻目睹过，我只能告诉你们，我的信念强烈关心着他们，他们是

被蛊惑的，被强施魔法，受到了某一恶魔的影响，因此他们并不适宜作为对自己或者他人不利的证据。

布莱托注意到，招供者经常自相矛盾和说谎话。与认为供词不可信相反，法官们会"通过宣布恶魔夺走了招供者的记忆并在其脑中施以魔法，来维护这些招供者和化解他们自相矛盾之处"。布莱托合理地问道，如果是这样的话，恶魔就不会在其他时候影响招供者的言辞吗？

威廉·菲普斯爵士被说服了。10月12日，他下令禁止再因巫术而关押被告人。10月29日，他解散了特别法庭。

许多遭受指控的人仍在狱中。根据法律，一个新的高级法庭得以创建。在1693年1月，该法庭处理了52起巫术案件。冷若冰霜的威廉·斯多夫顿仍是主审法官，但是有了新规则：不再采信幽灵证据，非教会成员有资格进入陪审团之列。49名被告人被无罪开释，其余3人被定罪，但随之被判缓刑。

三个月之后，总督释放了所有在押囚犯，并签发了大赦令。这场搜捕巫士运动在肇始一年之后归于终结。但是众多家庭惨遭毁灭，除了19人被执行死刑之外，另有4人死于狱中，而且正如托马斯·布莱托所言，"岁月不会抹去这些事件发生之后留在我们土地上的耻辱和污点"。

值得赞扬的是，接下来的几年中，那些对赛伦巫士案负责的人中有许多做了道歉。1697年，曾是特别法庭法官的塞缪尔·西沃尔（Samuel Sewall）在其波士顿的教堂跪台上，公开接受了人们对以往不公正之事的"谴责与羞辱"。一群陪审员——其中有陪审长托马斯·菲斯克——以书面方式乞求获得原谅：

> 对于黑暗和恶魔力量的神秘臆想，以前我们自己没有能力理解也无法对抗，尽管我们对此既不知情也不情愿，但是一直以来，清白无辜者遍撒鲜血，恐怕我们已经同他人一道成为带给我们自己这一罪孽的工具。

1706 年，尽管还只有 26 岁、但是为生活艰辛所累的一位年轻妇女，当着仍对其怀恨在心的丽贝卡·诺斯的亲属之面，在赛伦村教堂乞求原谅。她就是安·普特南，12 岁时曾是遭受折磨的女孩们之中富于幻想、头脑机敏的带头者。牧师替她宣读了发言稿：

> 我渴望于上帝面前保持谦恭……我渴望卧于尘下，郑重地乞求人们的原谅，我曾只给他们带来悲伤与损害，他们的亲属曾被带走并遭受指控。

公众愿意原谅这个罪人吗？他们愿意。安流下了宽慰的泪水。

1711 年，马萨诸塞地方议会①代表官方为那些被定罪的人消除了罪名，并指令给予幸存者一笔赔偿金。

在多场审判中没有一丝怜悯心的主审法官威廉·斯多夫顿，于

---

① general court：美国独立前十三州时代行使有限司法权的地方议会、立法机关，也指新罕布什尔、马萨诸塞等州的州议会。——译者注

1694年成为这一州殖民地的总督，但是他却从未承认错误或者乞求原谅。他履行了自己的职责，他的理由是正当的，人们无法对他有更多期望。克顿·马泽尔，这个煽风点火、盲目狂热的年轻牧师，感觉因自己所起到的作用而遭受到了不公正的批判，而他也从未做出过机智巧妙的自我辩白。

赛伦巫士系列审判与发生在欧洲大陆和英国的巫士大焚烧运动相比，只是个小小的插曲，但是它们给美国这个国家留下了不可磨灭的记忆。尽管美国人在总体上是信仰宗教的，但是他们看到了狂热的宗教信仰所能产生的危害。恐惧所产生的政治性力量显露出来。随着时间推移而逐渐变得清晰的是，并不是撒旦，而是世俗的压力与严苛的、不宽恕的教义一道，共同使得清教徒们彼此怒目敌对。

而且美国人也在法律程序上得到了一个经典的教训。被指控者——他们的幽灵仍萦绕于国民良心之端——在审判中惨遭定罪，但是整个过程中没有律师，没有受过法律训练的法官，没有交叉询问被指控者和传唤双方各自证人出庭的权利，没有将传闻、推测或者其他不可采信的证据排除出去的规则，没有无罪推定，也没有其他任何我们今日称之为"正当法律程序"的保护措施。这些保障的缺失对结果造成了致命的差异。陪审员们对巫术感到恐惧，但是他们是意欲实现正义的有良知之人。如果他们获准听审双方证据，如果最明目张胆的不可采信的证言得到排除，如果对遭受折磨的女孩们和招供者隔离开来并予以交叉询问，如果法官做出了要求证据超出合理怀疑的指导，那么一些囚犯肯定会得以拯救。这一点从陪审团最初要将丽贝卡·诺斯无罪开释的努力和改变规则排除幽灵证据后所发生的事实得到了确证。在改变规则之后，有更多被告人接受了审判。歇斯底里日渐式微，但是陪审员们仍然敬畏上帝，总体来说仍相信巫术的存在。主审法官依然是斯多夫顿，然而52名被指控者中有49人被无罪开释。在第一轮审判中陪审团未能实现正义，但是其失败有很大一部分原因是因为当时的审判程序几乎没有给它成功的机会。

在没有律师的马萨诸塞，很少有人知道这一点，但是赛伦巫士案发生时，程序公平在母国英格兰开始有了巨大进展。这一事业是由斯图亚特王朝各位君主无意间推动的，他们使王国在几乎没有游戏规则的情况下进行着一场又一场政治与宗教审判。身为诗人、探险家同时也是一位朝臣的沃尔特·拉勒夫爵士（Sir Walter Ralegh），因被指控谋逆推翻詹姆斯一世（James I）的统治而于1603年受审。控方主要证人据称是其共谋者科巴姆勋爵（Lord Cobham）。尽管被国王关押，但是科巴姆并未出庭，相反，有证据显示他做出了暗指拉勒夫的庭外陈述。对科巴姆无法交叉询问来检测其陈述是否为真，或者他是否真的做出过这一陈述。拉勒夫抗议说自己"可能仅凭传闻即被屠杀"。这一主张徒劳无效，拉勒夫被定罪并判处死刑缓期执行，在伦敦塔内囚禁多年，最后因与此不相干的冒险活动和其他复杂原因被斩首。

纵观17世纪的大部分时间，王室进行着一个又一个宗教或者政治案件，威胁着英国人民的自由，同时却促进着确立被指控者权利的反向运动。法庭开始以怀疑的眼光审视传闻证据，到17世纪末时经常将之完全排除。英国的法官们——尽管其中有许多人傲慢自大——因创立了证据规则而值得受到赞赏。其观点是：陪审团不应听取太不可靠、离题太远或者含有不公偏见的证言。法官应直接将这些材料排除在庭审程序之外，而陪审团决定案件所依据的证据应与案件密切相关且经过交叉询问的验证。今日的证据规则在由法官或者陪审团审理的民事与刑事审判中均可适用。最为著名的是传闻证据规则：史密斯不能靠道听途说，说琼斯告诉他，自己看到被告偷了一匹马。琼斯本人必须到场，说出其所见到的经过，并接受交叉询问。传闻证据规则有一些例外使得规则本身伤痕累累，这些例外对某些律师来说是一件神秘的乐事，对其他人而言是一种阻碍，但是传闻证据规则的前提——诉讼当事人应当能够与对方证人对质并进行询问——则是合理牢固的。

甚至更为基础性的规则是证据相关性规则：一项证据，只有当其可以证明或者反驳某一能够对案件结果产生差异的事实时，才会被接受。这听起来像一种防止审判变得冗长不已的常识性主张，而且事实上也确实是这样。但是，其意义远不止如此。证据相关性规则——正如在英美法庭上所适用的——不仅是一种处理手头事务的单调无趣的方法，也是一种维护隐私、尊严和自治权以抗衡国家的保证。

我们针对起诉状与答辩状所列出的具体问题来审理案件。某一民事案件的原告可能会以精简的语言说道："你们的火车司机疏忽大意了——由于他对机车的不当驾驶，使我的卡车被撞毁了。"铁路方面的回答则是："噢，不是的，他并没有疏忽大意。在你试图穿越铁轨时，是你疏忽大意了。"此案就限于这些问题。刑事案件的起诉状可能会告知被告人："你抢劫了米德兰银行（Midland

Bank)。"被告通过做出无罪答辩说道:"不,我没这样做。你得证明你的主张。"此案就限于这一指控和抗辩。人们的常情常性不会成为审判的对象。法律暗示性地认可了蒙田的评论,即"世上不存在这样的好人——如果以各项法律严格审查其行为与思想,他这辈子还不够被绞死十次"。

在许多社会中,一直以来采用的并非此种做法。其他地方的实践情况时常是对"整个人"进行审判——在决定是否有罪以及谁应对谁负责的过程中,引入有关过去曾被定罪、过去的不法行为、工作记录、家庭生活以及诸如此类的证据。前苏联的诉讼就是此类做法的典型代表。在万能的国家和弱势的个人之间,并没有法律屏障树立。在英美法的审判中,过去的不法行为可以在做出有罪裁决之后的量刑听审会上加以考虑,也可能用以质疑证人的可靠性,但是通常不能用来证明是否有罪以及是否应当承担责任。相关性的这一狭义概念意味着,它需要的是具体明确的证据,偏见不能将其取而代之。正如诗人詹姆斯·冯顿(James Fenton)所写:

噢,让我们莫因我们的为人而被定罪。
它足以说明我们所做的一切。
从法官手中拯救我们,他说:你是你父亲之子,
是你父亲的罪行之———你的罪行就是你自己。

与证据规则相伴而生的还有其他程序性权利。到1696年时,辩护律师获准对那些被控以叛国罪者进行辩护,截至18世纪中叶时,凡有能力聘请律师的刑事被告人均可聘请。律师的加入促进了

刑事诉讼程序的重大变化。数世纪以来，在公开的法庭上，面对指控自己的宣誓证词，被指控者一直仅限于给予未经宣誓的回答。法庭期待被指控者讲话，他的缄默通常是致命的，他无权传唤不情愿出庭的证人，他可能找到的任何情愿出庭的证人都不能经宣誓而作证。辩护律师为其诉讼委托人赢得了提交被指控者与其他证人的宣誓证词的权利。18世纪时，无罪推定渐露端倪，反对自证其罪的特免权①也开始出现。

在美国各州殖民地吸取这些变化时，律师的地位也在提升。18世纪时，商业与人口迅速增长，人们对法律服务的需求逐步增加：起草遗嘱、书写合同、解决纠纷。官方也对律师开禁了。通过在英格兰接受训练或者于当地做学徒的方法，律师成为受人尊敬的咨询者、文书起草者和辩护者。到1750年时，每一个较大的社区都有一位有能力的职业律师提供服务。而且，在每一个州殖民地都有一些律师成为了社区的领导者。托马斯·杰弗逊、约翰·亚当斯、亚历山大·汉密尔顿、詹姆斯·威尔逊（James Wilson）、约翰·杰伊，还有乔治·怀斯（George Wythe）就都是律师。1776年《独立宣言》的56位签署者之中有25位是律师，1787年制宪会议的55位代表中有31位也是律师。

我们的宪法书就于最幸运的时代。精通历史、经典著作和切实可行的政治纲领的人出现了，并与欧洲启蒙运动互相结合起来。他们的记忆超越了独立战争和引发战争的冤苦而延续下来。他们记得

---

① privilege：一般译作"特免权"，属于宪法保障公民的基本权利，最为典型的就是反对自证其罪的特免权。——译者注

陪审制的兴起，记得在斯图亚特王朝君主统治下寻求自由与正义的斗争，还记得洛克与孟德斯鸠的自由政治理论。他们了解，在缺乏公平审判的保证时，人们身上会遭受蹂躏——就像一个世纪前马萨诸塞湾殖民地所发生的事情一样。

国父们书写的宪法建立在不信任集权的基础之上。联邦政府的三大分支——立法、行政与司法——均受到限制，任何人都不能获取已为国父们深恶痛绝的皇家特权。然而对很多人来说，缺少一部《权利法案》的宪法并不完整。为使宪法获得批准，制宪会议的代表们同意这一提议，由詹姆斯·麦迪逊起草，将其提交在前十个修正案中，并于1791年通过。《权利法案》在很大程度上是关于诉讼活动和英国及其各殖民地的审判史的。它保证了刑事案件被告人有权获悉指控内容、由一个公正的陪审团进行审判、与对方证人对质、唤请辩方证人、聘请律师、避免自证其罪，以及免受双重危险。它为公民提供了安全保证，用来对抗不合理的搜查与扣押——以此种方式获得的"毒树之果"，根据最高法院后来的裁决，不得作为证据使用。它也保证了联邦民事案件中陪审制的运用。而且它还包含了第五修正案的总括性规定：任何人都不应"不经正当法律程序即被剥夺生命、自由或者财产"。

至18世纪末时，美国诉讼体制的主要特色已然成形。被尊为民主的首要机制的陪审制，适用于各州与联邦的法庭中。证据规则（最为重要的是传闻证据规则与证据相关性规则）得到遵守，至少在运作较好的审判中是如此。在19世纪的南北内战之后，第十四修正案为《权利法案》在各州适用提供了基本保证。另外，每州也均有自己的权利法案——其中一些在某些方面甚至要比联邦版本的

《权利法案》更为强劲有力。有了这些来之不易的对抗非正义的保护措施,我们还能再让自己遭受如同赛伦巫士审判一样的痛苦吗?唉,我们能,而且我们也确实这样做了。

20世纪40和50年代曾出现过巨大的红色恐怖①,其背后的恐慌有着真实确证的原因。我们不久之前的战时盟友苏联,在东欧垂下了冰冷的铁幕。这一冷战严冬将会持续数十年。1949年,俄国人引爆了原子弹,我们的核垄断宣告终结。同一年,经过长时间的内战,中国共产党人对世界上人口最多的国家获得了统治权。克劳斯·福克斯(Klaus Fuchs),一位年轻的英国核物理学家,其作为俄国间谍的身份被揭露。1950年,朝鲜共产党人势力入侵②韩国,激起了美国通过联合国而做出的军事回应。美国人深深害怕爆发核战争,害怕因之而被颠覆。如果不是祸起萧墙,怎么会有这么多事情乱套,而且又来得如此之快呢?

二战后的美国仍有一部分共产党人存在,正如17世纪的新英格兰州仍有从业巫士存在一样。那时也有间谍存在,现在也还一直存在着,但是随后进行的听证会的焦点不在间谍活动,而在于意识形态和党派关系。让我们将是否应当对极端异议者进行辨别、处罚或者直接将其弃之不管的问题搁置一边,我们来关注一下他们是如

---

① Great Red Scare:红色恐怖是指,1947年美国电影行业中被怀疑受共产主义思想影响的10个人在拒绝和国会的众议院反美行动委员会合作后,美国众议院以346票赞成对17票反对,通过了所谓"好莱坞10人"蔑视国会的指控。——译者注

② 此处原文所用词汇为invaded,我们译作"入侵",仅仅是按照原文的字面含义进行尽量忠实的翻译,但是对于作者在此处以及在此小节的某些观点,由于涉及诸多敏感的政治问题,我们持保留意见,望读者详加辨识。——译者注

何被辨别的——尤其是在公平的游戏规则能够对结果产生关键性差异的情况下。

在战时销声匿迹一段时间后，1947年由国会使之复生的众议院反美行动委员会（House Committee on Un-American Activities [HUAC]）开了风气之先。在30和40年代，HUAC举行了高调宣扬的听证会，意在显示共产党人已渗透至各个角落。委员会从电影产业开始，唤审惊恐的证人，这些证人通过将别人指认为好莱坞共产党人（Hollywood Communists）而保全了自己的前程。10位拒绝回答问题的作家与导演因蔑视国会而被关押。各电影制片厂步调一致，它们将因忠诚度可疑而不予雇佣者的名字列入了黑名单中。受到鼓励的委员会继续指控着别人：军火商、教师、学院教授、工会组织者，还有许多其他人，最令人恐慌的是还包括政府自身的雇员。于是形成了这样一种模式：与HUAC合作的证人，其中有许多是希求赦免罪行的前共产党人，会将其他人——有时达数百人——指认为前共产党成员或者共产党的同情者。据称，后者经常仅仅因为曾在一些问题上暗合了共产党的立场就被辨别出来。被指认即是被非难。如果某一被指控者援引第五修正案，那么将被假定有罪——这与一条宪法根本原则相悖。

形成于1950年的参议院国内安全附属委员会（Senate Internal Security Subcommittee），以及各级州立法委员会，立即效仿了HUAC的做法。在不断加剧的恐惧气氛中，这些机构意图根除国内的共产党人——用当时的话来说就是"揭露"他们。被指控者无权进行交叉询问。传闻证据与意见证据大行其道。被指控者的律师一般只能限于与其委托人小声低语进行磋商。指控本身通常是模糊不清的——并不是被指控者已然实施了某一具体行为，而是被指控的男女是或者曾经是共产党人或者共产党的同情者。指控即等于有罪；对成千公民而言，仅仅被指认就意味着事业终结或者身败名裂。

对政府雇员们来说，各行政管理部门将委员会的工作加强了，这些行政管理部门遭到了指控，原因在于其将一切对美国的忠诚度难以确定者开除公职。杜鲁门总统于1947年建立了一个联邦行政管理部门，许多州也都有对应机构。联邦的这些做法导致大约2200名政府工作人员被撤职或者主动辞职，而实际上，并没有确切证据清楚无误地证明其中任何一人为共产党人。

我们为巨大的红色恐怖付出了沉重的代价。人们丢了工作，事业也毁了，护照横遭否认，忠诚度的调查死灰复燃，成千人的声誉也毁得荡然无存。恐惧与不信任的烟幕降临到美国公众舆论头上。甚至有许多人将主流的自由主义观点也视为是同情共产主义的标志。国务院远东事务部（State Department's Far Eastern Division）丧失了一流的专家，用艾伍莱尔·哈里曼（Averell Harriman）的话说就是，成为"一个塞满人类骸骨的灾难之地"。人们追求的目标是避免被调查和在任何方面被人提及。对许多受到恐吓的人来说，其结果就是保持缄默。

红色恐怖与1692年赛伦审判之间的相似之处远远不止都碰巧使用了 witch-hunt 这一术语①。这两个例子中，社会都感到自身受

---

① witch-hunt 一词既可指对巫士的搜捕，也可指对反对派的搜捕和政治迫害。——译者注

到了一个敌人的威胁，而这个敌人的密使可能是无处不在的——可能会穿梭于街道、散布于工作场所、甚至藏匿于教堂里。这个敌人被认为极度狡猾而又冷酷残忍。嫌疑人遭到犯罪指控是因具有某一神秘的身份——是巫士或者是共产党的同情者——而不是因为实施了具体的不法行为。归罪证言大部分出自改过自新的罪人之口，他们曾与撒旦或者共产党人有过来往，因其对过去的罪行与谎言承认较多，不仅得到了怜悯，也获得了信任。花言巧语的抗辩被当做狡猾欺诈的证据，若要证明自身的清白则是无计可施。最终，这一系列指控者的行为由于太过分而成为强弩之末。参议员约瑟夫·麦卡锡（Joseph McCarthy）在 20 世纪 50 年代的 4 年间恫吓了华盛顿全体官员以及全国很多官员，而当他指控美国陆军正处于共产党人控制之下时遭到了怀疑，像那些遭受折磨的赛伦女孩们一样，他做得太过了。

就像一种病一样，当我们发烧时，红色恐怖占据着我们的思想，而当病症一旦消退，我们又很容易将之忘记。但是我们确有必要铭记在心。那是一个大众恐惧的时代——但是即使是在这样一个时代，公平的程序规则本来也是能够得到遵守的。在 20 世纪 50 年代的委员会和行政管理部门的听证会上，交叉询问证人的权利、获得律师充分辩护的权利、被告知具体指控内容的权利、免遭传闻证据归罪的权利以及无罪推定的权利，都不存在。正如在此两个半世纪之前的赛伦审判一样，这些权利的缺失在结果上造成了可怕的差异。

人人皆可自由参加的审判会是什么样子？关于这一点，国会的一些做法时不时地给我们敲响了警钟。无论国会在立法方面多么卓越出色，它都不适宜作为初审法院，这不仅因为其成员有着不同的党派动机，也因为其自身的运作有着不受合理规则约束的倾向。一场围绕规则的斗争——首先围绕的是，是否要超出有主见的律师肯尼斯·斯达（Kenneth Starr）的冗长书面报告的范围而听取证据——是克林顿总统弹劾审判案的核心。1991年，就艾妮塔·希尔（Anita Hill）针对最高法院的提名法官克莱伦斯·托马斯（Clarence Thomas）而提起的性骚扰指控，参议院司法委员会（Senate Judiciary Committee）举行了几场听证会。正如法学教授斯蒂芬·兰兹曼（Stephan Landsman）所写，这些听证会提供了"也许是最为清晰的例证——即在不适用证据规则时我们的抗辩询问制会变成何种模样"。本案中的问题简单明了，在任一县法院以常规审判原本就能够确定真相。但是争辩的双方参议员忽略了他们所知悉的证据，却将目光集中于传闻信息、未查实的信件、讥讽影射、流言蜚语和对人格的野蛮攻击。其结果是使这一问题模糊混乱，也使希尔教授、托马斯法官和整个国家深陷于尴尬境地。

既然红色恐怖与冷战俱已结束，我们还可能再度陷入程序上的无法状态吗？承认仍有这种可能，是我们朝向防止这种情况发生而迈出的第一步。"自由存在于无数男女的内心，"勒尼德·汉德（Learned Hand）法官说道，"若它在人们心中消亡，则没有任何宪法、法律和法庭能够挽救。"但是，当它在恐惧或者仇恨之风中闪烁摇曳时，法律与法庭却能够庇护这自由的火焰。这些游戏规则——证据规则和为刑事被告人提供的保护措施——不是技术细节，它们是庇护自由的细则。

Chapter 7
Six Deadly Sins
六宗致命原罪

正如我们已经见到的，美国司法体制这一伟大礼物，不仅受赐于历史老人，也受赐于无数的男男女女——他们勇敢抵抗专断权力，创造了法治，自己还时常付出毁灭性代价。但是，它与早期绘画大师的画作有所不同：画作可以挂在墙上、在艺术市场升值时引人羡慕，而司法体制则只有满足新需求、适应新形势才能彰显价值。作为一种社会机制，它必须慢慢进化才能继续存留。因此，我们面临着一个问题，而假若祖先们至今健在，也将会问及这个问题，那就是：我们是否在很好地使用着他们留下的一切？

为了回答这一问题，我们将不得不离开历史的高地——这儿有着全景式的开阔视野和我们所能获得的最为清晰的采光，纵身下跃到今日的初审法院与上诉法院那些你争我斗的烟雾与喧嚷中。

虽然能见度将会有所降低，但我们会从批评家那里获得充分的助益。权限经常冲突、工作引人注目的法院往往是人们据理批评的对象，而它也确实应当成为国民批评政府以供娱乐消遣的对象。正义①并不神秘——每个人都有一种正义感，甚至是从孩提时代就有——对司法权力的事后批评、愤怒异议和厌恶憎恨将永远伴随我们左右。

但是情况还不容乐观，人们对司法体制的不满一直在蔓延。诸如"崩溃"、"危机"、"失败"和"功能障碍"等词汇正在四处散播。著名出庭辩护律师杰瑞·斯宾斯（Gerry Spence）写道，"事实真相是，在美国，人民并无正义可言"。虽然，如果他所说的话的确属实，他的牧场与李尔喷气式飞机早就已经被收回，他也早就会混迹于另一行当了。纽约城新上任的法官哈罗德·罗斯怀克斯（Harold Rothwax）说，在刑事审判中"我们的法庭以形式主义代替了公平性，在审理过程中掩埋着真相"。我不这样认为，但是我们需要问一下：哪些不满是有根有据的？哪些不满仅仅是郁闷脾性和挟私报复的反映？法庭中是否存在危机，如果存在，又是什么危机？

我们首先来看一下美国诉讼体制的六宗致命原罪：过度好辩、成本高昂、缓慢迟延、软弱无力、纠缠细节与负荷过重。与其中世纪时的对应缺点一样，我们很难将其一同避免。它们具有多大的危害性，在既定的时空之内只是一个程度问题。这些原罪都是诉讼过程和诉讼途径的原罪——是我们在如何行事，为谁行事，以何种代价来平衡预算与保持明智方面的缺点。我坚信，大家将会发现，这

---

① justice：在英语中，该词有"正义"、"司法"、"大法官"等多种含义，人们从一开始就认为司法的生命即是正义，正义与司法之间是灵与肉的关系，经常将 justice 一词视为灵肉一体的概念。本书也多次出现这样的表达，尤其在本章内容中。——译者注

些是目前正在运作的抗辩制的错，而不是陪审团的错，尽管陪审团常常为此蒙受责备。

史上最受关注的O. J. 辛普森（O. J. Simpson）刑事审判向我们展示了，当过度好辩与错误的戏剧化渲染充斥法庭时会发生什么情况。在我们的制度中，这不具有典型性，但它在公众记忆中留下了深刻印象——这是令我们后悔的一个原因。然而，像其他搞砸的案件一样，它渲染了本案的缺点，这些缺点在其他许多案件中都曾零零散散地出现，只不过从未制造出类似此案的轰动效应。

辛普森被指控犯有两桩简单而同时犯下的罪行：持刀谋杀了前妻妮可尔（Nicole）和妮可尔的朋友罗纳德·戈德曼（Ronald Goldman）。审理的最初几步就为即将到来的审判定下了基调。候选陪审员们被要求填写一份75页的调查问卷，用来调查诸如以下问题：他们是否持有"猎枪或者折刀"、可曾给编辑写过信、是否身属某一政党、可曾向名人要过亲笔签名、是否为慈善事业作过贡献，以及他们个人是否重视宗教。他们的心理，他们的种族、教育、声誉和宗教背景，都已由高薪聘请的顾问细细研究。他们经过了为期数周的、对其享有强制否决权的律师的口头质询。当事双方施以计策，通过伪科学的推断，向陪审团灌输那些自认为对各自诉求有利的观点。陪审团的遴选耗费了两个半月的时间，到各位陪审员和候补陪审员最终宣誓就任时，案件本应终结，裁决本应做出。然后，随之而来的是为期九个多月的证据环节、辩论程序与休庭时间。当法官与律师们讨论解决法律规定时，陪审员们隔离了新闻报道，日复一日地被封闭着。成百场法官会议（bench conferences）举行

——此时陪审员们在等待。随后又裁定休息多日——此时陪审员们仍在苦苦等待。对证人的询问耗时良久，且常常是建立在虚无缥缈、没有相关证据支持的辩护理论之上。专家证人的对抗深陷于花言巧语之中。律师们则忙于中伤、斗嘴、有关审前步骤（courthouse–steps）① 的细枝末节和办公时间后的记者招待会。惯常于长篇大论、没有时间限制的总结辩论让大家进一步深受其害。

在这场马拉松的最后阶段，陪审员们评议了四个小时，做出了无罪裁决。这一裁决引人争议，但是，震惊世界的是其审理过程而非最终结果。我们陷入了国际尴尬境地，数百万美国人因曾被征召履行陪审义务而一直心有余悸。

辛普森案并非异乎寻常得复杂。诚然，本案中存在科学的证据，但是通常情况下的案件中都会有，而且本案只有一些显而易见的事实：曾有家庭暴力史；谋杀动机；血液样本、头发样本、地板上的鞋印；缺乏不在犯罪现场的证据；一位侦探被曝出怀有种族偏见且不诚实；警方处理一些实物证据的工作值得怀疑。两名被害者的亲人随后针对相同杀人行为提起了民事诉讼，但其审理只用了几星期，而不是几个月。适用较轻证明责任②的民事陪审团经过一周的评议，一致认定辛普森负有责任，并且判处了 850 万美元的损害赔偿金（另外，在随后的裁决中，追加了 2500 万美元的惩罚性损害赔偿金）。那么，为何该案的刑事部分会遭致惨败？媒体虽然对

---

① courthouse–steps：它的英文语义是一个比喻性的说法，指在开庭审理之前，当事人双方进行的和解协商。——译者注

② 在刑事诉讼中，定罪的证明标准要达到"超越合理怀疑"的程度；而在民事诉讼中，证明标准只需要达到"优势证据"的程度即可。在此意义上，民事诉讼中的证明责任较轻。——译者注

该案有着狂热与过火的报道，但其本身不应受到责备。一场运作良好的审判能够不受损害地通过电视播放，这甚至还有教益之功。辛普森案的审判瓦解为二，是因为在律师们变得不切实际时，法官尽管公平聪敏，但是仍然保持了消极裁判者的角色。美国人一直害怕严苛的法官不能保持中立，但是中立与打瞌睡不是一回事情。人民诉辛普森案（People v. Simpson）的重大教训是，封闭被动的裁断方式——法官被视为园艺景观中沉默的隆起物——不再起作用，如果说它曾经起过作用的话。

过度好辩搞砸了许多案件，这一问题早已产生。在美国律师协会年度会议的讲话中，一位著名法学家说道："那种认为程序本身势必完全争论不休的观点，无处不在损毁着我们的司法管理机制。"它掩盖了对真相的探求。"它把证人尤其是专家证人变为了纯粹而赤裸的当事人的党羽。"它容许证人受威吓、陪审员遭离间。"一项过度争辩的程序的效果不仅仅是激怒特定案件中的当事人、证人和陪审员，更是给予了整个社会一种关于法律意图与目的的错误观念。"

这一观点原本早就可以传达，但是这位讲话者是罗斯科·庞德（Roscoe Pound），他后来成为了哈佛法学院的著名院长，而且当时是在1906年。庞德尽管做了尖锐的批评，但是也表达了情况会逐渐变好的信心。他寄希望于"不久的将来，我们的法庭会机敏迅捷，特定的正义代言人所做出的决定会得到所有人的服从与尊重"。我们还有机会为庞德的乐观态度辩护。

"人人皆获正义。"这句小学生在《效忠誓词》（Pledge of Allegiance）里吟咏的话，饱含希望，却没有完全以事实为基础，因为它忽略了金钱的扭曲作用。我们的确拥有正义，而且远多于多数社会所拥有的，但是我们的制度却因为成本问题和不平等而被摧残。

据可靠调查，中低层收入美国人的法律需求有四分之三因缺乏专家帮助没有得到满足。这并不意味着所有这些不幸之人都应当去法院打官司——他们的绝大多数问题都能够通过非正式途径得到解决——但是这的确意味着法律为他们所提供的切实保护比富人要少。许多法律职业者倾其部分甚至全部工作时间用来解决这一问题，但是这一问题依然尖锐。法律服务公司（Legal Services Corporation）成立于尼克松执政时期，作为"我们司法体制恒久的一部分"为当地法律援助组织提供联邦专款与监督，它是有价值的，却缺乏资金。在民事案件中，对获得法庭委任律师权的认可，在美国远比西欧少得多。在联合了联邦与各州的资源之后，我们的政府在民事法律援助方面的花费为人均1.70美元，相比之下，英格兰与威尔士1994－1995年度人均花费30美元。律师们的公益工作值得赞扬，有时还带有英雄主义色彩，但只能满足一小部分需求。上法庭打官司却请不起律师的诉讼当事人能获得心怀同情的法官的帮助，但是诉讼却依然艰难。"我敢担保，"缅因州最高法院（the Maine Supreme Judicial Court）首席大法官丹尼尔·怀森（Daniel Wathen）说，"如果你很贫穷，不得不在法庭上单打独斗，那么正义很难降临在你身上。"

在刑事案件中，尽管我们为贫困的被告人提供免费律师，但是相比之下，我们仍给予富人不公平的有利条件。一位遭到指控的名人花数百万美元获得的辩护，与一个低预算州中的流窜谋杀被告人所得到的辩护不可相提并论，后者由法庭委任的律师代理辩护，并无任何专家证人，对他们持续数日的审判可能会以死刑而告终。一些公设辩护人与薪酬最高的私人执业律师一样能力非凡，但是这样的公设辩护人太少了。在某些州，贫穷的被告人仅获得律师的象征性代理辩护，这些律师由私人律师界委任，而且未被付足应付薪酬。"金钱，"法学家约翰·朗贝恩（John Langbein）不无沉痛地评论道，"是我们现代美国刑事司法体制的决定性因素。"

五分之四的美国人相信，通过上法庭打官司解决民事纠纷成本太高。大体而言，他们甚至认同这一观点，即：想要保护权利、谨慎行事都必然牵涉到成本。他们是正确的。我们司法体制自身的标价超出了许多需要向它求助者的承受范围。首要的原因是审前活动——通常情况下，它的进行只有很少或者没有司法监督——已经成为主战场，其规模是以前未曾预想到的。如果庭审法官的日程被安排停当，所有案件也会在预定时间得到解决或者审理，那么他会感到称心。他法庭上的律师们会感到满意。这些法律职业者无法看到的是各方当事人——自身权利与命运危若累卵的沉默的诉讼参与人——在审前阶段已濒临破产。

在典型的索赔型民事诉讼中，原告提出控告，被告提交书面答辩状，法官定于将来某日进行审理。这一时间可能是数月之后，也可能是一年、两年或者更久之后。与此同时，律师们可以自由地进行证据开示：让对方交出可能成为证据的文书材料，询问经过宣誓的证人和对方当事人（这些程序称作"宣誓作证"——depose 某人，在美国诉讼体制中不是将其从职权之上推翻，而仅仅是向他询问问题①），给对方发送书面质询书要求其做出回答。

以前并没有证据开示制度。诉讼提起后，双方当事人及其律师和证人在开庭之日出现在法庭上，一决雌雄。这让对方感到惊讶，其中许多情况带有一定的娱乐性。"突袭式的审理"尽管让出庭律师战战兢兢，但是却变得声名狼藉。为将其终结——要求每一方事先让对方知悉自己的证据，避免对方感到惊讶，减少策略性的诡计，促进以案件是非曲直做出公平决定——证据开示制度于大约60年前被引进诉讼体制中。

这样一来，在很大程度上，证据开示的结果都是有益的。现在，隐匿证据较之以前已困难得多。一个有根有据的案件按照旧方法处理可能会败诉，但是如果做好审前工作的话就会得到证明，和解也能够建立在对案件事实充分知悉的基础上。问题在于，原本是个简单程序的证据开示制度，可能会长成为一个怪物。在某一激烈争论的案件中，单单一项宣誓作证程序就可能持续几天或者几星期。双方可能会围绕文书的生成问题而展开延时的、激烈的争论，各方也可能都会主张对方掩藏了证据。双方也许会交换数百张质询书，这导致双方就是否需要对这些质询书全部作答一事意见相左。

与案件进程开始时处于剑拔弩张的危急情况相比，以上所述过程也可能成本高昂，以至于到当事人双方坐下来讨论和解方案时，通常已经耗费了更多成本。在知悉了成本—风险比率有多糟糕之后

---

① 在英语中，depose 作为动词，既有"罢免"、"免职"之意，又有"宣誓作证"之意。——译者注

——对狄更斯小说中的詹狄士诉詹狄士（Jarndyce v. Jarndyce）一案①也许有所耳闻——许多意欲打官司的人直接就放弃了他们的诉讼权利。

　　在民事诉讼中，富裕当事人与贫穷当事人相比所具有的优势，能够被富有才干的公益律师或者只收取胜诉酬金②（如果有的话，会得到一定比例的补偿）的律师所消弭。但是富裕者的优势常常并未被消弭。

　　随着贫富差距的拉大，不平等的司法进一步恶化。1999年时，最富裕的270万美国人——前1%——所拥有的税后可支配收入相当于底层一亿人的收入总和。这一比率自1977年开始恶化，那时候前1%的美国人的税后可支配收入相当于底层4900万人的收入总和。

　　司法体制不能改变收入格局或者根除贫穷，但是它能够让自己变得更公平、更简捷、也更可走近。

　　哈姆雷特在四百年前曾将法律的迟延作为自杀的系列理由之一，这种状况至今也未有起色。如有人对此尚有怀疑，就应当去与我律师事务所昔日的一位诉讼委托人交谈，他至今仍然健在，而且随着时日增长与我们不断熟识。我的律师事务所将该案称之为斯波肯汽油案（Spokane Gas Case）。

---

　　① 詹狄士诉詹狄士一案见于狄更斯的小说《荒凉山庄》（Bleak House），该案因旷日持久而闻名。——译者注
　　② 胜诉酬金是指，在案件胜诉时律师才会获得一定金额的薪酬作为补偿，在案件败诉时律师不能获得薪酬。——译者注

起初，该案听起来像大卫战歌利亚①一般艰难而短暂。1975年时我还是私人执业律师，有一天美国西北部最出色的律师之一、斯波肯市的罗伯特·麦尼克尔斯（Robert McNichols）给我打电话。他为12家当地汽油商做代理律师，想要获得我们的帮助。这些汽油商声称被供货商德士古（Texaco）汽油公司挤出了该行业。麦尼克尔斯的诉讼委托人——既有宁愿修理发动机也不给汽车加油的老式加油站人员，也有努力随市场而变的有远见的零售商——很长时间都没有意识到困扰他们的症结所在。他们发现德士古品牌的其他加油站所定的零售汽油价低于他们自己的批发价。除非每加仑汽油都亏本零售出去，否则他们无法定出那样的低价。当他们试图维持仅有微薄利润的交易时，他们失去了顾客，甚至也包括老朋友在内，因为顾客认为他们是在抬高物价。这些汽油商的生意濒临毁灭。当他们询问德士古方面的代表发生了什么事时，却仅仅被告知要更加努力工作——提供更多服务、脸上更多微笑、产品更加清洁。他们努力了，却无济于事，在这场生意战中，胜败由价格说了算。

最后，真相水落石出。一家大型连锁运营商在斯波肯地区遍布有德士古品牌的加油站，德士古汽油公司向它秘密索要的价格与较小的零售商相比，每加仑少了3美分。不止如此，德士古公司——正如我们后来在证据开示阶段知道的——给二流品牌零售商们每加仑6美分的优惠，这些二流品牌零售商聪明地以水鸟牌名义出售相

---

① David against Goliath：歌利亚是旧约圣经里的非利士巨人勇士，被小个子大卫用石头打死。——译者注

同的汽油。除非我们能够在法庭上处理这些价格差异，否则它们会很快将小加油站主们挤出该行业。

对这些汽油商来说，还存有一丝希望可用以提供救济。《罗宾森—帕特曼法案》（*Robinson – Patman Act*）是一部联邦法律，旨在为小企业的崛起提供公平的竞争平台，以对抗大连锁商。它禁止在销售方面对有竞争关系的零售商采取价格歧视（除非有以下正当理由存在：对受惠的零售商有较低销售成本，或者需要满足另一供货商的报价）。如果违反该法案，受害者将获得三倍的赔偿救济。但是存在的技术困难足以让除了最锲而不舍的索赔者之外的所有人都灰心沮丧，几乎没有人根据《罗宾森—帕特曼法案》获得过损害赔偿。

我们决定提起诉讼。对原告而言，签署一项胜诉酬金协议使得案件在经济上不再存在障碍。两位较年轻的律师——麦尼克尔斯的律师事务所的罗伯特·瓦莱（Robert Whaley）和我律师事务所的约翰·艾贝尔（John Ebel）——接手该案，却立即碰壁。基本由纽约的律师团队做代理的德士古公司对这场诉讼全力以赴，因为他们有权这样做：提出每一条可能的辩护理由，寻求迟延审理案件，使证据开示受挫。我们对此已习以为常，但问题不在德士古公司，而在于法庭。案件大量积压，几个月，甚至是几年的时间一晃而过，开庭审判则遥遥无期。

有些诉讼委托人会被折磨人的审前程序吓坏，我们的委托人并未如此。最后，案子提交给位于斯波肯的一个联邦法院的陪审团审理。瓦莱与艾贝尔凭借高超的技巧与高效的言行，与对方高质量的辩驳相对抗，四个星期之后，他们赢得了一份有利于原告方的裁决，打了一场漂亮仗。

然而庭审法官却判决，他自己给陪审团做出的指导有错误。法官允许陪审团判赔的数额等于非法差价乘以原告购买的汽油量之积。尽管这听起来像是常识，在过去也是被普遍赞同的计算损失的方法，但是法官发现，法律发生了变化：这次不再是能获得与多索要的差价额相等的赔偿款，索赔者将不得不举证证明销售额和因此而遭受损失的利润额，这项责任就变得困难多了。法庭驳回了陪审团的裁决，做出了有利于德士古公司的判决。

我们的诉讼委托人提起了上诉。一项上诉需要耗费时间——通常耗费很多时间，因为上诉法院发挥作用非常缓慢，法庭所写的书面材料多于实际所需。庭审记录必须打印出来，律师的辩论理由书要写成书面材料然后再提出，要安排时日听取口头辩论，法官的意见要详细阐述并以出版物的形式表达出来。在经历很长一段时间之后，美国第九巡回上诉法院（Ninth Circuit Court of Appeals）撤销了原判决：关于计算损失的方法，初审法官确实给陪审团做出了错误的指导，但是案件不应被驳回。在改正对陪审团的指导之后，一场新的审判将要举行。

更长的时间过去了。1985年，案子进入第二次审理程序，这次是由一位新的联邦地区法官和另行组成的陪审团审理。原告方再次证明了他们的诉求，他们的代理律师仍然是瓦莱和艾贝尔。这次原告的索赔额较少，陪审团的裁决书上做出的判决支持了原告。

可以预料的是，德士古公司提起了上诉。从开始到现在，原告慢慢有了一种地质时代①之感。最后，上诉法院的判决下来了：陪审团的裁决系依据法律而做出，维持原判。我们原以为，该案总算有了一个令人高兴的结局。

但是没有。德士古公司提请最高法院复审，最高法院准予了这一请求。这是个不祥的预兆：最高法院只会将提交给它的一小部分案件进行复审。如果它赞同上诉法院的判决的话，为何同意对此案进行复审呢？

"法律之下人人皆获平等之正义"（Equal Justice Under Law），这是最高法院大殿正面的著名铭辞。又经过了更长一段时间。经过字斟句酌，律师们打印并提出了辩论理由书。最后，十二月的一天，瓦莱站在最高法院捍卫陪审团对自己诉讼委托人做出的原裁决。双方多年的辛劳工作压缩成了几分钟的辩论和来自大法官的询问。后来——在等待最终判决之时——德士古公司提出以 40 万美元将此案和解，这是一个律师们会将之称作"阻碍价值"②的数额。这一要约遭到了原告方的拒绝。

1990 年，在辩论六个月之后，最高法院做出了判决。九位大法官一致同意维持原判决。德士古公司违反了《罗宾森—帕特曼法案》；价格歧视无法律上之正当理由；众位原告理应获得损害赔偿。这次，判决金额总计超过 500 万美元。案件结束了，总算结束了。

斯波肯汽油案是否获得了正确的判决结果？我相信答案是肯定的——而且，更确切地说，先后两个陪审团、一个联邦上诉法院、

---

① geologic time：此处作者意指漫长的诉讼经历让原告感到历经沧桑。——译者注
② nuisance value：指为阻止同业在邻近地区设店竞争或妨碍本店营业而购入资产的价值。——译者注

还有最高法院都这样认为。那么正义实现了没有呢？唉，答案肯定是没有。从麦尼克尔斯第一次给我打电话之日，到原告最终获得支持判决之日，已有十五年过去了。一位原告已经故去，其他原告的健康状况每况愈下，几乎所有原告都已被挤出加油站行业。时间，这个受到法院煽动、似乎从未听说过"迟来的正义不是正义"（justice delayed is justice denied）的家伙，把最新鲜的胜利果实掠夺一空。

按照诉讼程序，必须首先审理刑事案件，然后才是民事案件，而且两者之间常常还有很长时间间隔。很少有案件耗费 15 年，但是有许多案件却毫无必要地耗费了 3 年、5 年、7 年或者更长时间。假若司法程序像冰河运动般地缓慢，那么结果即是非正义。有一些案件的迟延是由过于繁重的工作和过多的法院事务引起的；但是也有一些不是——我这样说，对我的同事们其实没有丝毫不敬之意。

软弱无力的原罪也可称作熵①，日渐嘈杂混乱的法庭被视为一个封闭的系统，而里面的每一次运作都使这种状况雪上加霜。试举一例即已足够——一场旷日持久却漫无目的的审判。

在纽约的怀特普莱恩斯，某医院的前任护士长对医院与四位医生提起了诽谤之诉，诉因是被告在本单位的业务时讯中提及针对自己的不信任票。她声称自己的声誉受到了不公平的损害。案件并不复杂。1994 年，案子进入陪审团审理程序。陪审员们并未估计到审

---

① entropy：热力学状态函数，用于量度系统无序度，等于吸收之热与吸热时绝对温度之商，是一个针对混乱程度的度量数值。——译者注

理会持续多久。他们有充分理由认为会很短暂，但是很快他们就发现自己陷入了一个泥潭。律师们翻来覆去、磨蹭拖拉，让人痛苦不堪。单单听完两位证人的证词就用了24个审理日。陪审员们与法官见面，乞求加快案件进程。但是一切如故。陪审员们又两次恳请加快案件审理速度。但是仍然毫无进展。审理开始四个月后的十二月上旬，原告代理律师仍在提出证据而未自动停止，陪审员们开始抵触起来。他们告诉法官，如果年底之前仍不能结束审理，他们就希望法官将其解散。他们未曾料想自己会长期而且继续无止境地脱离自己原先的工作，这在破坏他们的私生活。感到为难的法官宣布案件流审①，案子不得不从头再来。

在随后接受的采访中，一位陪审员将自己的陪审服务比作是"被吸进了一个黑洞"。另一位陪审员则有罪恶感："我的良心正在吞噬着我。我自己开始的工作，却没有自己完成。"原告律师抱怨说他的诉讼委托人"被悬了数年"，案件却仍未解决。医院方面的代理律师则声称"同任何人一样对这场审判的缓慢进程感到震惊"。每个人都痛惜时间与金钱的浪费。等待轮到自己案件审理的其他诉讼当事人，也都饱受法庭瘫痪之苦。

陪审员们牺牲了自己的私生活，到头来却一无所获——除了这一点，即这场夭折的审判的故事像辛普森案一样，鞭策我们必须对诉讼体制加以改进。

---

① mistrial：又称"无效审判"、"审判无效"，指由于种种原因导致审判无法继续进行或者无法达成一致意见。——译者注

我们的诉讼体制被指责纠缠细节——以歪曲真相、不顾常识为代价纠缠于诉讼程序。这一批评在每一种审判和上诉程序中都是成立的，但是最常见于刑事诉讼中。"某人因技术细节而获释"是比"推定无罪"更为人熟知的话。

三个近期的案件会为我们提供公平的抽样分析，以解释人们对"技术细节"的不满为何会不断出现：

1999年，华盛顿州最高法院受理了这样一个案件：一位妇女在家听见有人敲门，开门后发现是两名市里的警察，他们说要进入她家进行搜查。警察们持有武器，穿着黑色搜查衫，在前胸后背上饰有黄色字体的"警察"纹章。另有两名警察站在屋后"保卫房屋内外"。

警方接到秘密消息，称该房屋内有大麻植株，但是他们没有搜查证，也没有恰当的理由向法官申请签发搜查证。他们决定试一下"叩门商谈"的方法——一种使房主同意搜查的方法。如果房主是自愿同意的，那么无证搜查也属合法。警方在征得该妇女同意时，并未告知其有拒绝搜查的权利。后来该妇女的证言声称，她是由于害怕才签署了同意书。

警察对她的房屋进行了搜查，在楼上房间里发现了68株正在种植的大麻和另外一些证据。该妇女因制造大麻而被定罪。

在该妇女提起的上诉中，华盛顿州最高法院认为，大多数人在门口面对持有武器的警察时都容易在威吓下同意搜查。华盛顿州的宪法规定"未经法律授权，任何人的私事不受干扰、私宅不受侵犯"。法院说，这"清晰地认可了公民个人的隐私权，且没有做明示性限制"。这一规定比联邦宪法中禁止"不合理的搜查与扣押"

的规定更为宽泛——这意味着，当警方试图通过"叩门商谈"对某人的私宅进行搜查时，必须告知其有拒绝同意搜查的权利。若不告知，大多数人就不能做出明智的决定。按照这一标准，该妇女的同意并非出于自愿，因此有罪判决被推翻。非法获取的证据不能被使用，被告人将获得自由。

在一起1998年的银行抢劫案中，一位联邦地区法官必须决定是否要抛除被告人的供词，这将意味着在审判中它不能被用作证据。法官对被告人犯有两项抢劫罪的事实没有疑问，在其中一起抢劫中，被告人手持一把0.357英寸口径的左轮手枪指向出纳员。但是著名的米兰达规则（Miranda rule）不仅要求警方告知在押嫌疑人有权保持沉默，还要求以下内容：若嫌疑人在讯问过程中要求会见律师，除非律师在场，否则警方须停止讯问。本案中，身在警察局的被告人放弃了保持沉默的权利并开始与警方交谈，但随后要求会见律师。警方打消了他的这一念头，并扬言说若他与警方合作就会有较好的结果，而要求会见律师将被视为不合作的标志。他们继续讯问嫌疑人。被告人承认了抢劫行为并在书面供词上签了字。然后他叫了律师——如果早些与律师磋商的话，律师本会建议其保持沉默。法官裁决，根据米兰达标准（Miranda standard），被告人的供词并非出于自愿，审判将继续进行，此项重要证据则不予使用。

在一起1995年的伊利诺伊州的联邦案件中，被告人被指控实施诈骗，出售貌似所有、实为租借的汽车。于是听审证据、总结辩论，然后陪审团退场评议。然而，这次不是12位陪审员进行评议，而是14位。法官在最后没有让两位替补陪审员离席，而是让他们作为附加陪审员。没有一人对这一程序表示反对。陪审团以14比0

的投票结果裁决被告有罪。位于芝加哥的一个联邦上诉法院发现以上做法违反了一项法庭规则,即替补陪审员"在陪审团退场考虑裁决时应予解散"。法院说,原裁决是由"多于规则许可人数的陪审员所组成的陪审团"做出的。两位未经授权的人混入了12位陪审员的评议。法院驳回了原有罪裁决,并指令重审。

这三个裁决是否都过于注重技术细节?毕竟,警方在房屋内的确发现了大麻植株;抢劫银行者确实已供认不讳;实施诈骗的卖车人也已由十二余位陪审员认定有罪。那么这些裁决是否都是对法律的明智适用,以此来抗衡强势的州权力,从而维护个人的自由、隐私和自主权呢?

对此,并没有终局性或者无可争辩的答案,但是以下是我个人的回答:

华盛顿州最高法院的"叩门商谈"判决画出了一条明晰的界线,它可以保护公民隐私并给予警方清楚的引导。根据联邦法律,警察未告知开门妇女有权拒绝同意其进行搜查的情况,会成为考虑的一个因素,但是它本身对案件而言并不具有决定性。一位联邦法官可能会也可能不会认定该妇女的同意是出于自愿。但这是一个根据州法律在州法院审理的案件。通过要求在华盛顿州充分告知拒绝搜查权,法院对公民隐私提供的州宪法的保护比联邦宪法的保护还要有力。

被告人供词被抛除的银行抢劫案向我们展示了,米兰达规则在改善警方对嫌疑人的处遇上是如何起作用的。这一规则的前提是,贫穷与无知的人通常并不了解许多富裕与博闻的人所了解的事情:被捕者可以保持沉默,其沉默不得用作日后对其不利的证据,他有权会见律师。我想，庭审法官是对的。平心而言，我必须要承认，那位庭审法官就是我。顺便提一下，在丝毫没有听取被告人供词的情况下，陪审团对被告人的两起抢劫行为均认定有罪。

第三个案件作为纠缠细节的真实例证，给我留下了深刻印象。假定法官确实本该遣散两名替补陪审员，那么在无一人反对的情况下，他允许这两个人与其他12名陪审员一同评议案件，又产生了什么损害呢？14名陪审员全部都投了有罪票。这时，应当援引有效的"无害过错"原理（doctrine of "harmless error"）来维持陪审团的有罪裁决。

即使是《权利法案》最衷心的支持者也必须承认，随着每年数十万刑事案件进入法律程序，纠缠细节的情况会不时地夹杂进来。这触怒了一些支持者，他们甚至情愿拆掉用于保护被指控者的栅篱①。我认为他们错了。但是，纠缠细节似乎常常足以产生这一倾向，尤其是在刑事案件中。

负荷过重的法院使人回想起查理·卓别林（Charlie Chaplin）的无声电影《摩登时代》（*Modern Times*）中的一幕。卓别林在影片中饰演一个两手各握有一把扳钳的生产流水线工人，他必须将传送带以高速连续不断地送至眼前的螺钉拧紧。他试图跟上传送带的速度，几近疯狂。当他不得不挠挠鼻子时，就又跟不上了，差点被吸进机器里去。当午餐哨吹响时，他仍出于惯性地拧着扳钳，而拧

---

① 此处是比喻的说法，指这些程序性的技术细节同时也是保护被指控者的有力措施与重要屏障。——译者注

了一位女来宾的上衣纽扣,这让女士非常恼火。回到流水线上的他,无望地敲击着飞转的传送带。

美国的法官们有着与此相似的经历,法院被激增的案件量所淹没。他们极力维持判案质量并跟上步伐,但是几乎无法避免被吸入机器中。经改善的法院管理能缓解这一问题,但是在大城市和犯罪猖獗的地区,仅仅良好的管理还不足以将这一问题解决。

圣徒保罗(Saint Paul)在他写给科林斯人(Corinthians)的一封信中说:"你们彼此告状,这已经是你们的大错了。"

拿破仑——一部开创性法典的提案者——说,诉讼是"地道的麻风病、社会的毒瘤"。

安布罗斯·比尔斯(Ambrose Bierce)在《魔鬼字典》(*The Devil's Dictionary*)里将诉讼定义为"一部机器,你进去时是一口活猪,出来就变成了香肠"。

毕生都在书写上诉法院意见的著名法官勒尼德·汉德(Learned Hand)说:"作为一个诉讼当事人,我对诉讼的恐惧应会超过其他任何事物,除了疾病与死亡。"

难道他们全都错了吗?在美国大众看来,他们都错了。民事诉讼目前正惊人地流行。

传统类型的案件——合同违约、离婚、交通事故等等——数量激增,但是我们也看到了有关新型权利的案件正在增加。一个世纪之前,艰难与贫困主要被视为是私人的不幸。如今,在这个更为宽和的社会,我们期望在生命的全部航程中能获得诸如调解、公平待遇、赔偿——一言以蔽之:正义。贫穷、伤害、工作上的不公平待遇、健康不佳、银行破产遭受的储蓄损失、贫民的坟墓——这些都不再被仅仅视为是命运的作品。很少有人会愿意回归过去，但是人们对被称为"全体正义"的期望给法院带来了更多的事务，而今我们有了许多种前所未有的诉讼：原告自身也疏忽大意的过失案件（在以前，共同过失的辩护理由会将原告的诉求全盘抹杀）；涉及就业权、虐待儿童、社会保障金、渎职、产品责任、消费者保护的案件；有关种族歧视、性别歧视、濒危物种、有毒废物处置的案件；还有一系列种类繁多的案件，似乎全世界都要从法庭通过一样。

美国社会是否对法律寄予了太多期望，这是个重要问题，但是对负荷过重的法院来说并没有多少差异。不管什么案件进入法院大门，他们都必须应对。

在刑事案件方面，我们有新犯罪要面对：证券欺诈、敲诈勒索、逃税、洗钱和许多其他犯罪。在我们的共和国建立之时，联邦法律仅划定了三种犯罪，而如今已经超过三千种。许多案件非常复杂且需要长时间的审理，但使刑事法庭负荷过重的主要原因一直是对毒品的打击。我所在的华盛顿州，与毒品有关的诉讼如今占到了所有逮捕案件的一半以上。州最高法院首席大法官理查德·盖伊（Richard Guy）于1999年警示立法机关说，除非提供更多资源，否则"我们的法院几乎要成为专门的刑事法院了，琐碎的缉毒案件正将我们淹没"。全国联邦诉讼目录上也满是毒品诉讼。主要出于对打击毒品和对监禁而非其他刑罚的偏好，我们的监狱和囚犯人数在20世纪90年代翻了一番，2000年时已接近200万，是世界上人数最多的，为维持监狱的正常运行每年要花掉纳税人400亿美元。我们的人均关押率是英格兰的6倍、日本的17倍。2000年时因毒品犯罪被判入狱的美国人有四十五万八千个，这一数字是1980年的

10倍，比欧盟的全部囚犯还要多10万，而欧盟的人口比我们要多1亿。在为某些州所效仿的联邦司法体制下，长期监禁刑是由法律强行规定的，这些法律将毒品数量与刑期长短机械地对等起来——例如，种植一千株大麻的判处10年监禁，但是种植999株的就只判处5年，不论有无减轻处罚的条件和周围环境如何（这种僵硬性所导致的过分精细，堪比中世纪的空头理论家。例如对由什么构成一棵"植株"的争论。当我上次调查这场争论时，当时联邦法院存在三种定义：已长出根的插枝；有"根团"和"合理根部"的插枝，不论是否能够移植存活；根部强健到能够移植的插枝。最终结果会根据这些吹毛求疵的意见而有不同，对被告人判处的刑罚也会相应地加倍或减半）。

尽管我们对毒品犯罪进行打击，但是它仍继续危害着社会。很显然，我们需要加强这方面的教育、加强戒毒治疗，并制定出更富想象力、更具弹性的刑事制裁措施。

大部分诉讼是在各州法院而非联邦法院进行的。1998年，州法院系统共接收到9100万新案件。1984至1998年间，在各州提起的民事诉讼数量上升了34%，刑事诉讼上升了50%，重罪指控上升了82%，青少年诉讼上升了73%，家庭关系诉讼则上升了75%——而全国的人口数量只上升了15%。同一时期，在联邦法院系统提起的刑事诉讼数量增加了62%，重罪指控增加了92%。近些年来，联邦上诉法院中平均每位法官接手的案件量增加了5倍。而且，问题并不仅仅是提起了更多诉讼。在各州和联邦法院系统内，诉讼案件不仅在数量上有所增长，在复杂性方面也与日俱增。较之以前，有更多复杂、困难与多方主体的诉讼被提起。对它们做出裁断，需要耗费时间。

许多陪审员在履行陪审义务之始，认为美国人都"喜讼"，其实并非如此。过于琐碎的案件有着逸闻趣事，但是这种案件数量很少，且多半会被法官立即驳回。负荷过重不是由琐碎案件导致的，而完全是由诉讼数量的增多引起的，与琐碎案件相比，这些诉讼都名副其实、不折不扣。

在全国许多地区，联邦与各州的立法者们未能提供处理激增的案件量所需要的解决办法。我所在的华盛顿州通常被认为是个开明之地，在西雅图的州初审法院主审法官说，缺少资金，连同必须优先审理刑事案件与青少年案件，"无疑会导致作为民事纠纷裁决者的公共法院的缩减，如果不是完全衰落的话"。毗连墨西哥的联邦区深深陷入非法移民入境和毒品案件之中，几乎没有时间应对其他问题。在全国范围内，除了一些乡村地区和幸运的城市，我们都缺少法官、行政人员和审判室。其后果就是案件的停滞、迟延和受挫。

提供正义是一项服务，它受到供求关系的影响。在今日的美国，人们对正义有着巨大需求，心中也怀有这样一种牢固的信念，即认为法院就是人们去探寻正义的地方。我们所面临的最基本问题是，需求超过了供给。人们追求的正义从数量上超过了我们的司法体制通过传统方法所能提供的。解决这一问题，既需要技巧才智，也需要资金拨款。

这六大缺点中的每一项，都与《圣经》中原初的七宗罪①之一相类似，只不过时代与背景不同罢了（过度好辩＝愤怒；成本高昂＝贪婪；缓慢迟延＝骄傲［表现为顽固地拒绝改变过时的方式］；软弱无力＝懒惰；纠缠细节＝嫉妒［纠缠细节的法官，嫉妒神灵独一无二的完美品质并且力图效法，却徒劳无用］；负荷过重＝贪吃。我很高兴地向大家报告，第七宗罪——色欲，在法院中并没有可与之对应的缺点）。这些罪恶彼此加强，正如乔叟（Chaucer）在14世纪时对《圣经》原罪的描述，它们"都系在一条皮带上，但是朝不同方向奔跑"。

这一原罪清单听起来可能令人畏惧，但是我们不应对之绝望。仍然有无数案件在获得公平、迅捷、经济的裁决，这些存在的问题也都能够得到解决。我希望向大家展示，有一些问题能够轻而易举地得到解决。

此时此刻，我们要注意的很重要的一点，就是这六宗致命原罪中没有一宗是陪审团犯下的。这些缺点存在于今日的抗辩制模式里，而非陪审团履行自身职责的过程中。其中每一条缺点都可归咎于法官、律师或者立法者们工作不力，但任何一条都不能归咎于陪审员们的工作。

抗辩制本身和作为其一部分的陪审团之间的区分常常被人忽略，甚至思虑周全的批评家也不例外。近期的两本书可以为证。曾

---

① original Seven Deadly Sins：《旧约》中讲，从夏娃受蛇的诱惑偷吃了树上的果子而有了羞恶之心开始，人类便具有原罪的观念——骄傲（Pride）、贪婪（Avarice）、嫉妒（Envy）、色欲（Lust）、愤怒（Anger）、贪吃（Gluttony）、懒惰（Sloth），是为人类之七宗罪。——译者注

为检察官的法学教授威廉·匹兹（William Pizzi），对美国刑事案件中抗辩过度的情形给予了有力批判，并对欧洲一些国家所应用的诉讼程序做了大有裨益的比较。然后——在近期一些"昏头昏脑的无罪开释"和悬案陪审团的基础上——他建议"我们反思一下公民在我们刑事司法体制中的角色"并且"离开仅由有利于法官与公民者组成的陪审团"。

无独有偶，律师兼人类学家罗伯塔·卡茨（Roberta Katz）虽然做了让步，说"总体而言，在过去两个世纪里，美国的民事司法体制是运作良好的"，但她主张，如今"很显然它正走向崩溃"并且已经变成了"包含着乐透①、论争与闹剧的丑陋混合体"。她举出了一些有关过度好辩、成本高昂和缓慢迟延的例子，令人不寒而栗。然后，她引用了一些高额惩罚性损害赔偿金和一些陪审团在复杂案件中遇见的所谓难题，一开始提出批评，后来又给出了建议。她的批评是针对抗辩制的，很有说服力。建议则是，如果一些专门法院由对纠纷所涉及的任何领域都很熟悉的专家组成，那么为了对这些专门法院有利，应当弃用陪审团。

令人尊敬的批评家们所给出的这些建议，就像是用刷子往陪审团脸上涂抹焦油，而这支刷子应当保留给法律职业者和政治家。我们审判制度的缺点——至少是那些我们迄今为止已经讨论过的缺点——并非陪审团本身之过。但是，这留给我们一个巨大的问题：在我们迈入新世纪之时，在我们给司法体制做出修补之时，我们是应当携陪审团之手随我们一道前行，还是将它抛回历史长河中？

---

① lottery：博彩，此处意为碰运气的事。——译者注

Chapter 8
Is the Jury Up to the Job?
陪审团胜任吗?

陪审团的批评者们可以搬出历史悠久的怀疑主义①传统作为依托。

著名遁世者马克·吐温（Mark Twain）写道："陪审团制度禁锢智慧与诚实，助长无知、愚昧与伪誓。"

埃尔文·格里斯伍德（Erwin Griswold）曾经担任哈佛法学院的院长，也曾是林登·约翰逊（Lyndon Johnson）总统在任时的美国司法部副部长，他发出这样的疑问："为何人们竟会认为，因缺乏综合能力而通过各种方式遴选出来、从街上随意召到法庭的12个人会有裁断人们之间纷争的特别能力？"

起先是一名参与新政的官员、然后又成为联邦上诉法院法官的法学教授杰罗姆·弗兰克（Jerome Frank）声言，"通常情况下，陪

---

① skepticism：在哲学里，怀疑主义指以下的一些见解：它提出知识的有限程度、以系统化怀疑和不断考验达到求知的方法、相对或主观的道德价值观、知识反冒进及暂缓的判断、对人类行为的正面动机或对人类经营过后而得出正面结果欠缺信心。在宗教里，怀疑主义指对宗教的基本原则如永生、天命和启示等表示质疑。——译者注

审团没有能力适用法庭的指导，他们也并不试图去这样做"。弗兰克——他是个智囊，才华横溢且说话时谈笑风生——是 20 世纪最有影响力的陪审团的批评家。在他仍然十分畅销的两部书中，猛烈抨击了美国的审判。弗兰克坚持认为，陪审团愚昧无知而又无法律约束，他们随心所欲地行事，不顾法律与事实。但是今日，那些引用弗兰克言论的人中，很少有人意识到弗兰克也对法官们发起了相似的抨击。他认为，法官们也不是通过适用法律规则来做出判决，他们在一开始"就已形成结论，后来再努力找寻证明结论的前提"。具体规则只是使之合理化的工具："法官实际上是靠感情而非判断来对案件做出判决的。"弗兰克法官认为，目前的诉讼体制深植于人类弱点之中，而究竟他欲以何种诉讼体制代替，尚不明确。

也有从一开始就对陪审团制度热情仰慕者。哲学家大卫·休谟（David Hume）称陪审团是"一种自身令人仰慕的机制，是迄今为止人类才智所能够设计出的最适合捍卫自由、管理司法的机制"。托克维尔（Tocqueville）写道："美国人的实践智慧和政治敏感，主要应归功于他们在民事案件中长期运用了陪审团。"首席大法官厄尔·沃伦（Earl Warren）认为陪审员们"在我们国家的整个历史中坚持了公平而又卓越的标准"。

有关陪审团的论战让人兴味盎然，但是我们必须越过这些论战。"最近你为我们做了什么？"这是所有民主机制都曾被问及的问题，我们需要看一下，陪审团在今日的现实世界中能否获得成功。不管联邦宪法与各州宪法如何规定，只有真正地起到作用，陪审团才能存活。

陪审团遇到的挑战比以往更加剧烈。从诞生起，陪审团就具有最广泛意义上的民主意味。在漫长历史进程中，大部分时候它仅由男性公民组成，其中，如果不是全部的话那也大部分是白人，他们拥有财产或者被认为可以信赖。在 18 世纪的英格兰，当时的一位学生写道，"可能 75% 的人被严酷地排除出了普通陪审团（common juries）。在法庭上，人们几乎只能看见他们做被告"。"特别陪审团"（special juries）——由比普通阶层更为高等的人组成，或者由某一商业领域或专业领域的专家组成——的应用有时将普通公民排除在外。联邦宪法在南北内战时期的修正案中所做出的承诺——少数种族将获得充分的公民权利，包括担任陪审员的权利——一个世纪以来并未得到遵守。在大多数州，直到大约 1940 年妇女才有资格履行陪审义务。"关键人物"制度（"key man" system）——在此制度下，法庭书记员或者执行官（marshal）会仅仅将那些被认为可以信赖的人传唤进陪审团——在联邦法院系统中一直存续，直到 1968 年国会在《陪审团遴选与任职法案》（Jury Selection and Service Act）中首次要求陪审员应"公平地从社会的横切面中随机遴选产生"。一项 1975 年的最高法院判决采纳了这一标准，将其作为对州法院陪审团的宪法性要求。

除却一些类型的人——那些不会说英语、因精神或身体极为衰弱而不能尽陪审义务，或者因判有某项重罪致使丧失的民事权利尚未恢复的人——如今陪审员是从全部成人公民中随机挑选产生。适用如此广泛的挑选基础，我们还只有一代人的时间经验。我们所做的一切最终与我们各项民主原则保持了一致，相应的结果仍在不断涌现。

衡量陪审团的业绩可不是件轻而易举的工作。陪审团在民间的衷心支持者相信人民不会犯错,批评陪审团的人认为所有门外汉都是傻瓜(他们可能也会认为莎士比亚不可能写出那些传世剧作,因为他一天大学也没上过),如果我们将这两类人的滔滔雄辩或花言巧语置之一旁,就有一个棘手的问题留在我们眼前:我们何以得知陪审团是否一直都在实现着正义呢?

答案肯定是主观的。尽管社会科学能够计量定罪率与无罪开释率、民事索赔的胜诉比例、损害赔偿的平均额度和类似的工作,但是它无法衡量出各个裁决的质量或者所有判决的综合质量。质量问题——是否实现了正义——无可避免,是一个见仁见智的问题。

研究者们最热切搜寻的意见是法官的意见。庭审法官并未声称其意见即为圣言(至少大多数法官并未这样做),但是他们对于陪审团的经验比其他任何人都多。他们从头到尾亲眼目睹了一场又一场审判,陪审团所听取的证据他们也同样听取了。

关于陪审团的任职能力,最为有名的学术性工作是试图将庭审法官的意见大规模地加以量化。在1966年出版的《美国的陪审团》(*The American Jury*)一书中,芝加哥大学的哈利·开尔文(Harry Kalven)与汉斯·蔡泽尔(Hans Zeisel)通过比较陪审团的裁决与法官对案件的意见,调研了3000多桩刑事审判。他们发现,法官在78%的情形下同意陪审团的裁决。芝加哥项目小组随后调研了6000桩民事案件,法官与陪审团的意见一致率再次接近80%。法官与陪审团意见不一致的领域不是根本性的,但是反映出陪审团将诸如怜悯等社会价值精巧地引入诉讼体制——"这是一种令人印象深刻的方法",该书作者总结道,"它将自由裁量权、衡平与灵活性注入了法律制度。"至于陪审团的理解力,开尔文与蔡泽尔发现,"与常常对其表示怀疑的言论相反,大体而言,陪审团确实理解了案件事实并搞清了案件"。

一代人的时间之后,调查仍然显示绝大多数法官对陪审团的工作表示肯定。2000年,《达拉斯晨报》(*Dallas Morning News*)与南方卫理公会大学(Southern Methodist University)向所有德克萨斯州的庭审法官和所有美国联邦法院的庭审法官发送了调查问卷,收到了三分之二的回复。调查结果显示,超过90%的法官认为陪审团良知未泯,他们理解法律问题,也做出了公正且公平的裁决。有六成法官说,他们宁愿将民事案件交由陪审团而非法官或仲裁人来决定。有八成法官说,如果他们被指控犯有某项罪行,他们会选择由陪审团审理。

法官与陪审团对裁决的意见一致率在80%上下波动。如果我们假定,法官对于案件应该获得什么样的最终结果有着明智合理的看法,那么对于陪审团的可信赖性而言,这些一致率与肯定率就给予了我们振奋人心的消息。而且总体来说,法官们并没有假定说他们的意见与陪审团的裁决不一致就必然意味着陪审团是错的。通常情况下,合理的异议总会有其存在的空间。一代人的时间以前,环境氛围对陪审制更为有利。最高法院注意到,当法官并不同意陪审团所做的裁决时,"通常是因为[陪审团]正在服务的一些宗旨恰恰正是创造陪审团并于今日使用陪审团的初衷所在"。

如同一个健康的人多年未曾看病,却突然因某种神秘病症登记住院一样，陪审团目前也在接受一连串的测试与研究，其中有一些给出了颇有价值的数据。但是，社会科学能提供给我们的数据材料很有限，因此我们必须使用传闻证据。在关于陪审团业绩表现的争论中，我们没有办法避开证明凭据。

我讲述自己的切身经历，不是因为它有什么特别之处，而是因为我确信它具有典型性。在身为执业律师与法官的数百场审判中，我目睹了这一事实，即陪审团几乎总是做出我相信是公正且公平的裁决。在涉及科学证据或者技术证据的案件中，在带有种族暗示的案件中，情况也同样如此。我将避免援引我做律师时的案件，辩护律师对这些案件的最终结果一直抱有浓厚兴趣。我将提及三个案件作为例证，那时我身为中立的法官，亲眼目睹了这些案件。

在美国诉尼克尔（*United States v. Nickell*）一案中，一位四十多岁的妇女被指控违反了一项联邦反产品篡改法规（a federal anti-product-tampering statute），往自己丈夫服用的止痛胶囊里放入氰化物，杀死了丈夫。随之在几天以后，据称她把盛着混有氰化物胶囊的瓶子放到商品陈列架上。与被告人素不相识的一位年轻妇女买走了这瓶药，在服用了一粒胶囊后死亡。政府在庭审中的证据几乎都是间接证据：斯黛拉·尼克尔（Stella Nickell）因一系列科学证据而与杀人行为联系在一起。她走上法庭，情绪激动，否认了所有指控。陪审团不得不权衡一下她的口供①——还有作为控方证

---

① testimony：该词在英文中指"证言"或"证词"，英美法中的"证言"涵义比较广泛，除传统证人的证言外，还可以包括被害人陈述、被告人的供述与辩解、专家证言等，因此与中国的"证言"概念在外延上有所区别，有译者在翻译外文著作时将该词统一译作"证言"。本书译者在翻译该词时，将尽量依照中国的法律习惯并联系原文语境做出相应的翻译，例如"证言"、"供词"、"口供"等，敬请读者留意。——译者注

人被传唤出庭、对她进行指控的女儿那同样悲切的证词——以及化验师、指纹分析员与其他专家的证言。在准备庭审的几个月里，媒体的报道铺天盖地，为避免候选陪审团①受到媒体感染，有必要将每个准陪审员分别询问，其余人等不得在场。即使是在这样的约束之下，而且律师的询问也没有时间限制，陪审员名单在两天后也已选定。证据和辩论环节不到三星期即已结束。经过五天的评议，陪审团做出了有罪裁决。我认为，这一裁决认可了科学证据的效力，是正确的。

在阿拉拉米亚电子公司诉微软公司（*Alalamiah Electronic v. Microsoft Corporation*）一案中，一个科威特电脑软件公司起诉称，微软公司利用了海湾战争的动乱而违约，诱使两名关键工程师跳槽，转而为这家设于西雅图的美国软件公司工作。微软公司提起反诉，据其所称，这个科威特电脑软件公司对其技术构成了盗版侵权。庭审证词与物证中有一部分是以阿拉伯语写成（幸运的是翻译成了英语），其中包括双方各自出示的、在有争议的电脑技术领域的专家证言。陪审团做出了一份深思熟虑的裁决——部分支持了阿拉拉米亚电子公司，但是主要支持的是微软公司。几星期之后，案件在裁决的基础上达成和解。在此之后，我写信给这些陪审员，邀请他们到我办公室讨论陪审团制度。所有陪审员都到场了，只有一位给我打电话说工作太忙无法脱身。我与这些公民（正如陪审员们经常做到的，他们已经结成一个愉快的团体）的谈话进一步证实了这个已

---

① jury panel：候选陪审团，意指经过初步挑选而组成的一组候选陪审员，他们要在经过各种审查和鉴别程序之后才能最终被确定为陪审员。——译者注

经非常明显的事实：他们对待陪审工作非常严肃，而且他们理解了证据和法律。

在美国诉布朗（United States v. Brown）一案中，10 个非洲裔的美国被告人①被指控共谋散布粉末状与"药丸"状的可卡因，其中两个还被指控犯有多项相关罪行。陪审团由 11 位白人和 1 位年轻的非洲裔美国男性组成。辩方第二次强制否决了陪审团名单上的黑人。证据所涉事实遍布从加利福尼亚到阿拉斯加的美国西海岸，历经 5 年多时间，逾一百位证人作证，收到了数百件物证，所有罪状都得到了 10 位辩护律师的有力争论。证据与辩论环节耗费了 24 天。按要求须做出 31 份裁决（共 10 位被告人，其中一些可能犯有多项罪状）的陪审员们，用了 10 天时间才做出全部裁决。他们在评议期间送出的问题思虑深远、切中要害。最后，陪审团对 5 个被告人的共谋行为定罪，将另外 4 人无罪开释，对剩下的那一个无法做出裁决（政府决定不再对其另行审判），对其他的罪状则做出了多项裁决，甚为恰当。每个被告人的裁决结果都显示出陪审团的评估是深思熟虑的，即是否已经超出合理怀疑地证明了被告有罪。在这期间，并无一丝一毫种族偏见的迹象，一致裁决的做出都是以证据为基础的。

这三个陪审团的出色工作是我所见过的典型例子。在一些很少

---

① African‐American：是对美国黑人的委婉语，因为黑人的祖先都来自非洲。但是目前有许多美国黑人认为，称他们为非洲裔美国人等于是和亚裔美国人、爱尔兰裔美国人、意大利裔美国人等同等对待，不过其他族裔的美国人是自愿来到美国的，而他们的祖先是被迫的，和其他族裔不同，所以他们倒宁可和自己的非洲同胞一样，被称为黑人（black），反而不愿意被称为非洲裔美国人。在该词出现之处，译者尊重原著者带有委婉意味的提法，在本书中统一译作"非洲裔美国人"。该处是指美国黑人被告人。——译者注

的情况下，我本以为是陪审团误入歧途了，但是并没有神迹①显示我是正确的而陪审团是错误的。

我参与的陪审团审判发生在远西部，从加拿大边境至墨西哥边境，但是全美国的法官对陪审团的素质都做出了同样的评论。这儿有一个非科学的抽样分析——五位著名的联邦地区法官的评论，他们有着不同背景，来自不同地区，但是都有着丰富的审判经验：

来自纽约州布鲁克林的杰克·温斯坦（Jack Weinstein）法官说："我们的陪审员——他们来自许多不同的种族群体，出身各异——是卓越杰出的。"

来自伊利诺伊州芝加哥的安·克莱尔·威廉姆斯（Ann Claire Williams）法官说："陪审员们对其陪审工作倾注了心力，甚至在复杂案件中他们也做得很出色。他们的能力水平与律师的工作直接相关。如果律师使案件可以让人理解，那么陪审员就能够理解。他们公平且遵守法律。我们有一些案件带有种族暗示，但是我从未见过一份我认为陪审团受到种族歧视或任何其他形式的歧视影响而做出的裁决。"

来自内布拉斯加州奥马哈的莱尔·斯特罗姆（Lyle Strom）法官说："在数百场陪审团审判中，我认为毫无意义的裁决屈指可数，其余的裁决都是合理的。在复杂案件与简单案件中，12位陪审员都做出了正确裁决，他们十分出色地完成了这项工作。"

来自纽约州布法罗的约翰·科汀（John T. Curtin）法官说：

---

① celestial sign：来自天国中的神的意志或力量的显示。——译者注

"历史与传统并不是我珍视陪审团制度的唯一——甚至不是首要——原因。最重要的原因是,我相信我们当下的制度在实现着正义,而且它也让人觉得在实现着正义。"

来自德克萨斯州奥斯丁的威廉·韦恩·贾斯提斯(William Wayne Justice)法官说:"我们国家的陪审团本来就是我们民主政治社会的实质缩影,由不同种族、民族、文化、财富与性别的人组成。在绝大多数案例中,这些陪审团做出的裁决都是公平的。尽管时不时地,个别陪审团没有恰当地运作。但是在这一点上,它们仅仅是这个并不完美的社会的真实反映罢了。"

当然,并不是所有庭审法官都支持陪审制,但是我相信大部分法官会支持。

即使那些最初对陪审团持怀疑态度的陪审员,他们本身绝大多数也肯定了陪审团的生命力。一项研究发现,他们之中有75%在离开法院时会比刚到时对司法更有信心。因为这一缘故,运作良好的法庭会获得一致尊敬。例如,在俄亥俄州的哥伦布市,当对1100位陪审员2000年时在市法院(municipal court)的陪审工作进行调查时,其中91%的人说他们对陪审制的印象在离开法院时比在一开始时持更为赞许的态度,99%的人则说他们会鼓励他人也来尽陪审义务。

以下是各位陪审员报告的抽样节选:

法学教授罗伯特·阿伦森(Robert Aronson)曾担任某一州法院的刑事案件陪审员。他写道,"一个年轻的非洲裔美国小伙子",

被指控袭击了两位下班的白人警察，当时这两位白人警察正在制服另外一个喝得醉醺醺、亢奋好斗的非洲裔美国男子。全面的陪审团预先审查（voir dire）未能查明：其中两名陪审员住在事件发生地附近，他们还将此地的非洲裔美国小伙子视为小流氓。辩护律师也未发现另一陪审员与警察有着实质联系与立场共鸣。从我在陪审小组的有利地位观察，陪审团制度要想起作用似乎是不可能的。这个陪审团的成员彼此有着不同的经历、偏好与偏见，然而不知怎么却能够将冲突的意见统一起来。最后，历经那场罕见的、奇迹般的陪审团评议过程之后，他们取得了一致意见，将被告人无罪开释。

《西雅图时代》（Seattle Times）社论版的编辑敏迪·卡梅隆（Mindy Cameron），曾两度在市法院担任陪审员审理案件。她写道，陪审团对证据、证明责任、合理怀疑都理解得很清楚，"一切都显得确实很平凡，除了这一点：没有嘲笑挖苦。在和许多急于回归忙碌生活的人一道尽陪审义务的两星期中，我没有听到过一点嘲笑挖苦的议论"。

在亚利桑那州的菲尼克斯，经所有人员同意后，《CBS 新闻报道》（CBS Reports）将州法院刑事陪审团的评议过程录制成了录像带。那个年轻的西班牙被告人被指控持械抢劫了一个便利店店员——一个非洲裔美国人。与最近其他一些录像的审判一样，法院指定的视察员看到，陪审团的评议过程在开始时不成样子，经过大家公开地平等交换意见后才逐渐成形，最后大家联合起来做出了一致裁决（在该案中是有罪裁决）。"你知道的，确切地说，我对美国政府真的不是很敏感,"一位不知名的女性陪审员后来说道,"我认为陪审团制度能经受得住改进。那个评议室里的陪审员们使我感到更有信心。他们都是直率的人,非常诚实,想把陪审工作做好。身为一个美国公民,并且拥有美国司法体制,这使我感到更加幸福了。"

詹姆斯·葛伯特(James Gobert)是一位法学教授,当他被征召在田纳西州尽陪审义务时对陪审团制度是持怀疑态度的。在几件案子中担任过陪审员之后,他成了陪审团制度的笃信者:

> 这是段大开眼界的经历。我所尽职的陪审团里是各行各业的男男女女。他们有着不同的种族、不同的宗教信仰,还有着不同的民族背景。他们的教育程度不等,从有着多种博士学位的核物理学家到中学退学者,不一而足……不知怎么,所有那些世代的、文化的和阶层的差异都成功地得到了弥合。到最后,变得重要的是团结而非分裂我们的力量。我们被召入陪审团审理案件,对案件正确裁决的共同追求就是把我们团结在一起的力量。而且,这一不寻常的个人的集合体,竟能莫名其妙地作为一个团体有效发挥作用。我们所有的陪审员都对评议贡献了力量,在决策过程中我们都起到了有意义的作用。给我留下最深刻印象的是,我的陪审员同胞们对待工作的目的极为严肃。与传闻轶事相反(这些传闻轶事可能是由刚刚输掉官司的沮丧律师们所散播),陪审员中无一人急于回家。所有人都做好了准备,不论耗费多少时间,都要做出正确裁决。

葛伯特观察到了"一种均化效应（在此意义上而言，即性别、阶层、教育程度和收入状况都与一个人担任陪审员的角色无关）和一种提升效应（在此意义上而言，即不惯于处理棘手问题者能成功地起而应对智力挑战）"。

当然，也有意见相反的报告。胡安·科罗纳（Juan Corona）是个农场包工头，他被指控杀死了25名巡回传教士并将他们的尸体埋在了浅浅的墓穴里。一位男性陪审员在对胡安·科罗纳实施的大屠杀进行的审判中履行陪审义务，他后来说道：

> 担任陪审员是件可怕的事。我既不聪明，也没受过多少教育，我不知道把一个像我一样的人放在裁决者的位置上是否正确。这真糟糕。我不得不以我从未想过的方式去思考。

然而在中学都没毕业的陪审长的出色带领下，科罗纳案的陪审团用了8天时间详细查证了大量证据，克服了不一致意见与争执，针对所有罪状都一致做出了有罪裁决。

《华尔街日报》（*The Wall Street Journal*）的斯蒂芬·艾德勒（Stephen Adler），在一本关于陪审团制度的很有价值的书里描述了一些案件，正如他所观察到的，这些案件中的陪审团工作做得很糟。其中一个案件是关于两个烟草公司之间复杂的、持续数星期的价格歧视战的，审理该案的陪审长后来说道："我很高兴，也很愉快，也会再次尽陪审义务。但是说到我对司法体制的看法，我认为你们不能将法律与司法留给不懂法律与企业管理的人去处理。"在另一个案件中，一位妇女因输血而感染了艾滋病，她所输的血受到了污染，是由一家血库过失提供的，陪审团必须决定对她的赔偿数额。一位陪审员后来说道："没有任何指导地决定损害赔偿金是很荒谬的。虽然我们确实应付过去了，但却一头雾水。"但是这样的报告当属少数，它们多半是因陪审团对案件处理不当而非愚蠢或者偏见而产生。证据被篡改、法庭上漫无目的地混日子以及法律指导难以理解，这些因素都会导致陪审团做出一份糟糕裁决。当这样的情形发生时，陪审团并不是元凶，而是受害者之一。正如艾德勒所指出的，"对于陪审团令人失望的工作，最应受到谴责的常常是庭审法官"。

那么，当下对陪审团的任职能力与完善健全的尖锐抨击，根源是什么呢？它们的根据并不是对每年预计15万场陪审团审判的分析——对陪审团制度争论的双方都不能将这些审判一一进行审查——而是一些悬案陪审团和被认为是错判了的、高关注度的裁决。在民事案件中，批评家将矛头指向巨额损害赔偿金、陪审团的所谓反企业情绪以及无力理解复杂事项与证据。在刑事案件中，批评家则将矛头指向无正当理由的无罪开释、悬案陪审团以及对死刑的不公平适用。

我相信，对陪审团的谴责之声是错误的。陪审团并不完美。它也有愚蠢之时，正如最近路易斯维尔市的陪审员们以掷钱币的方法来选择罪名是谋杀还是杀人——他们认为这一程序正当合理，因为他们一致同意采取这一程序以避免悬案陪审团的产生（掷钱币一事自然成了遍传全国的头版新闻，后来该案又重新审判）。但是，陪审团的失败之处很少，而且出现这些失败之处常常是因为我们给予了陪审员们糟糕的信息，或者强加给了他们难以决定的棘手问题——那些本身就不可能找到令人满意答案的问题。

我们的侵权制度——这一法律体系决定着，某公司或个人若因过失或故意行为或者缺陷产品对他方造成侵害，其在何种情况下必须进行赔偿以及赔偿的范围——混杂着道德标准、社会控制的努力、报复的欲望和赔偿无辜被害人的需求。许多侵权案件都涉及某一公民个体起诉某一大公司，并被视为弱势者对抗强势者无休止的斗争洪流中的若干战斗。侵权制度饱受争议，尽管其规则是由立法者而非陪审员制定，但是人们却大多怪罪于陪审团。

侵权制度强加给陪审团的一个重复出现的问题是，应当判赔多少数额的惩罚性损害赔偿金——目的并非补偿被害人，而是惩罚不法行为者，以儆效尤。时下为人津津乐道的一个例子是，麦当劳快餐店将一罐滚烫的咖啡卖给了一位正坐在驾驶位上的81岁妇女，并将咖啡洒到了她的腿部，造成了烫伤，该妇女获得了270万美元的惩罚性损害赔偿金，高于16万美元的补偿性损害赔偿金。另一个例子是，两个公司欺诈了购买碟状卫星信号接收器的消费者，虽然索赔者只有1200美元的损失，但是为了惩罚这两个公司，阿拉巴马州的陪审团做出了赔偿五亿八千一百万美元的裁决。还有一个例子是，佛罗里达州的陪审团创纪录地做出了一项裁决，患病与垂死的吸烟者可以获得1450亿美元的天价惩罚性损害赔偿金（陪审长后来说，"这些烟草公司在50年的时间里一直否认产品的危害性……［这一赔偿裁决］会警示对美国公众涉嫌欺诈或者虚假陈述的公司——不只是这些烟草公司，而是所有公司"）。

此类裁决激发了侵权制度改革的倡议者们对"失控的陪审团"（runaway juries）的抨击，侵权制度改革运动的目标是限制受侵害者的赔偿救济。

无论侵权制度改革会有何种功过是非，人们常听到的以下辩解，却并不为法庭记录所支持：侵权诉讼爆炸式地飞涨，陪审团判赔出手阔绰大方。起诉的侵权案件量自20年前趋向平稳，最近有所下降。交付陪审团做出裁决的侵权案件中，原告获胜的比例略低于50%，平均获赔额在20世纪90年代一直保持不变。原告胜诉的裁决中，中等赔偿额为五万一千美元，其中只有大约4%的判赔包括惩罚性损害赔偿金。

没有证据显示陪审团一般是反企业的。相反，研究与经验都表明，陪审员们支持美国企业的合法目标，期望索赔者能够接受个体责任，而且他们还关注细微琐碎的诉讼与赔付过度的诉讼。副总统丹·奎尔（Dan Quayle）的竞争力委员会（Council on Competitiveness）描述的一些批评，诸如"赔偿额飞涨的裁决"与"失控的"侵权制度，都是幻想出来的。陪审员们的确期望着雇主与生产者公平地对待雇员与消费者，但是他们拒绝错误的诉求就像拒绝错误的辩护一样坚定。正如法学教授理查德·莱坡特（Richard Lempert）在1999年一篇文章中的总结：

> 从《美国的陪审团》（*American Jury*）一书开始的32年里，对陪审团进行的现代社会科学研究之中，倘若还有一项发现能够引人注目的话，那么这项发现就是，案件事实才是陪审团做出裁决最为重要的决定因素。通常情况下，案件事实的影

响超过了其他任何因素。

数额高得离谱的损害赔偿金非常少见，几乎总是被初审法官削减或者在上诉中被削减（麦当劳案裁决中的惩罚性部分——尽管有以下证据支持：麦当劳快餐店明知出售了危险热咖啡的事实，在该事故的前一年里收到了700多件烫伤投诉，却拒绝将温度降低至其他快餐馆所使用的温度——被庭审法官减少到了48万美元）。然而必须承认的一点是，在听审了所谓企业漠视公众健康与安全的证据之后，一些陪审团将自身视为了弱势公民的代言人，发出了过分的和不现实的"信息"。碟状卫星信号接收器一案中的阿拉巴马州陪审员们原本就不相信五亿八千一百万美元能够筹措得到，事实上也不可能。后来双方当事人达成和解，具体数额未予透露。这样的裁决会帮助陪审员们宣泄压抑的情感，但却减弱了人们对陪审团制度的信心。

惩罚性损害赔偿金面临的基本问题是，在几乎没有指导可供遵循的情况下，陪审员要通过对不法行为者施以无限制的罚款来规范自由企业市场。他们需听审有关被告人所获利润与相关应受谴责行为的证据。法官告知他们"惩罚性损害赔偿金的目的在于惩罚被告人、制止［被告人］和其他人于将来实施类似不法行为"，或者告知他们大意如此的话。如何做才能引起这一被告人与"其他人"的警觉？在对这一点的判断上，即使最为深谋远虑的陪审员也面临着一项艰巨的任务。

最近，一项法官与陪审团的对比显示，陪审团在这一领域大体上是保守的。美国司法部（U. S. Department of Justice）的一项研究调查了全国75个较大县在1996年审理的逾1万起伤害案件，这项研究发现，法官判处惩罚性损害赔偿金的可能性是陪审团的3倍，在法官审理制中法官判处的中等赔偿额接近陪审团的3倍。惩罚性损害赔偿金制度可能有缺陷——"一种支配我们自身的可怕方法"，法学教授皮特·舍克（Peter Schuck）如是说——也可能如其支持者们所描述的那样是一种有价值的威慑力量，但是它自身存在的问题不能完全归咎于陪审团。

陪审团的批评者还主张，我们不能期望随机挑选的12人团体理解复杂法律问题、科学证据或者技术证据。正是这一抨击而非其他，产生了陪审团的未来这一问题。

迄今为止，有关记录还是令人鼓舞振奋的，特别是在运作良好的审判中。如果法官以费解的行话指导陪审团，或者传授给陪审团令其困惑的专门知识甚或根本不予传授，那么陪审团当然可能理解不了案件。法官、旁观者与律师也概莫能外。所有现代审判制度——包括那些不使用陪审团的审判制度——都遇到的一个挑战是由信息革命和需要掌握某一技术领域内相关知识的案件提出的，尤其是后者。但是，这些12人的集合体几乎总是有着大量的才智和智慧。正如法学教授瓦莱里·汉斯（Valerie Hans）提醒我们的，"大部分审判中对核心问题的评估依赖的是基本的人的判断力，而不是只有少数专家能够理解的高度技术性问题"。法官必须履行"守门人"的职责以排除毫无根据或者不科学的专家证言，必须确保陪审员们听取了恰当的解释。如果这一点做到了，陪审员们就能理解案件。一位出庭律师这样说道，"一般来说，我宁愿让一名在周末笨拙地修理汽车的陪审员来审理我的机械专利案件，也不愿将其交付给有着哲学博士学位却没有机械方面才能的法官"。

20世纪80年代，一些法院对民事案件中提交陪审团审理的权利开创出了一种"复杂案件例外"制度。例如，费城的联邦上诉法院决定，如果有陪审团无法理解的巨大法律难题与事实难题，陪审团审理权就不复存在。在这种观点下，法官可事先决定某一陪审团（由未知人员组成）是否有能力理解案件。大概与此同时，旧金山的联邦上诉法院形成了相反的结论：复杂案件例外的情况并不存在，"若经适当的指导、以应有的尊重对待，陪审员们会将集体才智、智慧与献身精神带进陪审工作中"，具备"其他公众服务领域中难以匹敌的"品质。最高法院并没有就这一问题直接做出处理。如果做出处理，那么在处理时它会认可这一点：解决途径并不是替换掉陪审团，而是给予它更好的信息、指导与工作条件。正如亚利桑那州审判改革计划的三位领导人最近所写的，"事实上陪审员们能够解决高度复杂的案件"。

在刑事案件中，有时陪审团未能将大众认为明显有罪的被告人定罪，这一众目睽睽下的缺点招致了暴风雨般的批评。在对梅内德斯兄弟（Menendez brothers）的初审中，尽管二被告人承认杀死了他们的双亲，但是陪审员们未能做出裁决。在对罗德尼·金（Rodney King）的州法院审判中，尽管录像带显示白人警察冷酷地击打一个倒在地上手无寸铁的黑人，但是全部由白人组成的陪审团对此不予理会，将对白人警察的每一项指控——甚至包括使用了过当暴力的轻微指控——都宣布无罪。检察官没能召唤被害人金先生作为证人出庭。罗莉娜·鲍比特（Lorena Bobbitt）持刀残害了自己的丈夫，最后无罪开释。奥利佛·诺斯（Oliver North）仅因一些轻微指控即被判有罪。

这些案件尽管受到狂热关注，但还只是太小的抽样分析，不足以证明陪审团不称职。而且在每个案例中，都存在一个缓和解释——或者至少存在一个令人满意的续集。在梅内德斯案中，陪审员的意见分歧是围绕定为谋杀罪还是杀人罪，而不是围绕二被告人是否应当无罪开释的。该案重审则定了谋杀罪。对罗德尼·金的第一个裁决——我认为这的确是一次司法错判——之后又进行了一场联邦审判，两名警察都因侵犯了金先生的民事权利而被定罪入狱。被害人也获得了一笔不菲的赔偿金，双方达成和解。罗莉娜·鲍比特提出了相当有感染力的抗辩理由，即她遭受丈夫虐待、无责任能力。奥利佛·诺斯案的陪审团合理地认为，被告人只是逃脱追诉的高层官员的工具——"一个替罪羊"，正如审判后一位陪审员的评论，"因遵守了上级指令而不公平地受到谴责。"

若法官和律师各自做好自己的工作，陪审团也就能表现出色，甚至在媒体报道充斥其间的审判中也是如此。一个很好的例子是，1994年，11个大卫派教徒①在袭击德克萨斯州韦科市一个礼拜庄园的过程中，杀死了4名联邦特派员，他们因此遭到指控。陪审团对所有被告人都未认定成立谋杀与共谋罪名；7人被判杀人或非法持有武器罪；4人无罪开释。在复杂而高度情绪化的案件中，陪审团

---

① Branch Davidians：大卫教派是一个宣扬"世界末日"的极端教派，美国政府以其囤积大量武器等罪名，派遣军警围攻，使其葬身火海，引起世界关注。——译者注

做出了公正的裁决。另一个例子发生在 1995 年，一位南卡罗来纳州的妇女苏珊·史密斯（Susan Smith）为了与情人厮守终生而溺死了自己两个年幼的孩子，她受审并被判处终身监禁。镇静而高效的审理程序给此案全体陪审员带来了殊荣。还有一例，提摩太·麦维（Timothy McVeigh）因实施俄克拉荷马城法院大楼爆炸案而于 1997 年受审。案件审理得很好，而在 2001 年时泄露的联邦调查局未完全将文书向辩护律师公开一事，并不是陪审员工作的反映，因为那时陪审员早已完成了本职工作。

并没有证据显示，不公正的无罪开释是个具有一般性或者普遍性的问题。以我的经验来看，如果超越合理怀疑地证明了罪行，那么陪审员们就会定罪，反之则判无罪。这正是人们需要所有陪审员做到的。

死刑是陪审团最为棘手的问题：谁应当存活，谁必须死去？在多数州中，我们将之委以陪审团处理，因为我们不信任任何其他人的决定。然而，在这个问题上，我们也不能完全信任陪审团。陪审员们的答案是不完美的，正如其他一切凡人一样。约翰·努南（John Noonan）法官这样写道："对那些不相信人类永生的人来说，让一个人彻底消失是件令人极不愉快的事情。对那些信仰宗教者而言，谨慎地夺走一个人的生命会侵占专属于上帝的这项权力。"由于我们无法理解上帝是如何在生与死之间做出分配，我们也就难以期望容易犯错的人类做出人人满意的决定。

我们此处暂不对死刑以及最高法院对它的宪法性支持做出争辩，但是我们确实需要审视一下，它是如何影响我们的审判制度和陪审团的声誉。美国是唯一一个仍在适用死刑的西方民主国家。无论一个人在原则上是支持还是反对死刑，毫无疑问，它的适用都具有种族间的不平衡性，因对贫穷被告人的出庭代理不够充分而容易出现错误，也会耗费大量的时间和金钱。联邦上诉法院法官贝蒂·弗莱彻（Betty Fletcher）写道，我们的死刑制度

> 本末倒置了。我们将紧张有限的努力与资源集中在了错误方向上。我们在初审审级上的诉讼代理不够充分，这腐蚀了法官与陪审团将无辜者无罪开释以及将应受较轻刑罚者从死刑之下拯救出来的能力。我们拖延了死刑的复核程序，而这一程序往往将我们的注意力从公平审判与可能无罪等实质问题转移到对技术障碍的费解审查。

死亡的终局性以及公平判处死刑的需求导致了一种上诉复核，它非常独特且在技术上让人苦恼，可能会持续十年甚至更久的时间。三分之二的死刑案件通常会因重新审判与量刑听审会而得以推翻。然而，不论我们多么长久、多么辛劳地钻研死刑案件的审判记录，都永远无法找到自己所寻求的确信性。多年来支持死刑的上届大法官哈里·布莱克蒙（Harry Blackmun），在任期将满之际认为："一个人是应当存活还是死去的决定，天生就是主观的——充满了所有对生活的理解、经历、偏见与激情——它不可避免地挑衅了宪法所要求的合理性与一致性。"因此，他再也不会"胡乱修理死刑机器了"。

美国律师协会（American Bar Association）在1997年呼吁暂缓

执行死刑，直到国家采取措施使死刑的适用更加公平为止。2000年初，伊利诺伊州州长乔治·莱恩（George Ryan），引证了一个"将无辜者定罪并打入死囚牢的耻辱的记录"，停止了该州所有死刑的执行。1976年以来，全国有87名死囚犯被无罪释放。随着DNA证据的使用，这一数字仍在增加。但是被错误定罪者只是现在3600名死囚犯中的很小一部分。法律通常会抓对人的，布莱克蒙大法官所说的"死刑机器"最常出现故障的场合不是决定谁有罪，而是在有罪者之中决定谁必须死去。正是因这一缺陷，才没有确定的死刑救济方法。在四分之三的州和联邦系统中，死刑审判仍在继续，而只要死刑审判仍在继续，陪审员们就要肩负起这个无人能成功挑起的重担。

在全国的刑事案件中，联邦法院系统出现悬案陪审团的几率大约为2.5%，州法院系统为5%。在民事案件中，这一几率甚至更低。陪审团未能达成一致意见并不必然意味着案件会重审——也可能放弃裁决或者达成和解——在我看来，偶尔出现的悬案陪审团只是我们为获得意见一致的刑事裁决所付出的很小代价。但是，近来公布的大量悬案陪审团现象要求接受非一致裁决①。在一些案件中，有一个陪审员根本就拒绝参与评议，他或她独处一隅，直至其余11人放弃、法官宣布流审为止（有一个古老的故事，讲述的是形成悬案陪审团的12人离开法院，其中一人说："那些人是我这辈子遇见

---

① less-than-unanimous verdicts：此处意指不必达成一致意见，只需按照多数原则即可做出的裁决。——译者注

的最顽冥不化的 11 人！"）。在近期一场西雅图的谋杀审判中，一位陪审员在评议之初就宣布，她不信任警察、检察官与法官，对任何人的任何行为都不会投票定罪。其余陪审员对之恳求了 8 天，但她始终不为所动，于是法官宣布流审。她跑出了法庭，没跟任何人讲话（数月之后该案重审，一级谋杀罪的罪名成立）。

对合法当局的任何形式的憎恶——例如，一些狂徒就怀有这种憎恶，他们相信自己的私人卫队就是一个主权国家，其他所有政府都带有欺骗性——导致了悬案陪审团偶尔出现。但是，由于陪审团意见不一致而阻碍裁决做出的最大干扰因素是种族仇恨。种族问题作为我们的国内问题，由来已久同时也根深蒂固，我们在陪审室里可以听见其声音——并非常常，而是有时。1998 年，我作为主审法官审理一个案件，被告人是个非洲裔美国男子，被指控犯有"累犯重罪"——意思是说他已被判犯有其他重罪（按照实际发生的情况，多于一项），也已从监狱释放出来，然后他被发现持有一把上膛的手枪。陪审员中有一人是黑人，其余均为白人。陪审团未能达成一致意见，在历经千般努力仍无法做出一致裁决之后，我宣布案件流审。不久之后，书记员意外地接到了陪审长的电话，我从书记员处获悉，那位黑人陪审员直接就拒绝评议。她说，此案涉及种族问题，而正是种族问题令其采取了这样的做法。她可能会猜测，这一联邦罪行会招致重刑，如果她是这样猜测的话，那她就是对的。当被告人在重审中被定罪时，鉴于其过去有严重的犯罪记录，按照法律的强制性规定对其判处了十年监禁。

刑事执法带来了迥然不同的影响，这些影响从统计数据中跃然纸上：黑人在全国人口中只占 13%，但是在看守所与监狱中黑人大约占到了 50%。国会规定对药丸状可卡因商贩所处的监禁刑要比粉末状可卡因商贩重 100 倍。几乎 90% 的药丸状可卡因商贩被告人是非洲裔美国人，但在粉末状可卡因商贩被告人中这一比例只有 20%。杀死白人的黑人，判处死刑的几率比杀死黑人的白人高 11 倍。1977 年至 1998 年间被执行死刑的 500 名囚犯中，接近 82% 因谋杀白人被定罪，尽管作为杀人案件被害人的黑人与白人在数目上几乎持平。青少年法院中，在以前未曾被关进青少年监狱的年轻人中，黑人被判入狱的可能性是白人的 6 倍多。

有意识的种族主义如今在美国法律诉讼程序中比较罕见，但是种族歧视的顽固残渣仍然存在。它与贫穷交织在一起，可以更远地追溯至警方、检察官和法官的工作——与陪审团的裁决相比。那些住在贫穷与破败城郊的人与住在较为富裕地区的人相比，更可能因为开着一辆尾灯破损的旧车或者因为没有牌照就被当街拦下，更可能被扣留在人行道上接受盘问，更可能因为屈从于能够轻松暴富的毒品交易而被捕。这在旁观者看来，唯一的过错可能只是"在夜间步行或者驾车"。

法律要求，检察官必须种族中立地决定是否对某一嫌疑人提起可能存在的最严重的犯罪或者某一较轻犯罪的指控，但是无意识的陈规成见可能会悄然混入他们的脑海。统计数据并未告诉我们，有多少死刑差异的现象是由检察官的指控决定而不是由审理中发生的事情所引起。一个有着强大的支持团队、有着完整的家庭、有着一份工作或者工作意向的刑事被告人或者青少年罪犯，与一个浪迹街头、看不到希望的人相比，更容易吸引量刑的法官判处缓刑。法官会受到此类因素而非种族或者肤色的影响，但是由于存在收入差异，黑人通常比白人更难向法庭展示一些生活条件，以促使法庭判处缓刑或者较短刑期。

三分之二的黑人认为，刑事司法体制对他们不利，这并不令人吃惊。令人吃惊的是种族混杂的陪审团仍然能够出色地进行工作。

针对种族偏见，陪审室里的陪审员们最常引用的案例是人民诉辛普森案。本案中，面对着数百万电视观众都认为毋庸置疑的间接证据①，主要由黑人组成的陪审团将黑人被告无罪开释。这份裁决极可能是对种族歧视的抗议，至少有部分原因是这样。但是案件的实质事实也存在问题。审理被职业人士弄得一团糟；证据是间接的；州方的主要证人——一名警探——在证言上撒了谎，他最后承认，其种族歧视足以让他伪造对黑人被告不利的证据。我们应当记得，该案陪审团并未被问及它是否相信辛普森实施了那些谋杀行为，它被问及的是，州方是否已经超出合理怀疑地证明了辛普森有罪。

其他的多种族陪审团在刑事案件中也屡次意见一致地做出了明智的裁决。一个由8名黑人和4名白人组成的亚特兰大的陪审团，在臭名昭著的"失踪与被谋害的儿童"系列案中，给非洲裔美国人韦恩·威廉姆斯（Wayne Williams）定了罪。另一个亚特兰大的陪审团，也由8名黑人和4名白人组成，也给将一位白人妇女谋杀的非洲裔美国人伊曼纽尔·汉蒙德（Emmanuel Hammond）定了罪。一个由6名黑人6名白人组成的芝加哥的陪审团给黑人国会议员梅尔·雷诺兹（Mel Reynolds）定罪，他被指控与一位未成年的、曾

---

① circumstantial evidence：也有译者将该词译作"旁证"。——译者注

经的竞选助手发生了性关系。一个由8名白人和4名黑人组成的纽约的陪审团将遭到指控的警察无罪开释，这些警察误以为手无寸铁的黑人阿玛窦·迪亚罗（Amadou Diallo）要伸手掏枪，于是将其击毙（这个裁决证明，如果陪审团认为警察是出于恐慌或者混乱实施了行为，而不是深思熟虑后的暴行，那么给他们定罪会有多么困难）。几星期之后，一个由11名白人和1名黑人组成的康涅狄格州的陪审团给一个白人警察定了杀人罪，理由在于他从背后将一个未持武器的黑人嫌疑犯射杀。

这些案件可以作为例证，多种族的陪审团通常有能力做出意见一致的裁决。一个典型的例子是，有一位洛杉矶的拉比①前来报到履行陪审义务，但是很有抵触情绪，只是当他获知若不到场会被捕时才勉强前来。让他吃惊的是，他发现陪审团服务是他多年来"最吸引人、最令人满意的奇异经历之一"。在对一起刑事案件5天的评议中，他"懂得了如果你接纳了12个仅仅有着共同的公民身份、同样说着英语、尽着相同公民义务的陌生人（他们是我们这个城市的一个横切面——有一些拉丁裔美国人、几个英裔美国人、一个第二代日裔美国人、一个非洲裔美国人，还有一个西区的拉比），令人惊讶的事情就能够发生"。曾经对陪审团持怀疑态度的拉比特别提到，尽陪审义务并不给颁发奖章，但是"这段经历所产生的感觉已是足够的奖赏，而且绰绰有余"。

今天，在一些市中心区，陪审员与被告人主要是黑人和西班牙

---

① rabbi：犹太教教士、法师，犹太教中负责执行教规、律法并主持宗教仪式的人。——译者注

裔美国人，那儿的无罪开释率比较高。少数族群认为司法体制对其明显不利，他们的这种感觉在起着作用。另外也在起作用的是，人们越来越多地意识到，对毒品交易行为的刑期之严苛超出了几乎所有陪审员的预期值，特别是在联邦制度中。在这些基础之上的无罪开释，是陪审团自由裁量权悠久历史中的另一段插曲。这些都不是对我们为了正义共同献身而感到绝望的理由。事实上，考虑到刑事执法的影响参差不齐，陪审团的高度和谐实为不同凡响之处。在一些为民族分裂或者宗教分裂所累的国家，仇恨淹没了人人平等的道德规范，陪审团事实上已不可用。我们还没到那步田地。如果我们也沦落如斯，那么我们失去的将远远不止是陪审制本身。

通常，用于替代陪审团审判的是法官审判——它被称为法官审。我们有很多法官审的情况，在这种场合下，双方当事人都没有要求由陪审团审理，或者由于历史的原因，根据其自身性质，案件并不蕴含着要求陪审团审理的权利（例如涉及海事、离婚或者禁令的诉求）。法官审可以完全令人满意，我也绝不会说一般情况下法官是无力任职的。但是陪审团的批评者们不经论证即意欲假定，法官在决定案件方面比陪审团更有能力。对这一假定，无任何理由可兹证明。法官们的确有法律学位，在解释判决上与陪审员们的普通能力相比，他们更善于表达（当然，陪审员们并非一定要做出解释，他们只是偶尔尝试着做出解释，有时谈吐得体，有时并非如此）。但是善于表达的能力不应当与实现正义的能力相混淆。"进行有力争辩的力量，"加拿大作家罗伯森·戴维斯（Robertson Davies）评论道，"以及我愿称之为能够解谜并通过考试的才思，通常为这样的人所拥有：他们的感知力贫瘠有限、性情未开化。"历史上，法官为了使判决意见变得合理化而屡屡做出最为详尽精巧的阐释，但是其中有一些却极不公正，而大部分伟大的陪审团裁决却丝毫未曾做出解释。

《华盛顿邮报》（*The Washington Post*）在 1996 年的一项研究中发现，美国"正在成为一个由持有怀疑态度的陌生人组成的国家，这种彼此的不信任是美国人对联邦政府和几乎其他各个主要国家机构丧失了信心的一个主要原因"。然而我们绝不能想当然地认为，民意测验产生的观察结果意味着陪审制已然衰落或者必然衰落。在公民漫不经心地对民意测验做出回答和他或她在法庭服务的经历之间，有着重大差别。165 年前托克维尔曾言，陪审团服务是伟大的教育家，时至今日这一论断仍然正确无比。在审理良好的案件中，几乎所有陪审员都发现，他们自己已经深深迷恋于对正义的追求了。

12 个人的头脑要优于 1 人吗？是的，而且不止是因为 12 位陪审员作为一个集体比法官更有感知力。陪审团给司法的溪流带来了新鲜的能量和常识的思潮，它们体现着根本的公平。陪审团所带来的也不只是团体才智与汇谈，还有社会共同体的价值。自由与刑事执法之间的平衡、商事企业与其对消费者的责任之间的平衡、受伤害者获得损害赔偿金的权利与被告人可能拥有的赔付能力之间的平衡，都为社会共同体的良心所触动。在一个既定案件中，最终结果也许是可争论的，但是，倘若这一结果出自陪审团之手，那么它就获得了极大的合法性。

陪审团也存在于世界其他地方,主要在大英帝国以前的边境地①,但是,迄今为止,美国的陪审团是最有生命力和影响力的。世界上超过90%的刑事陪审团审判和几乎全部民事陪审团审判都发生在美国。没有陪审团,民主仍然能够存在,正如我们在日本、西欧还有世界其他地方的政府中所看到的一样。然而我不禁想到,对于我们来说,陪审团就是矿井中闪亮璀璨的钻石。如果它离我们而去,如果我们的人民丧失了他们在法庭上亲手实现正义这一秉承至今的权利,那么其余的民主机制也会变得气喘吁吁、难以为继。我们不要让这一切发生。

---

① outposts:此处是委婉语,指英国以前的殖民地国家和地区。——译者注

Chapter 9
Better Trials
更好的审判

案件的审判只是我们司法体制的一部分，但却是司法体制的高潮与典型，而且它还是这样一个部分：它对公众公开，媒体将它报道，电视展播与电影放映把它渲染，畅销书甚至现场广播也对其详加描述。它是司法体制中人人皆知的环节。即使是在以和解或者辩诉交易（占了绝大多数）结案的案件中，审判的预期前景也有助于最终结果的形成。案件的审判对公众的感知力和司法的现状有着核心的意义，然而在绝大多数情形下我们使它变得糟糕混乱、缓慢迟延、成本高昂且脱离了对真相的追求。我们必须做得更好，问题是如何做到这一点。

一些法学教授甚至还有少数法官主张，我们应该开辟出一片崭新的天地，其方式则是放弃抗辩式的审判模式、放弃抗辩制那沉重的文明争斗的遗产，转而采纳欧洲的大陆法系制度。欧洲人——法国人、德国人、意大利人、荷兰人还有欧洲大陆上其他国家的人

——遵循着古罗马法律传统，与英国的普通法相比，它的历史渊源早了一千年的悠悠岁月，而且在当今世界的适用疆域也远为广阔。若不对其加以关注，我们将愚蠢至极。

大陆法系制度——该制度从一个必然过于简单化的结论开始作为推论的前提——赖以存在的基础是逻辑、成文法典与高度的中央集权，这一切都通过法官来实现，他们并非是出庭律师出身，而是在其职位上终身接受训练的公务员。大陆法系中的党内倾轧比我们要少，如我们所知，它没有陪审团，也没有力量强大的出庭律师。整个过程并不被视为是党羽之间的冲突，而是官方对真相的查问。正是由于这个原因，它被称为"纠问制"，尽管在现代民主国家里它与过去的宗教查问极少有相似之处。刑讯制度盛行于大约1300年至1800年的500年间，与英国及其殖民地的人不同，当时欧洲大陆上的刑事被告人通常要在司法监督下遭到刑讯逼供。如今，刑讯制度已经一去不复返了。欧洲模式排除了故作姿态的夸张言行、对证人的培训、党羽专家证人以及哗众取宠、自我膨胀的律师。法官从一开始就积极地起作用，引领着查问的进程，并对案件做出判决。"竞技精神，"赛比尔·贝德福德（Sybille Bedford）写道，"法律作为一种技巧性游戏、赋予各方机会以作为让步条件的观念，在欧洲大陆完全不见踪迹。"

在欧洲的刑事审判中，并没有排除某些种类的证据而认可其他种类证据的规则。例如，如果法官们认为确属必需，那么传闻证据是能够被接受的。证人们被鼓励以自己独立的言辞讲话，避免被铺天盖地的问题围得密不透风。讲述亲身所见之事的证人可以畅谈半小时或者更久的时间而不被打断。这种讲述的自发性允许不时冒出带有偏见性的评论，但是这一模式认为值得冒此风险。律师只扮演次要的角色。法官几乎完成了全部查问工作，很少有打断程序的情况出现。律师不得在审理前或审理中对证人进行培训。整个过程不如我们的制度那么刚硬，较少受规则约束，对律师技巧的依赖性也较低。

同样，在民事诉讼中，欧洲的实践也是以法官为中心的。举个最突出的例子，在德国，民事案件中的证据是由某位法官而非律师们收集的。律师们可以建议对哪些证人进行询问，但是不能会见或者培训证人。审判并不是一场单一的事件，而是一系列的听审，法官则按部就班地添加案卷。法官让证人做出证词，律师们可以问补充性的问题，但他们不是主要的询问者。每位证人作证一次，而不经过会见律师、宣誓作证、庭审作证的程序。随着案件的进行，当事人会讨论和解问题。针对可能的结果，法官们可能会给予他们试探性的意见以提供帮助。当证据程序完毕以后，律师们进行口头或书面的辩论。在辩论阶段——与事实收集阶段有所区别——律师们作为辩护人彰显功能。然后法官做出包含有事实调查与法律推理的书面判决。

约翰·朗贝恩（John Langbein）教授是德国民事诉讼体制的尊崇者，他主张，抗辩式事实收集的浪费与扭曲，其理由只有惰性和既得利益。有人声言我们必须继续在事实的证明方面忍受抗辩制的欺骗，对于他们来说，德国民事诉讼体制的成功是对他们恒久的指责。

我们可以而且也应当向我们欧洲的民主国家同胞借鉴学习——并且要远远多于美国法官与律师们所借鉴学习到的一切。我们所得到的主要教训是，一位积极的法官——其本身还应是一位优秀出色的法官——会成为我们的福音。在我们的诉讼体制中，引领案件审判、决定案件结果的权力在法官、陪审团和律师之间进行划分。在殖民时代晚期，人们目睹了英王任命的法官们的专断与暴虐，这让人们一直对法官怀有一种恐惧，有助于刺激我们从宪法上保障陪审制。陪审团的全盛期在独立战争之后持续了大约一个世纪。然后是权力的进一步转变，这一次是转到了律师手中。我们开始接受这样的事实：律师引领审判进程，法官慵懒不堪，陪审员则是被动的倾听者，涉案各方对待他们更像对待温顺的绵羊，而不是握有决策权的公民。

任何改进——即使是微小的改进——都要求给长期蛰伏的庭审法官注入更多的生命活力。但是，在我看来，即使我们能够，也绝不应该在美国采纳大陆法系类型的诉讼体制。

欧洲的刑事诉讼，无论在一些国家（并非所有欧洲国家）是多么卓有成效，其立身之基——宪法权利观念——与我们相比，都较为模糊。例如，第五修正案——其中一部分保障了被告人不可自证其罪的权利——就是一个伟大的英美法现象。与美国不同，在欧洲大多数地方，被指控者保持缄默会被当做对其不利的证据。那里也缺少我们所拥有的反对传闻证据以及反对建立在被告人过去不良记录基础上的有罪推定的保护措施。欧洲初审法院的无罪开释并非终局性的，这与美国相反。政府一方可以抗诉并继续追诉被指控者。被告人与政府之间的分离——公民个人对抗州方势力的尊严与自主权——并未像美国法庭中的做法一样得到维持。我们对个人权利的坚定保护为抗辩制所支撑。

欧洲人缺乏陪审制。在一些国家，外行法官们与刑事案件中的职业法官坐在一起，参与到评议之中，对裁决做出投票。但是职业法官的意见起支配作用。由各种成员混合组成的这些小组并不能算作陪审团。大陆法系制度中没有类似机制，因此无法授权公民亲手实现正义，无法将法庭与社会相契合，也无法使难以接受的审判结果具有正当合理性。

而且，一套如此倚重法官的制度所诱致的不仅是懒惰与无力，还有腐化。一切事项均有赖于法官们的优劣程度——这是一个变量，我们绝不应将一切事项押在这上面。我们需要记住这些，同时还要记住今日的荷兰、德国与瑞典的精致制度，需要记住腐化肆虐的拉丁美洲（在渊源上属大陆法系）的精致制度，还需要记住20世纪欧洲法西斯政权的精致制度。法官统治法庭的制度会成为贿赂与暴政的牺牲品。初审法庭上，公民与律师那强劲有力同时也根深蒂固的角色保卫着我们的制度不受司法腐蚀的侵害。

与我们的制度相比，欧洲各国的制度中司法官僚较多而律师较少。如同我们一样，其中大部分为民事诉讼中高昂的成本与迟延的审判所累。而且不论欧洲的法官多么精于技巧、饱含良知，他们始终都是政府雇员①。与充分使用私人律师的能量与创造力的制度相比，一套如此倚重法官的制度绝对无法获得同等的生命活力。

例如，我们可以考虑一下几年前审判的一桩民事案件，那是针

---

① government employee：也有译者将该词与 civil servant 均译作"公务员"，但作者此处的原意在于强调欧洲的法官从本质上是受雇于政府、为政府代言的，从立场上就无法彻底做到中立，因此，译者将该词译作"政府雇员"。——译者注

对前任菲律宾独裁者费迪南德·马科斯（Ferdinand Marcos）和他妻子伊梅尔达（Imelda）的。1981年，一些职业杀手闯入西雅图的一间工会礼堂并枪杀了两位年轻的菲律宾人——希尔姆·多明戈（Silme Domingo）和基恩·维尔尼斯（Gene Viernes）。国际码头与仓库联合会（International Longshoremen's and Warehousemen's Union [ILWU]）的一家地方分会代表着阿拉斯加的鱼罐头食品厂工人，这两名被害者都是该组织的积极活动分子。杀手们逃遁了。悲伤与暴怒席卷全城，尤其是在有数千亚洲人居住地的附近地区。多明戈与维尔尼斯的家庭惨遭破坏。

随后，警方展开了调查，三名当地菲律宾帮伙成员被指控、审判，认定构成谋杀罪，并被判处终身监禁。原本能够就此结束的。许多人想当然地认为，是一场围绕工会礼堂调遣惯例——围绕谁可以获得罐头食品厂的工作——的争论激发了杀人事件。根据这一说法，一部分鲁莽的菲律宾人刺杀了另一部分菲律宾人。

但是这一说法是错误的。多明戈的姐姐辛迪（Cindy）决意要实现正义。维尔尼斯一方的幸存者有他的姐姐、女朋友和两个年幼的孩子。两个家庭都知道多明戈与维尔尼斯一直是与马科斯政权公开叫板的反对者。就在死前一个月，他们使得一项全国范围内的ILWU决议成功通过，这项决议呼吁成立一个专门小组，用来监控政府针对菲律宾工会发起的野蛮行径。两个家庭的幸存者们相信，马科斯是谋杀事件的幕后黑手。但是他们如何才能证明这一点呢？

他们聘请了一位律师——迈克尔·威雷（Michael Withey），他同意以胜诉酬金——除非为他们赢得赔偿金，否则其不得收取费用——接手此案。威雷针对马科斯和伊梅尔达在联邦法院提起民事诉讼。开始此案本身即是勇敢之举。由于害怕遭到报复，在此之后的数月里，幸存的家庭成员们一直都穿着防弹衣。

威雷预料到在法律上会有巨大阻力，事实上他也确实遇到了巨大阻力。最初，得到美国律师有力辩护的马科斯夫妇，因其"国家首脑"的身份——享有诉讼豁免权的一类事由——而不是案件的适格被告人，法院驳回起诉。随后原告提起了上诉。一场暴动使得科拉桑·阿基诺（Corazon Aquino）掌握政权而马科斯夫妇被罢黜，于是他们又重新成为适格被告人。但是要发掘出牵涉到他们的证据却极为困难。威雷舍弃了两年时间不做私人律师业务而对此案全力以赴，但是他仍然需要、也确实获得了其所在律师事务所众位同仁的帮助。证明文书必须要找到，证人们要于数千英里的当地接受询问，间接证据要逐个拼接到一起。一个会成为关键证人的人在西雅图被谋杀。马科斯和伊梅尔达在其夏威夷的避难所按照法庭规则的要求做出了宣誓供词，居住在太平洋海岸的马科斯的同盟者也做出了宣誓证词。在《信息自由法案》（Freedom of Information Act）的保障下，追踪菲律宾政府在美国进行的"情报"活动的联邦机构提供了美国政府的文书。有关马科斯的隐蔽活动的专家证人也被找到并接受了咨询。

1989年，在起诉八年后，多明戈与维尔尼斯一案最终在西雅图开审，负责审理的有法官芭芭拉·雅各布斯·罗斯坦（Barbara Jacobs Rothstein）和联邦法院的一个陪审团。这时马科斯已死，但是其政治集团和遗孀伊梅尔达仍作为了被告人。威雷与其合作律师花了三个星期时间提交证据。他们证明，马科斯在美国的情报特务已经监控了多明戈与维尔尼斯；马科斯本人知晓这两位年轻人发起的

ILWU 决议；旧金山的一位马科斯的同盟者坚称，有一万五千美元的款项从一笔秘密基金中付给了马科斯在西雅图的另一个朋友，这位朋友的枪在谋杀行动中被用作凶器；有五千美元从这笔款项中付给了实施枪击行为的职业杀手们。

他们还证明，美国政府已经向马科斯一党警告不要在美国实施政见不同的行为。他们以证据显示，马科斯在摄制于夏威夷的录像中宣誓供认，他在美国操控着一个情报网络——然后，当问题触及痛处时，他又拿第五修正案作为挡箭牌（与刑事起诉不同，在民事审判中可加以考虑）。

陪审团做出了一致裁决，判定马科斯一党与他人共谋谋杀了多明戈与维尔尼斯，并赔偿两个家庭一千五百万美元——多于其代理律师的索赔额。

赢得判决是一回事。考虑到对马科斯一党的资产额难以查清，以及新菲律宾政府对原告的对抗性主张，收取赔偿金则是另一回事。在上诉过程中，案件当事人最终以三百万美元的赔偿额达成和解。但是该案的重要性远远超出了两个家庭所赢得的赔偿金本身。在纷繁复杂与令人惊恐的情况下，对抗着悬殊力量、横跨了国际疆域，正义仍然实现了。在与独裁者的权力进行的角逐中，法治占据了上风。

私人律师专心致力于诉讼委托人的案件，他们所进行的努力工作对取得这一成就十分关键。威雷后来说道，"假如没有抗辩制，最终结果将是不可想象的"。也许结果原本是可以想象的，但是肯定赢不了。

多明戈与维尔尼斯一案格外地困难，但是在一般性的案件里，当事人双方的党羽也让我们的制度获得了生命力、增加了深刻性、丰富了洞察力。日复一日，从法院里的众多伤害诉求、合同违约、重罪起诉——全部案件中，我都可以看到这一点。我们需要做的不是抛弃抗辩制与陪审制，而是帮助其在现代条件下运作，使其更为坚定地追求真相。我们的目标不应是乌托邦，而应是渐进式的改革——正如卡尔·坡伯尔（Karl Popper）所写，这是"改善问题的唯一方法，也是迄今为止真正成功的方法，在任何时间、任何地点均是如此"。坡伯尔的话也许有些言过其实，但是就美国的审判而论，他是正确的。

审判制度的修复工作已踏上征程——虽然不是在所有法院中，但是数量在逐渐增长。几乎不为公众所知地，一场审判改革的浪潮——由那些著名的保守派集团、法官们与组织起来的律师界所引领——已经开始。司法乃是协作努力之事，但是由菲尼克斯的迈克尔·戴恩（Michael Dann）法官所带领的亚利桑那州陪审团计划（Arizona Jury Project）因其创新性工作而值得一提。2001年初，一场由州法院全国中心（National Center for State Courts）发起的、为期三天的"陪审团峰会"，将接近400名法官、行政官员和大学教师吸引到了纽约城。尽管不论过去还是现在，对于我们应当采取什么措施一直都有着不同意见，但是有一个共识在迅速增长，那就是，我们需要改变。我的建言并没有多么独特，但却是建立在法庭中我亲眼所见的成功范例的基础之上的。

现代社会认为，古雅典实行的那种全体公民对时下事项进行投票表决的直接式的民主，已经不再具有可行性——我们现在有着太多的人、太多的事和太多耗费时间的复杂情况。我们选举官员，将管理性的事务交予他们。他们的工作必须合格称职，否则在下一次选举中将会面临落败的风险。

陪审团一直是这一现代权力代议制的重大例外。在陪审室里，我们的人民作为管理者直接进行工作。但是这项工作无法由空无一人的陪审席来完成。要使这一如今已充分民主的机制的大好前途变为现实，我们需要让公民在受到陪审征召时前来履行义务。一些法院深受公民对陪审征召的低回应率之苦，这在大城市的法院中尤为明显。在哥伦比亚特区，1998年的一项研究发现，受到陪审征召的公民中有接近20%的人对征召直接不予理睬，另有43%的人根本没有接收到征召通知（显然是由于名册有误），实际到场并尽职履行陪审义务的被征召者不足25%。在一些城市，不到20%的被征召者实际尽了陪审义务，其余大部分人都恳求免除陪审义务，或者直接不予理睬。不相称的是，不予回应者是穷人和少数族群成员，因此，陪审员的低出任率不仅导致有时难以挑选12人组成陪审团，而且也削弱了陪审团代表人民决定案件的品质。成员多样性的缺失反过来降低了陪审团本身的水准及其裁决的可接受性。

是什么使得公民们对陪审团征召不予理睬或者径行逃避？是冷漠态度，是恐惧感，还是感觉它没有用处？研究显示，最主要的原因并非如上所述。看起来，财力危机能够解释大部分陪审团缺席的情况。在许多地方，陪审员的每日费用极为低下——例如，40年来在我所在州的大部分县，每天只有10美元——当履行公职义务的薪酬远远低于其生活花销时，许多人都不能浪费工作时间来尽陪审义务。当费用提升到一个合理的程度时,陪审员的出任率将会出现戏剧性的增长。德克萨斯州的埃尔帕索最近向我们展示了能够采取的措施。当陪审员的每日费用从 6 美元升到 40 美元时,那里的陪审回应率从 22% 提升到了 46%。在纽约城,陪审回应率得到了大幅提升,其途径包括:将陪审员的每日费用升到 40 美元,欲推迟者需要首先打电话保证其一定赴任,以及由陪审征召员对逃避义务者做出众人皆知的通报。在纽约,不服从陪审征召者可以招致最高 250 美元的罚款或者其他制裁。一位债券贸易商因让其汽车修理工冒名顶替他去尽陪审义务而被判处从事 500 小时的社区服务。合理的补偿、体面的工作条件以及惩罚措施——这些措施体现了不理睬或者逃避陪审征召的风险——的彻底执行,将会缓和陪审团缺席的问题。而且,通过那些履行陪审义务者,运作良好的法庭会传递出这样的信息:陪审团服务不仅是一项义务,也是一件乐事。

在让财力窘迫的公民更易尽陪审义务的同时,我们也应使富人与权贵名流更难逃避义务。大约有一半的州已经废除了长期存在的陪审义务豁免权,这些豁免权曾为医生、律师、教师、殡仪员以及其他职业与事务的人所享有。其余各州也应如此效仿。过分的困难一定要保留为免除义务的理由,但是不能把它简单地等同为私人事务繁忙。那些受过良好教育的陪审员,通常对自己尽了陪审义务感到非常高兴,而且法庭也确实需要他们。

对于民主的陪审团遴选程序来说,最后一个挥之不去的障碍是如下过时观念:即认为每个已听过或读过案件的候选陪审员都应被排除在陪审团之外。在这个大众传媒的时代,这常常意味着取消最机警最能干者的陪审员资格,而仅仅使对案件最不熟悉最不关心者当选就任。正如马克·吐温的评论，如果"畜栏里的牲口"知晓了案件，那么除了从未听说过该案的隐士，将很难再找到富有才智的陪审员了。陪审员们常常被问及，他们是否能够做到将任何审前宣传报道搁置一旁，而依证据和法律决定案件。有一些陪审员会说做不到。以我的经验来看，那些回答自己能够做到的陪审员，他们的话值得信任。我们并不自动取消已看过审前新闻报道的法官的资格。如果我们给予陪审团成员同样的体贴尊重，陪审团就会得到改进。

从陪审员报到就任的那一刻起，他们就应获得与法庭官员相同的礼遇和尊重。不应让他们连续几小时或者连续几天地等待。如果法庭管理良好的话，他们就不必这样受苦。如今变得盛行的"一日或一案"限制措施，合理地限制了陪审员生活所受到的干扰。陪审员也不应被禁锢在令人压抑的环境中。尽管我们国家繁荣发达，但许多法院大楼却是颓败失修、人满为患。法官们无力改变这一状况，但是可以确保：无论存在的是何种空间条件，陪审员们都会被公平地分配到一个环境中。每个法院大楼里的每个新任陪审小组，都应对所有情况——本案法庭、民事与刑事案件的流程、陪审员的职责以及法官和律师的角色——有一个迅速而清楚的定位。大多数陪审员第一天到达时都满怀希望，至少也是满怀好奇心的。从一开始就激励他们，这既十分简单又无比明智。

在我们当前制度的所有缺陷中，陪审团的遴选是最让人尴尬的。安东尼·刘易斯（Anthony Lewis）这样写道，"在这个国家里，尤其是在高关注度的案件中，陪审团的遴选方式成本高昂，有损于对法律的尊重，这让人怒不可遏"。为何要耗费上几天、几星期甚或几个月的时间来挑选一个陪审团？原本不应这样——但实际情况常常如此，公众倍感挫败，陪审团则在首位证人走上证人席作证之前低沉泄气。首要原因是律师们对陪审团不加限制地询问——这被称为预先审查程序。在许多州法院里，律师被许可能够几乎无限制地询问候选陪审员，有时还连续询问数日。

预先审查程序的理论目标是，查出偏私与偏见，从而确保选出一个公平的陪审团。但是其他目的也渐渐显现：在陪审团中安插进自己的党羽，往陪审员脑中灌输对自己有利的印象，以及在证据环节开始之前就"赢得诉讼"。预先审查程序中的问题常常变得具有侵扰性、重复性甚至带有侮辱性。

对抗双方可以只用很少甚至不用预先审查就能够挑选出公平的陪审团。在美国，联邦法院的传统做法一直是由法官来询问，律师倾听并做记录。这一方法确保了简洁性，但丧失了具有潜在价值的律师询问。

最好的解决方法是，在法官对候选陪审员进行第一轮询问之后，由律师进行补充性的预先审查，但要符合两个条件。第一个条件，律师的询问必须围绕候选陪审员的任职资格——他们的经历、态度、社会关系以及易生偏私的情感——来进行，不能借此之名而行拉拢之实。对于这一点，法官很容易便可确保其实行。第二个条件是时间限制——例如，每一方 15 分钟，如果律师认为需要更长时间，可向法官自由申请。要求延长时间的情况很少见。通常情况下，法官结束第一轮询问后，各方律师甚至都用不了所分配的时间。

通过这种方法，通常在一两个小时之内就可以选出一个公平且公正的陪审团，甚至在存在多方当事主体的案件中也能够做到这一点。

对候选陪审员的否决权分为两种：有因否决权（与一方当事人有着亲族关系或者朋友关系、其已经承认或被证明含有偏私、或者某些其他可取消陪审员资格的因素）和不必给出理由的无因否决权。后者被称为强制否决权或者"振击出局权"。各方均可享有强制否决权，由法律或者法庭规则对次数做出限定（在联邦法院，重罪案件中辩方有 10 次强制否决权，控方有 6 次；轻罪和民事案件中双方各有 3 次）。没有人对有因否决权持有异议，但是强制否决权则引起了尖锐的意见分歧。第九巡回上诉法院最近称，"强制否决权乃是一项重要的法定权利，法院认为其对于公正的陪审团审判具有关键作用"。但是曼哈顿联邦法院法官康斯坦斯·贝克尔·莫特雷（Constance Baker Motley）于 1996 年敦促禁止强制否决权，并称其为"对时间毫无必要的浪费和对司法过程的明显腐蚀"。莫特雷法官的观点自有道理。出庭律师们心知肚明：强制否决权通常并非被用来挑选公正的陪审员，而是被用来挑选对自身有利的陪审员——那些在教育背景、工作经历、种族、民族等方面被认为对诉讼委托人的诉因有利的陪审员。通常，这意味着将受过最好教育或最有感知力的陪审员排除在外。滥用强制否决权——常会出现这样的实际情况——给人以这样的印象：最重要的问题是由谁来做决定，而非案件的是非曲直——在人们对审判进行讽刺挖苦方面"功不可没"。

具有讽刺意味的是，尽管律师们沉浸在对强制否决权的迷信之中，但是他们猜测哪位陪审员对自己有利、哪位陪审员对自己不利的能力却是乏善可陈。对于这一点，我早年作为出庭律师经办的一个案件可为例证。那时我为一个夜间做爵士乐手、白天做波音公司机械工的人辩护，此处我们称他为莱昂纳德·罗克沃斯（Leonard Rockworth）。罗克沃斯先生被指控犯有重大盗窃罪——盗窃了其雇主的许多昂贵工具。令人遗憾的是，这些工具在他家仓库中被找到，而且其中一些已经从波音公司丢失了很长时间。罗克沃斯解释，他只是将工具借来在自己家中的工作间使用，他说他一直想着要归还，但是一直没有来得及这么做。一个候选陪审员是位60多岁的老头，他曾是波音公司的工头，如今已退休。这位老头否认自己含有任何偏见，但是他看起来很顽固，而且有一点清楚无疑，那就是他肯定曾深受工具盗窃之害，因此他当然会支持控方。根据我方律师的一致看法，我使用了第一个强制否决权将其排除出陪审团。之后，在早晨休庭期间，那位退休工头从走廊向我走来。他显然感到不快。"你为何把我从那个陪审团踢出来？"他说道，"我为那该死的波音公司卖了25年命，每天都对他们恨之入骨，我正迫不及待地想要报复他们呢！"（不管怎样，罗克沃斯被无罪开释了，这使我们的故事更易讲述。而且，他一直没有付律师费，40年之后还欠我250美元，分文未付。但是，鉴于我在挑选陪审员上的愚钝表现，谁又能对他横加指责呢？）

律师们不可靠的预感如今得到了一类以陪审团咨询闻名的营利公司的帮助，或者说是协同。据说，这些公司的开业者每年收入总值二亿至四亿美元（难以准确计算数额），这令人震惊。在各项服务中，咨询顾问帮助律师们根据陪审员的背景、身体语言和推测出来的潜意识活动对其加以挑选。即使这些预测非常准确——这本身是个极无把握的假定——它们也并非用于良善目的。至于挑选一个公平且高素质的陪审团，它们原本就不想、实际上也不会有所助益。不仅如此，正如法学家杰弗雷·亚伯拉森（Jeffrey Abramson）所写的那样，对这些咨询顾问的使用已经构成"对陪审团审判的价值的持续攻击。因为，如果科学的陪审团遴选方式实际起到作用的话，那么事实和证据在审判中就只扮演次要角色了"。

1986年，在巴特森诉肯塔基州（*Batson v. Kentucky*）一案中，最高法院禁止控方使用强制否决权将与被告人同种族的少数种族者踢出陪审团。自此之后，强制否决权变得更为莫衷一是了。在受审的被告人是非洲裔美国人的场合将黑人陪审员踢出陪审团，一些检察官已经这样做了几十年。自巴特森案出现，这一原则已经扩展到辩方在种族基础上的强制否决权，扩展到民事案件，也扩展到了由陪审员的性别引起的否决权。当提出的某项否决看起来会违背巴特森案的扩展规则时，法官必须查明其是否存在一项意图单纯且无差别对待的理由。如果并无此种理由存在，法官必须驳回该项否决，使陪审员就任。这样做的结果又会产生一个新的难题，即偶尔会有一些虚假的情形出现——律师虚构出一项听起来意图单纯的理由，而目的则是成功实现在种族或性别基础上的否决。

有几点理由可用以支持强制否决权。某位律师可能会正确地感觉到某位候选陪审员含有偏见，但此时已经询问完毕，所剩下的唯一救济方法就是强制否决权了。如果律师知道强制否决权不被允许使用，那么预先审查程序中的询问可能会受到抑制，原因则是害怕造成与陪审员的疏离。而且，据说，在由谁决定案件方面强制否决权给了双方当事人发言权，并因此提升了他们在审判中的满意度（此观点忽略了这样一个事实，即如果一项强制否决权增加了一方的满意度的话，通常会削减另一方的满意度）。

对一位庭审法官来说，看到高素质且公正无私的候选陪审员毫无正当理由地踢出陪审席是令人伤感的，他们当中有许多怀揣理想、热切地想要履行陪审义务。无论这些被否决掉的陪审员会得到法官怎样深彻的安慰，他们也常常会有被拒绝之感。

我们应当做出两个变革。第一，应将强制否决权的数量减少至每方 3 次。一些州在重罪案件中允许一方当事人拥有 20 次之多的强制否决权，这除了传递出我们的制度将被人为操纵的印象外，一无所获。对于任何正当合法的目的而言，享有三次振击出局权，足矣。

第二，既然强制否决权并非由宪法所规定，我们就应当尝试将其废除。美国有 50 个州和 94 个联邦区，我们可以在小范围内通过采纳当地选择规则（local - option rules）对该变革进行试验。如果强制否决权对司法事业作出的任何微小贡献果真都为其以下弊端所超越，那么我们就绝不应当一直对其加以容忍了：滥用强制否决权以排除良善的陪审员、在众多法庭上无节制地浪费时间、传达出这样的暗示信息——案件结果并不依赖于本身的是非曲直而是依赖于由谁碰巧端坐于陪审席之上。与此同时，我们应当使有因否决权具有足够的弹性，在确保遴选出一个公平的陪审团方面给法官留有余地。有因否决权可以以书面形式表达，由法官裁定。法官不告知陪审团哪一方行使了否决权，对于被驳回的否决权也只字不提，仅仅能说，"否决权已经用尽"。

若预先审查程序受到合理限制，能够节约时间而又紧扣主题，那么当律师起立做开场白之时，陪审员们就会神采奕奕、兴致百倍并且跃跃欲试地准备大干一场了。如果取消强制否决权，这一过程甚至可能会变得更好。

从无法追忆的古老时代起，每个陪审团就有着12位成员。有些人将这一现象归因于耶稣有12位门徒，但是无人真正知道这一数目是如何设置的。陪审团的起源问题笼罩在中世纪历史的烟雾中，显得太过扑朔迷离。我们确然知晓的事实是，12人工作得极为出色。这一数目之大，大到足以收聚集体智慧、选取一个健全充分的社会横切面。然而，这一数目之小，却又小到足以使成员们平等的评议通常能够做出意见一致的裁决。在20世纪70年代早期，最高法院判决，各州可以使用规模更小的刑事陪审团——例如6人或8人陪审团，以代替传统的12人陪审团。一些州做出这一变革是为了节省时间与金钱（尽管此二者几乎都没有出现岌岌可危的情形）。许多联邦区在民事案件中采取了相似的方法，通过了将民事陪审团的规模由12人削减至6人的当地选择规则（local rules）。这一切变革发生时，最高法院声言，陪审团有12位成员而非另一其他数目，这仅仅是"历史的偶然事件"，缺乏现时价值。这种说法并没有解释，为何这一偶然事件已安然经受住了7个世纪的考验。

大约与此同时，最高法院支持了非一致形式的有罪裁决，即只要12位陪审员中有9人同意便可定罪。公众对审判结果的信心会因此而受到损害,虽然法院接受了这一风险,但该做法却没有令人信服的理由。这也标志着一个急遽的转变。尽管某些州早已允许在民事案件中做出超多数裁决(例如10比2或者9比3),但是对于刑事定罪或者无罪开释而言,所遵循的仍然是全体一致这一传统要求。最后,随着面临这些决定的陪审团开始衰落,最高法院画定了一条界线:在严重的刑事案件中,州方必须提供至少由6人组成的陪审团,而如果陪审团真的仅由区区6人组成,那么他们每个人都必须投有罪票才能做出一项有效的定罪裁决。最高法院在12人的陪审团中未曾觉察出的魅力,在6人的陪审团中却发现了。

当时,只有寥寥数人曾预言,这些削减陪审团人数的决定会损害陪审机制,而已然发生的事实恰恰正是如此。与12人组成的陪审团相比,6人组成的陪审团远不足以代表一个多样性的社会,而且更易做出古怪反常的裁决。如今,这些观点均已获得广泛认同。有鉴于这一工作的主观性质,尽可能科学的研究结果确证了本应从一开始就显而易见的事实。与6个人相比,12位陪审员能够更充分地代表社会,能将更多的集体智慧带进法庭,也更有可能做出赢得公众支持的、纯熟合理的裁决,而完整版和缩减版的陪审团在成本上的差异则微不足道。

有这样一种认识渐露端倪,即我们应当停止向迷你陪审团①绕弯路,至少在重罪案件和重大民事审判中应当如此。联邦法院系统在重罪案件中一直适用12人陪审团,而有20年的时间是让各联邦区自行决定民事陪审团的人数的,然后最近通过了一条有益规则

---

① mini-juries:意指微型陪审团,或者说是人数减少的陪审团。——译者注

(a salutary rule)：联邦民事案件中的法官如今可以挑选组成一个12人、6人或二者之间任意数目的陪审团。其中，并没有替补陪审员存在。在审判过程中，如果某位陪审员由于生病或其他原因而退出，只要还有不少于6人存在，陪审团在构成上就仍然是有效的。由于没有一个人是替补，陪审席里的每个人从一开始就都充分参与其中。有越来越多的法官利用这一规则组成12人的民事陪审团。这些完整版的陪审团的工作几乎总是那么卓越优异。

桑德拉·戴·奥康纳（Sandra Day O'Connor）大法官这样写道：

> 这种情况几乎总是出现：陪审员们不被允许做任何事情，而只是被动地聆听证言，大脑里对案中有什么法律问题毫无概念，不能以任何方式做记录或进行参与，法官最后又向其宣读一套几乎无法理解的指导辞，然后将其送进陪审室对案件做出裁决，而他们对案件的了解程度可能并不比审判开始之前多多少。

特别是在复杂的诉讼中，陪审员们从一开始就需要了解信息。对撞车或者简单盗窃案件可能只需要做出很少的解释，但是在专利法、医疗不当行为、商业交易、反托拉斯、证券欺诈和难以计数的其他领域，陪审团需要法官自一开始即告知其应当探求的事项。陪审员们不应干坐着，连续几天几周地听取证言，同时思忖着所有证言到底有什么差别。律师在陪审团选定之前所做的简短的开场白

——时长仅 5 分钟——不仅能够使陪审员们加深对案件的理解，而且能够提起他们的兴致。法官也许需要将可能出现的主要法律要素做出总结。这给法官——他们认为案件可能会和解或者撤诉，而且自身还有着很多其他工作要做——施加了额外的负担，因此法官宁愿只是到了最后才向陪审团宣读指导辞。但是，这值得我们付出努力。

通常，刑事案件中的陪审员们在案件审判期间，与外界一直是隔离的。他们被局禁在旅馆的房间里，仅有陪审员同事和法庭的法警陪伴。他们与家人隔绝，只能看预先剪辑过的报纸和审查过的电视节目。他们在公正无私的名义下挨着痛苦的日子。通说理论认为，陪审员必须免受外界因素影响——不论是贿赂，还是友人的不当言论，抑或是在漫不经意间曝光的、含有偏见的新闻报道，但是这种隔离使得陪审员们逐渐变得冲动易怒、无精打采、固执己见。陪审员的私人生活遭到了破坏，他们协同工作的能力也受到了损害，而且这些破坏和损害超过了隔离制度本身带给我们的全部益处。此外，这种做法还带有一种屈尊贬抑的意味。将陪审员隔离实际上即是在告诉他们："我们并不信任你们。"

相比之下，让我们考虑一下法官审的做法。此时法官扮演了陪审团所担当的角色——事实认定者，而且也做出了与陪审团裁决相对应的判决。我们并不期望法官搬进旅馆，自己每夜锁在屋内，与家人隔绝，只在法警剪辑后才阅读报纸。我们相信法官能够遵守规则，会避开外界有关案件的信息。我们应该以同样的做法去对待审判员。在开始时着重告知他们基本规则，在案件审判期间不时加以提醒，这已经足够了。一般情况下陪审员都尊重那些规则。如果有陪审员不尊重规则，且被发现其有此种行为，在不干扰审判的情况下，他们通常会被取消陪审员资格。与陪审员进行庭外沟通交流而破坏审判的风险非常小，以至于过时的隔离做法应当予以废止而绝少有例外。

与此同时，法官们可以行使权力，命令出庭律师不得做出这样的庭外陈述：即该庭外陈述可能会通过媒体传播，损及任何一方主体获得公平审判的权利。在大不列颠，法律禁止出版社将能够影响陪审团的细节内容出版。在美国，第一修正案禁止做出任何此类出版限制，但是允许对律师的讲话做出合理的限制。当这些限制得以实施时——正如俄克拉荷马城爆炸案审判中的情形一样——即使是律师们通常也心怀感激，他们在法庭里已经有足够多的工作要做，不必投身于媒体这个第二战场。当在镜头前故作姿态的律师被排除之时，每个人都能获益。

一个简单易行的变革——不被打断地进行审判，能够使陪审团在法庭的经历得到改观。当法官与律师们研讨解决证据的可采性和其他法律要点时，辛普森刑事审判的陪审员们却已在陪审室或旅馆房间里苦苦等待了许多时日。当法官与律师举行了数百场"补充讨论会"——对异议进行争辩并做出决定的私下会晤——时，陪审员们又不得不继续等待。尽管这一案件是个极端的例子，但是许多法院遵循了该案的实践做法：一方申请举行讨论会①；法官批准该请

---

① conference：律师之间或者律师与当事人之间对案件的讨论会。——译者注

求并将陪审团请出；被强制一连数小时甚至几天都干坐着的陪审员们，变得烦躁难耐、沮丧低沉、愤恨不已。换作别人，又有谁不会这样呢？

这一切都没有必要，而解决方法也十分简单。陪审员们待在法庭里，用全部的陪审团工作时间来不被打断地听取证据链条。在决定法律要点的时候，没有必要将他们请出房间或者让他们苦苦等待。几乎所有异议都能由律师以一个简短的单词或者短语——例如，"传闻证据"或者"不相关"——表达出来，而且可以由法官立即做出裁定。除非法官要求，否则双方并不对异议进行争辩。如果需要举行听证或者辩论，那么可以在不打断证据链条的情况下，选择于下一休庭期，或者陪审团工作时间之后，或者次日清早进行。这样一来，补充讨论会也避开了。偶尔地，法官也有必要让律师进行下一话题或者传唤另一证人，直至证据纠纷得到解决，但是这也可以迅速做到。

停停走走的审判——当法官与律师们进行私人谈话时陪审员们在外苦苦等待的审判——被富含说服力、精力集中且运作流畅的审判轻易替代。甚至开始时对其百般阻挠的律师们最后也喜欢上了它。正如一位官方专家兼洛杉矶联邦法官爱德华·拉费迪（Edward Rafeedie）所指出的那样，"审判随之呈现出一种优美的韵律，这使其自身变成了一件乐事，对于法庭、律师是这样，最重要的是，对于陪审团而言也是如此"。

一条联邦法院规则要求法官"对讯问证人、出示证据的方法与次序实施合理控制，以实现下列目的：（1）使讯问和出示能够有效用于查明真相，（2）避免不必要地浪费时间，（3）保护证人免遭骚扰或者过度尴尬"。类似的规则或者固有的法庭权力在每个州中都存在。然而，令人惊讶的是，许多法官一直将自己仅仅视为被动的裁决者，不论审判朝什么方向进行，他们都会令其自由进展，而且，如果没有律师瞅准时机提出异议的情况出现，他们绝不开口发言。其结果总是绕了冗长曲折的弯路，进行着毫不相关的、致命的重复（"他们一遍又一遍地重复着同样的言行，好像我们是白痴一样"，我的一个嫂子在进行过陪审服务后这样说道，不过她仍然喜欢这一陪审经历）。一场公平的听审并不意味着无止无休。双方律师通常会把工作做得非常出色，以至于法官只需要对提出的异议进行裁决即可。但是当需要节省陪审团的宝贵时间而不影响其明智性时，法庭应当使用其常设权力，将诉讼向前推进。

审判时间属于公众，它需要像其他任何公众财产一样得到保护。在一些民事案件尤其是那些为案情的复杂性和党内仇视所累的案件中，预先设定好审判时间是很合适的。在得到律师们对其所需时间的评估之后，法官照此预先设定好审判所需的时日，并将时间在两方之间平等划分，按照限额计算各方的询问时间（无论是直接询问还是交叉询问）。法官或者书记员计算着所用去的时日，在每天结束时可以告知各方当事人他们还余下多少时间。合理的变通肯定会存在——如果显示确有需要，当事人会获准延长时间——但是在实践中，审判几乎总是刚好在规定的时间点或者在规定的时间内即已结束。

如今，时间预算制度规定于联邦法院规则之中，但它一直都隶属于法庭的固有权力。在许多州,当事人对审判时间的需求远远超过了其供给,对于这一点,时间预算制度在如今尤其有所助益。这一技术如同其他任何技术一样,在运用时必须要有高灵敏度。当它被如此使用时,其结果几乎总是令人满意的。"在有了时间限制之后,我们有了更好的审判"——这是律师和诉讼委托人的典型评论。

现代的审判常常需要理解某一专门领域的证据。在理解复杂证据方面,陪审员们需要帮助——法官们也同样需要帮助——而帮助就近在手边。

电脑生成的汇总数据、录像带和其他科技奇迹能够使生活变得神秘。法官必须确保它们的应用公正无私——这意味着,一方面,电脑生成的戏剧化表现形式通常不应被采纳。尽管汇总数据如同记录着事发现场和事件实况的相片与录像带一样有用,但是,用计算机来再现一方是如何主张事件的发生,则往往太像一则力求在证据中争得一席之地的电视商业广告。

如果一方明显比另一方拥有更多的资源,而且会在需要耗费高技术的角逐中获得不公平的优势,那么可以采取一些方法保持竞技场呈水平状态——例如,可以通过做出指令,将电脑数据库等资源共享。

专家证人是科学或技术问题的主要解答者。在所有我们美国的审判实践中,最令欧洲来访者困惑不解的就是我们对党羽专家证人的使用。最为典型的是,在需要专家证言的场合——涉及医学、会计、机械设计、商业惯例、船上业务,或者许多其他专门领域——

每一方都会雇用自己的证人，付给他们薪酬，并帮他们为作证而做准备。法官履行守门人的职责，排除极不可靠的证言。但是即使是在以上屏蔽作用实现后，敌对两方专家证人之间的宣誓竞赛也是臭名昭著的。专家证人被直白地视作当事人的党羽。一个辩护训练项目中出庭律师的领导者最近将专家证人称为雇用方的"替补律师"。当然，有些专家证人正直诚实，属于真正的专家证人，他们不论后果是否会惹人不满，都会坚定勇敢地说出他们坚信之事。但是在许多案件中，留给陪审团的是冲突尖锐的专家意见和这样的感觉——各方所雇用的"枪炮"均不可信。

欧洲的方法则迥然不同：如果确有需要，那么法庭会委任一位专家证人来作证，以对法庭的查问提供帮助。双方当事人并不雇用专家证人。

与坚持抗辩制相一致，我们不应取消双方当事人唤请专家证人的权利，这些证人常常做着有价值的工作。但是我们必须让法庭更加出色、更加明智地运用委任自己专家证人的能力。一条联邦规则规定，法庭"有权自行选择委任专家证人"，各州的规则也都与此相似。其意图是，不论涉及何种领域，都要提高法官或陪审团对该领域的认识。在涉及建筑、会计、计算机技术、医学和其他专门领域的案件中，法庭委任的专家证人做出的证言都起到了良好的效果。有时候，他们的服务是没有薪酬的公益服务，也有时候，在双方当事人都很富裕时，他们会从诉讼当事人那里平等地获得补偿。双方均可对其进行公开的交叉询问。我们必须小心谨慎，确保陪审团将法庭委任的专家证人视为确有裨益的证人，而不是将其看做救星福音。但是，当法官们小心翼翼地使用手中的权力，将公平无私的专门知识带进审判中时，人们对党羽专家证人的失望大幅削减，而对审判的信心则不断提升。

在前几世纪混乱的审判中，陪审员们提出问题，打断证言，甚至与证人争辩。然而很久以来，在我们一直所处的时代里，陪审员是消极被动的。法官们害怕法庭上会冒出一些不合时宜的语词或者说出一些与案件毫不相关的话——他们也害怕，而且更加地害怕法庭里出现骚乱（秩序荡然无存、人群高声叫喊、法槌敲如雨点却始终无济于事）——因此，他们要求陪审员们只需静静地安坐、默默地聆听。法官通常会要求想提问题的陪审员平静下来，任何与案件相关的事情都会由律师们弄个水落石出。陪审员们曾经是案件的积极参与者，如今蜕变为了冷冰冰的容器。这种狭隘的态度使得陪审服务无论在有效性还是受喜爱性方面都达不到从前的程度。

一种吸引陪审员提问的公平方式已得到了发展。法官在程序一开始就解释其如何运作：有问题要问的陪审员将问题写在便条上交给书记员，再由其交给法官。法官默读便条，可以自己解答问题，也可以将便条交给律师考虑。如果问题超出了界限或者与案件不相关，也可以直接置之一旁不予理睬。

经验显示，陪审员们常常提出令人赞叹的问题。律师们的收获是，他们知晓了需要对哪些事项做出解释或者予以澄清。陪审员们的收获是，他们对案件加深了理解，而且获得了一种参与感。无论是合理性还是体面性，都没有缺失。

传统观点一向认为，陪审员们不应当做记录，因为这样做会将他们的注意力从证人身上转移,而证人的每一个举止表情与细微差别都应当予以认真观察。这里又有一种对陪审员毫无根据的不信任在隐隐作怪。几乎所有的法官都做记录,甚至在他们必须对证人的可信度予以评估的法官审当中也是如此。为什么要以不如法官的礼遇来对待陪审员呢?做记录有助于一些陪审员记住案情,对此,许多法院最后都予以许可了。在一场漫长的审判中,陪审员们也可以从协助记忆案情的物什中受益,例如贴有作证证人标签的相片,还有包含着双方关键物证复印件的笔记簿。

律师和法官痴迷地使用法律术语,这使陪审服务变得更为艰难,而实际情况却并不需要如此。是懒惰促使我们说"继……之后"而不说"在……之后",说"使文书生效"而不说"签订租赁合同",说"故意谎称"而不说"撒谎"。以下一例是陪审团通常经历的——在内华达州一场谋杀未遂案的审判中,法官对陪审团宣读了这样的指导辞:

> 在对犯罪的实际实行之前,故意的意图、预先冥想或者深思熟虑不必在被告人脑中存留一段长度的时间。在枪击被实施之前,如果能证明在此被告人脑中明显形成了恶意杀人的确定的计划或决心就已经足够了。

这段话中唯一精炼的表达是"在枪击被实施之前",而即使是这句话也使用了被动语态。这段话出自上诉法院的判决,而不论它本身会有多么深刻,对陪审团来说这都是一堆糟糕的言辞。在做出些许努力之后，陪审团会弄清这段指导辞的含义：

> 州方不必证明，被告人计划了很久要杀死另一人。只要证明他意图杀死另一人，并在此目的下实施了枪击行为，就已经足够了。

许多法律概念都夹杂着生僻词汇。陪审团有权让那些词汇获得清晰的翻译，也有权让法庭以直白的英语简练地给出指导辞，并给每位陪审员一份书面复印件。

躺在法律术语这一舒适的床垫上，比直白地讲话要更为容易。执法生涯似乎也刺激了人们对法律术语的痴迷使用。人们从不说走出汽车，他们总是说"退出"车辆。"他将其犬齿应用于车辆"，一位警方证人最近在我的法庭上这样说道。他并不是说他的警察同伴用犬齿咬了车胎，而是说他把狗带进车里去嗅探毒品。

戒掉法律术语就像戒烟一样：周围的每个人都会受益。

陪审室里的分歧和疑问常常会让陪审员提出问题，一般是以便条的形式送交法官。您能对"超出合理怀疑"解释得再深入一些吗？未能按时付款是否总是会构成违约？X的证词是说汽车闯了红灯，还是仅仅是说他对此并不确定？法官的传统答复一向是无所裨益的。他们会告知各位陪审员，"牢记证据，重读指导辞，然后对案件做出决断"。这倒是不费吹灰之力，但是如果法官在与律师磋商之后给出有意义的答复的话，效果会好得多。陪审员们有权获得更好的答复，而不是冷言冷语。在法官审中，当法官在最后辩论阶段向律师提问问题时，我们不能期望着法官会对律师不理不睬的态度感到满意，对待陪审员们提出的问题，应当有相似的尊重。

陪审团偶尔会送出便条，说陷入了僵局，并询问下一步应当怎么做。法官的传统答复可以总结为两个词：继续尝试。在刑事案件中，作为一项规则，以上告诫只能给出一次，以免陪审员们感觉到是被胁迫做出裁决。如果陪审员们还是不能达成一致意见，法官随之会宣布悬案陪审团和流审。尽管悬案陪审团的情形很少见，而且可能会导致双方和解而非重审，但是每个人都会感到失望和沮丧。如果更好地回复陪审室中送出的问题，许多悬案陪审团的情形都可以避免。当陪审团报告其陷入僵局时，法官可以询问各位陪审员，如果他们额外听取律师在案件某阶段的辩论是否会有所帮助。在民事案件中，如果陪审团对一些争议点产生了分歧，法官可以要求当事人提交更多有关这些争议点的证据。她可以询问，对某一法律问题的进一步指导是否会对陪审团有所帮助。通过这些方式的回应，而非阻挠妨碍，法官会为陪审团做出裁决开辟道路，同时也对双方保证公平。

以上这些都是张弛有度的改革，有些人也许会辩称这些改革还不够彻底。我相信，如果它们得到充分采纳，就会给我们的审判带来改革所需的精力集中、简短快捷和经济节约。它们赋予了陪审团应有之权，激活了法官作为探求真相的监督者的角色，同时保证了抗辩制生气勃勃、严密精确而又活力四射。譬如，若以这种方法处理辛普森大审判和怀特普莱恩斯诽谤案，其结局将会截然不同。

做出这些变革非常容易。其中大部分无需修正规则即可实现，由法官直接运用现存的权力就能使审判变得更好（例外情形是增加陪审员的薪酬、减少或者废除强制否决权，这些变革需要由立法做出改变）。当这些改革措施被采纳时，审判就会得到加强，而且没有副作用。所涉及的一切人群——陪审团与法官、当事人与律师还有社会公众——都会摆脱困境。

Chapter 10
The Church and the Streets
教堂与街区

对于诉讼，先行提起、后经审判——这一模式自不可追忆的时代起即已长存于我们脑海中。但是在现实中，这发生了一个根本性的改变。实际经过审判而得到处理的刑事案件仅有十分之一。其余所有的刑事案件几乎都是以辩诉交易的形式处理的。刑事司法体制为维持自身运作，有赖于协商基础上的认罪答辩。

在民事诉讼中，情形也大致相似。民事审判可以成为一件富含美感的事情，许多民事案件的审判也的确如此，但是至少90%的民事诉讼是以和解或者撤诉的形式终结的。

因此，在我们进行审判改革时，必须意识到多数案件并未历经审判。在审判之下，我们发展了一种和解法律文化。和解，而非审判，是当今美国处理诉讼的主要方法。回溯一下前几章的内容，我们已逐渐远离好斗的盎格鲁—撒克逊人的对决方式，而慢慢亲近黄金海岸的阿善提人的调解方法。我们摆好了架势、围住了彼此，却常常在对决没有完结时即已终止。

这一从审判到和解的巨大转变受到司法市场力量的影响，而这一转变既非预谋，也无故意。人们的纠纷需要解决。当审判成本高昂、风险过大、缓慢迟延时，为了满足解决纠纷的需要，人们就会另觅他途。在我们的社会里，人们转向了和解的方式。

对达成合意这一纠纷解决方式的强调，不仅不应令我们感到后悔，甚至还值得庆贺，但是在我们这一部分法律制度当中仍然存在着严重的缺陷。通常情况下，达成辩诉交易或者和解的关键性事件都发生在私人场合——在律师办公室、宣誓作证室、文书储藏室——庭审法官很少有所参与甚至觉察。在耗费的金钱、投入的时间和对结局的重要性方面，证据开示和协商通常就是球赛。然而大部分法官是把精力集中在审判上的，他们舒舒服服地待在法庭和办公室里，忽略了一片更大的空间，而这片空间却是大部分诉讼活动发生之处。在无数案件中被忽略的审前程序，已成为过分狂热的党羽活动以及随之而来的不公平结果的牺牲品。

法院一直好像是一座教堂，而预审（pretrial）就像教堂外的街区。在教堂里，一位身着黑袍的人主持一切，每个人举止温文尔雅，互道早安，在合适的时点跪拜，一同唱着赞美诗。但是大部分时间，会众们并不出现在教堂里。当他们身在街区时，手执棍子和球棒彼此厮打。

法官们需要走进这些街区，许多法官也正在这样做。与进行审判改革相比，在预审上做出改进更加困难，因为我们所处理的不是摆在法官面前的一个单一集中的事件，而是一系列事件，它们通常持续几星期或者数月之久，而且并非在法官面前发生。然而只有当制度的顶峰本身健康时，审判与陪审制才会是健康的。如果民事诉讼人在开始审前步骤之前就已经财力枯竭,如果迟延使得正义遥不可及,如果在辩诉交易的协商中无法真正听到刑事被告人的声音,如果预审中过分侵略性的或不诚实的行为偏有好报,那么审判就只不过成为博物馆的陈列品。

在民事诉讼中,证据开示——意指这样的预审程序:收集书证以及其他有形证据、提出与回答书面问题并进行宣誓——一直是个大问题。证据开示因不受节制而导致的成本——还有摩擦或隐瞒等证据开示战所产生的怨恨——会将案件真相彻底埋葬。

然而所有证据开示都公开接受司法监督。法官可以对时间和主题设定限制,法庭也可以通过裁决来这样做。例如,亚利桑那州如今将任何宣誓作证限制在 4 小时以内,除非所有当事人均同意延长时间或者法官做出延长的指令。在简易案件中,法官可以决定不走宣誓作证程序。一旦书证生成、证人名册互换,案件就准备进入调解或者审判程序。法官可以——而且几乎总是应当——设定一个确定的、较早的审判日期,并应牢记:作为帕金森定律①的变体形式,证据开示会变得拖沓,以耗完其结束之前可供利用的时间。除了迅速的审判,没有什么能够将成本的龙头拧得这样紧。而且,法官应让大家清楚,他愿意并能够对任何证据开示纠纷迅速做出裁决。这可以由一条设置基本规则的指令予以实现:民事行为会盛行,不会有阻碍性的策略与过度的程序重复,律师可以与法官举行电话会议

---

① Parkinson's Law:它是讽刺官僚机构的一个公式,指机关人员常按固定比率增加,消耗于内部扯皮的时间越多,人员增加越多,收入多,开支也大。——译者注

（conference call）以获得法官对任一证据开示纠纷的裁决。这就避免了推迟宣誓作证、提起书面动议、将书面动议进行简化归纳、然后再获得书面裁决的繁冗过程。这种方法带来了巨大益处，也几乎不需要律师给法官打电话，仅仅知道法官可资使用这一点，就很容易消除这些问题。当有电话打来时，法官通常可以立即接听或在休庭期间接听，并立即做出裁决。在证据开示存在巨大或复杂问题的案件里，证据开示官——如果当事人负担得起，可以是私人律师，由当事人对其支付补偿金——可经委任提供类似服务。通过这些方法，证据开示能够得到驯化。而当这一点真正实现时，律师们会与其他任何人一样感激涕零。

人们对和解的强烈渴求经过了漫长的历程。根据圣徒马太（Saint Matthew）的说法，耶稣说过："你同告你的对头还在路上，就赶紧与他和息，恐怕他把你送给审判官，审判官交付衙役，你就下在监里了。"我们已经有了忘记"赶紧"这一部分内容的趋势。原因在于，法庭一直将和解视作一种偶然事件，是诉讼的副产品，是完全留给当事人自行处理之事，是姗姗来迟的诉讼终结——在花掉了太多金钱、耗费了太多时间、倾注了太多情感之后的终结。意识到这一点的诉讼当事人正越来越多地转向替代性纠纷解决方法（Alternative Dispute Resolution［ADR］），它可以在诉讼的任何阶段予以使用。过去10年中，对ADR尤其是调解方法的使用显著增多，这标志着美国民事诉讼中的一个重大转变。尽管调解被称作一项"替代性"纠纷解决方法，但它正在迅速变成通行方式。它不仅不与陪审制相冲突，而且还以一种有益的方式成为陪审制的补充。

最先觉察到这一潮流的人中有一位叫杰拉德·夏岚（Gerard Shellan）——位于西雅图市的金县高等法院中一位众人钦慕的首席法官。多数工作日，在庭审开始之前的早晨七点钟，夏岚法官都要求自己出席和解会议。12 年中，他举行了大约 1200 场这样的会议，几乎全都非常成功。1989 年时，由于认为传统模式的证据开示与审判对多数人而言其成本已变得过于高昂，他辞去了法官职位，成为一名私人调解员。从那之后，在将很大一部分薪酬捐赠给慈善事业的同时，夏岚法官调解了 1800 多起诉讼案件，其中许多都极为复杂，有 95% 达成和解。他这样说：“现如今，大部分民事诉讼律师都期盼着调解而非审判成为必经程序。”在夏岚的帮助下，华盛顿大学法学院建立了调解培训项目和免费讲习所。

诉讼当事人纷纷涌向调解方式的原因至为简单：调解方式通过当事人负担得起和令其满意的过程提供着正义。调解员（不像仲裁员一样）并不做出决定或判决。相反，调解员是以中间人、咨询者、倾听者和穿梭外交者的身份提供服务，通过这种方式帮助双方当事人与其律师达成合意。只有当双方都愿意接受让步条件时，诉讼才会终结。

以审判方式需要耗费几星期才能解决的案件，若采用调解方式，可能只需半天时间。而且这一过程若进行良好的话，实现的效果将不仅仅是终结纠纷。它和审判一样，也给予了诉讼当事人出庭日的印象。他们获得了宣泄情感的机会——通常是在没有对方在场的情况下，对满怀同情的倾听者说出他们的主张，表达他们的情感。调解员们常常发现，当事人所需要的主要是一个讲述自己遭遇的机会。在这一点上，以及在调解员指导下达成意见一致的解决方法方面，当事人的情感得到了宣泄。当事人的情感需求和财力需求得到了满足，审判的成本、压力和风险也得以避免。

仲裁——由一位或多位私人选就的仲裁员决定案件的非正式审判方式——也变得大受欢迎，在2000年用这一方式解决的案件首次从数量上超过了法庭审判的数目。

私人ADR公司在每个大城市都已大量涌现，在这些公司中，退休法官和其他纠纷解决专家提供着服务。在执业律师中间，担任调解员或仲裁员已经成为一项新兴的、有利可图的专业行当。亚伯拉罕·林肯（Abraham Lincoln）在伊利诺伊州做一名杰出的出庭律师时，就预见到了这一行业的价值。"无论何时，只要能够的话，就劝说你的左邻右舍达成和解，"他向同事们建言，"向他们指明，名义上的赢家常常是实际上的输家——在律师费用、成本花销和时间浪费方面。作为一名和平秩序的创建者，律师有上好的机会来做好人。"教堂、邻里俱乐部和商业协会如今在纠纷解决方面提供着相似的服务，范围从家庭危机到专利侵权，无所不包。通常，最大的受益者是消息灵通、有着优秀代理律师的诉讼当事人。大公司在处理彼此间的诉讼时频繁地使用ADR——替代性纠纷解决方法。

问题并不在于ADR是否会大规模地获得成功——事实上它会——而在于是否会通过法院将其公开地提供给穷人以及富人。如果我们真的渴求人人享有正义，这一点就必须实现。

1998年的一项法律规定，所有联邦法院均应允许使用ADR，但国会只是试图赶得上已经席卷全国的现实步伐。关于我们应做出何种努力，旧金山联邦地区法院提供了一个典型的例子。在市法院法官（municipal judge）韦恩·布罗泽尔（Wayne Brazil）和前任法官罗伯特·佩克汉姆（Robert Peckham）的带领下，该法院发展了一套综合性的 ADR 选择方法，主要包括调解和早期中立评估（一位专家倾听双方当事人压缩精简过的主张，并给予他们有关各自诉讼前景的无拘束力的意见）。另一个例子是密苏里州的堪萨斯城联邦地区法院给出的，该法院雇佣了一位经验丰富的出庭律师肯特·斯耐普（Kent Snapp），将其聘为全职调解员，成果颇丰。斯耐普本已过上闲适的退休生活，但又重新回到了争讼之中，原因正如他自己所言，"我怀念那种压力与喧嚣"。一项研究显示，从 1994 年 5 月至 1996 年 12 月，堪萨斯城的联邦调解方法在律师费用和成本方面为诉讼当事人节省了 1600 万美元。还有一个例子发生在位于亚利桑那州菲尼克斯市的马里库帕县高等法院，该法院给大批 ADR 讲习所提供了解释性的小册子和适格中立者的花名册。

20 多年来，在西部华盛顿州的联邦地区法院，我们一直拥有一批律师志愿者，他们在民事案件中担任调解员。开始时，这一项目是用以缓解案件积压状况的临时性措施，但是岂料竟如此成功，而今它已然成为这一地区中联邦司法系统的主要依靠。大概在头 10 年里，律师调解员的任职没有补偿。数千案件在他们的帮助下得到解决。经年累月，这一项目逐步盛行，人们对调解员工作时间的要求不断增长，这些因素导致了规则的变化，即允许双方当事人在达成合意的条件下付给调解员薪酬。如今，多半情况下，调解员是根据合同获得补偿的。

民事诉讼的高昂成本与迟延审理不仅促使美国的法院，也促使欧洲的法院对传统出庭日发展出既迅速又经济的变体形式。荷兰人设计了一种颇受欢迎的方法,叫做考特盖丁(kort geding)。它起源于这样一种程序,该程序是用来决定是否应在一开始发布诉前禁令。按照这种新方法,在所有民事案件中都提供一场简短的听审会,法官简要地听取双方意见,然后告知他们,若走完传统诉讼程序的话各自会有何种命运。这一程序类似于美国部分地区使用的"早期中立评估"方法。一般情况下的结果会是达成和解,平均每个使用考特盖丁方法的诉讼会在诉讼开始后的6个星期内终结。据报道,人们对这一程序的满意度非常高。

与法院相联系的 ADR 项目正在全国范围内的州法院系统和联邦法院系统中蓬勃兴起,其中有一些启用了全职 ADR 专业人员。许多法官自己为诉讼当事人提供了其所需要的司法和解会议——一种调解形式。当然,这些措施都是不收费的。一位擅长帮助当事人达成合意的法官几乎总是能够获得成功。

在刑事诉讼中,辩诉交易——解决纠纷的主要方式——通常是在双方律师之间进行的,法庭并不予以协助。检察官与辩护律师会见、交谈,并决定诉讼应该怎样解决。检察官的主要杀手锏是,如若无法达成交易,那么被告人将面临更为严重的指控或者更重的刑罚。辩护律师的筹码则是,鉴于工作日程表满满当当,检察官和法庭都需要他们达成辩诉交易。

他们所达成的和解可能与案件事实没有多少联系,正因如此,一些批评家声称,辩诉交易颠覆了正义,理应被禁止。我认为这一提议既不明智也不可行。当事人应当拥有公平、自愿地对刑事案件达成和解的能力。尽管"自愿"是一个关键词,但是现如今,当辩诉交易被政府的高层谈判官员扭曲变形时，这个词常常只是空空作响。强制性量刑法律①——例如，有些法律要求对毒品交易者判处较重的固定刑期，不管其年龄多大，也不管有无减轻情节——卓有成效地将自由裁量权从法官转至检察官手中。有权通过减低指控或者宣布被告人"精诚合作"，从而将被告人从强制性刑期中豁免出来的，是检察官而不是法官。此种压力之大，使一些被告人不愿将命运交付审判，而宁肯承认自己犯有某些较轻罪行，虽然实际上其并未实施这些罪行。对合作证人——通常是被告人的同案犯，他们得到控方的许诺，如果做出对政府有利的证言，将会判处较轻刑罚，甚至可能免遭控诉——的使用使得这一过程进一步偏斜。这些证人的可信赖性值得怀疑，但他们常常是必不可少的。由于法官通常能够对合作者显示宽大仁慈之心，量刑差异也能变得甚为巨大：例如，6个企业家乘携带可卡因的同一飞机或者航船入境，可能获判的刑罚从缓刑至几十年监禁不等。

辩诉交易过程中最为亟须的是废除强制性刑期法律，这些法律剥夺了法庭在量刑方面使用常识以及使用纯熟合理判决的任何机会。这一举措会对恢复控辩双方的协商平衡大有帮助。不论有无这一改变，辩诉交易过程都需要中立的协助，对此，法庭应当予以提供。按照传统，法官们一直是袖手旁观的。法庭规则禁止庭审法官参与辩诉交易，其本意是防止出现交易胁迫。但是，同一法院的非庭审法官可以应当事人的请求而帮助其进行协商，对此，并没有任

---

① mandatory sentencing laws：是指明确规定的、判刑无伸缩性余地的法律规范。——译者注

何限制条件予以阻止。

一位年轻的墨西哥妇女的经历可以证明，我们能够做出何种努力。她被指控参与密谋散播可卡因。尽管她只是帮助其进行毒品交易的丈夫接了几个电话，而且之前也没有犯罪记录，但她还是面临着为期5年的强制性监禁刑。不论是检察官还是其他所有涉案人员，都认为这对她不公平——她从未亲自散播过毒品，家里还有幼小的孩子们需要抚养照顾——但是，检察官感到，他们根本无力对该妇女减低或者撤销指控。配合执法——这是她避开5年刑罚唯一可能的途径，若不这样做，量刑的法官将别无选择。她丈夫与其最亲密的同案犯已被审判定罪，因此她再做出对他们不利的证言已没有意义。但是，在政府努力探查其他可卡因供应者的过程中，她由于害怕而几乎无法提供帮助。惊恐不安的她面临着灾难。庭审法官在征得双方同意后，委任我协助他们进行辩诉交易的协商。我会见了该妇女，还会见了辩护律师、检察官和一名翻译人员。最初，这位年轻妇女太过害怕，几乎说不出话。我对她讲西班牙语让她放松——我的西班牙语说得不好也不流利（我还达不到这一标准），而且我的话并不涉及案情，而是关于她的家庭和家乡。当我们谈及眼下的案情时，我们启用了那名翻译，美国律师合理地提议说，她要回答三个简单问题——她是否在自己家中见过X，Y，Z三人——作为回报，政府会因此而宣布其精诚合作，5年的刑罚也会避免。这次，年轻妇女能够听懂自己的律师和我所说的话，她接受了这一要约。然后，在由双方律师参加的见面会上，她回答了政府的上述三个问题。几天之后，她做了认罪答辩，案件承办法官对其判处缓刑。她避免了5年牢狱之苦，她的几个孩子仍然能有自己的母亲。

可能有人会辩解说，强制性量刑法律不应迫使我们用此类招数来实现公正的结果，但是，有时候真的会这样。

在刑事案件中进行调解必须极为小心谨慎，不仅被告人和检察官的利益悬于一线，被害人与公众的利益同样也生死攸关。在没有中立者予以帮助的场合，一对一的辩诉交易可能会失败，而一名精明能干的调解员则能够出色地满足这些利益需求。

将法庭之手从"教堂"延伸至"街区"，这需要法官增加自身的多面性，也需要更多地使用各类代理人——全体律师、证据开示官和调解员。在不牺牲我们体制中任何有价值的部分的同时，这一转变会将我们朝欧洲的体制带近一步，那里的法官们在诉讼中比我们的法官更为积极主动。我们仍然会对重大案件进行审判，也会对所有需要审判者进行审判。但是，只有当司法体制将经济、公平和速度带进庭外那片广阔的诉讼领域，它本身才会完整健全。未来，当诉讼当事人走进法庭时，他们所期望的不仅是一场运作良好的审判——如果确证审判属于必需的话，更期望的是成本得到控制、诉讼得到管理以及在达成合意上得到专家的帮助。通过提供这些服务，法庭能够保持自身在纠纷解决中长居于中心地位。

Chapter 11
Litigation in the Twenty-first Century
21世纪的诉讼

我们此刻依然正行走于这样一条路上：它发端于"呐喊与大叫"的方法①，带我们经历了神明裁判或者魔法裁判的盛行、依理性与证据进行审判的发明、作为对专断权力的制约的陪审团之兴起、公平竞技规则的衍进，以及在高度工业化与多样化的社会中陪审团的民主化。我们会从眼下去向何方，这在很大程度上取决于我们自己。我们能够自行决定这条路将我们引至何处。

如果我们选择踏上一条康庄大道，那么我们的未来将焕然一新：陪审制不仅会得到维护，还会优于从前。那些低收入甚至无收入者将有机会走近司法。无论是法院还是邻里中心都能提供ADR，而且刑事诉讼中的辩诉交易也将免遭各方胁迫。在民事诉讼中，我们能够，可能也愿意对一个标准"出庭日"重新做出界定，即它并

---

① 有关该方法，请参见本书第三章内容。——译者注

不意味着一场完全彻底的审判,而是短暂的出庭,由愿意用心倾听、提出建议并帮助当事人达成合意的法官或其他中立者做出裁决。与此同时,我们也能够为那些真正需要审判的人提供充分而公平的审判。如果我们足够想要将这些变革谨慎地建立在现有制度的基础上,那么所有这一切都会在我们的负担能力之内,并对我们敞开大门。

法官能够完成许多必须做到之事,但是只有在律师也同样出色地完成各自的工作时,抗辩制——例如我们美国的抗辩制——才能兴旺繁荣。我们有充分的理由相信他们会做到这一点。如同其他的服务提供者一样,律师要服从市场的影响,人们要求获得高质量的、能负担得起的服务,他们必须对此做出回应。他们正在这样做,例如,他们正欣然接受ADR。除此之外,全国90万律师中,大部分都是良心未泯的专业人士,他们所关注的不只是律师费,也关注着正义,正如医生们不仅关注营业额,还关注民众健康。

我认识许多律师,他们以前和现在都深受敬慕,而这是十分公正的:他们信奉规则,正直真诚地对待对手,诚实守信地为诉讼委托人服务,并为值得献身的事业奉献了宝贵的时间。这样的律师,其实际数量远远多于公众所意识到的。然而,近30年间,律师界的良好声名与道德品行却明显下跌。美国律师协会诉讼部门的一位新任负责人——其自身也是一名杰出的出庭律师——称之为声誉上的"巨大转变":

如今,各行各业的民众——从公司主管到穷人无所不包

——都将我们律师这个整体视为社会的污点,是一群让民众开支巨大、优越感十足、漫天索价、不守道德、气量狭窄的兰博①。

有观点认为类似的事情已经发生,思虑深远的律师对这一观点表示赞同。最高法院于20世纪70年代做出裁决,律师协会与各州立法者不得禁止律师进行宣传或招揽业务。通过这一做法,最高法院改变了律师行业。如今,我们的社会仍挣扎于基本的底线,在这样的社会里,招揽客户的竞争增加而道德约束减少了,律师们以各种传统上认为不专业的方式争夺着生意②。白手起家者在脱口秀和记者招待会上吹嘘着自己的杰出才能。广告宣传和招揽客户活动到处泛滥,同时也普遍不受欢迎。律师间传统的礼让风度已经消退,同时,敌意与凌辱不断增长。公众是否获得了这些情形的帮助,值得怀疑,而确定无疑的是,律师界受到了损害。

美国律师协会职业行为规范规定,每一名律师"都有责任为那些无力支付费用的人提供法律服务,对那些处于劣势者所面临的问题亲力亲为将会是律师职业生涯中最有价值的经历之一"。许多州的律师职业规范都做了类似规定。然而,实际上,只有大约四分之一的执业律师在不同程度上进行了无偿服务工作,其余四分之三则常常以没有时间为辩解理由。"那里有着巨大的需求——尤其是政府在削减对穷人的法律援助。"一位成功的西雅图出庭律师马太·

---

① Rambos:兰博(Rambo)是美国影星史泰龙主演的电影《第一滴血》中的主人公。——译者注

② 此处指招揽诉讼委托人的业务。——译者注

肯尼（Matthew Kenney）说道。肯尼将一半的工作时间献给了无偿服务工作，除此之外他还努力劝说同事们进行无偿服务。虽然劝说中服务的期限要远少于自己的无偿服务工作时间，但是他的劝说并没有带来多少实际效果，别人大多做了空头承诺。

"你成为法官正当其时，"我以前的一位工作伙伴告诉我，"法律执业不再像以前一样是件乐事了。"

然而，即使在这个新环境下，每个律师仍然能够选择做个正直诚实、道德感强、在公众面前安静稳重的人。看似矛盾实则合理的一点是，那些做出如此选择的、有能力的律师与不做如此选择的律师相比，更易获得成功。而数十万律师做出这一选择，无疑是提升律师界良好声誉的一条途径。

今日，在律师界兴起了一场恢复律师职业崇高理想的强劲运动。我相信这一运动会取得成功，但是律师界——既承认自身在社会中拥有特权地位，也承认全国的穷人和中等收入群体的需求未获满足——需要在对公众的服务方面做出两点改进。律师界应当减少对"未授权的执业"的抵触，这一实践做法是由非律师进行的，他们帮助人们处理简单法律事务而不涉及唇枪舌剑的法庭诉讼程序——例如，处理简单的遗嘱和协议离婚问题。律师助理在经过训练后有能力处理此类事务，而对于任何全力以赴解决司法不公正问题的努力措施来说，壮大提供服务者的队伍十分关键。在无偿服务的理想和太少律师以行动实现这一理想的现实之间还存在着差距，律师界也需要填补这一差距。我们应当考虑提出这样一个要求：每位律师每年为那些付不起费用的人无偿工作若干小时或提供等量服务。一些法学院的学生最近也将强制性无偿服务采纳为一项对自己的毕业要求——这是一个慷慨大度的决定,标志着一场潮流正在兴起,令人备受鼓舞。

这一运动的成功也有赖于公众。任何法院系统所面对的公众都必须在大体上愿意遵守诉讼规则并顺服地接受相应结果。我们的法院尤其需要陪审员们出现——来现场报到并履行而不是逃避陪审义务——需要他们付出陪审所需的时间、公正无私地听审证据并机智聪慧地做出决定。如果美国公众竟变得如此四分五裂、自私狭隘、愚昧无知,以至于这些必要条件都无法满足,那么司法体制就会难以为继(其他任何制度也都会如此)。我认为这一切假设并不会真的发生。

联邦与各州的立法机关有权确保拨给法院系统的专款得到恰当地使用。问题从来都不是不能确保这一点,而是根本就拒绝提供资金以满足明白无误的需求。没有财力资源,负荷过重问题——在许多法院里这都是一个真正的危机——就无法根除。

向穷人伸张正义这一长期性难题也无法得到解决。如果美国每一位律师都匀出部分时间进行无偿服务工作,每个立法机关都为法院的运作和陪审员的补偿提供充足的资金,那么还需要做的一件事就是,把我们的司法体制之门向那些无力付费者敞开。满足这一需求得有拨款——款项要拨给公设辩护律师和法律援助的提供者,也要用于邻里纠纷解决中心的建立。这一成本将会合理适度,而获得的社会福祉则将无比巨大。

公众应该会支持提供合理的资金。最近,一项美国律师协会发起的调查得出了显著的统计数据：当邀请应答者估算一下有多少财政预算——联邦的、各州的以及当地的财政预算——用在了民事与刑事司法中时，他们的回答是，平均有27%。大部分人表示愿意向这些职能领域投入更多资金。他们脑中的印象无疑受到了审判在媒体上所起的显著作用的影响。

而正确的答案是仅有大约3%——其中又有五分之四流向了警方和纠错性职能领域。全国范围内，只有0.6%的公共资金流向了其余领域，包括法院。美国的法院——其中有一些法院为诉讼所淹没——只收到了0.2%的联邦预算资金。纳税人期待获得及时的正义，他们也愿意为此支付合理的成本；当立法者们认可这一点时，充足的资金也许才会接踵而至。

由于陪审团是法律文化的一部分，而法律文化的健康与其自身相连，因此本书将目光越过了法院耸立的高墙。我们的确需要改进，总体而言需要对社会做出改进——尤其在走近司法、消除贫穷与种族的影响方面——对法庭也需要做出改进。但是，为了让我们的司法体制在21世纪良好地运作，我们却没有必要将其主要特色弃如敝屣。

我们没有必要降低刑事裁决须意见一致的要求。意见一致规则成本微小而价值巨大，会使陪审员们一场一场地认真听审，也会不时地避免不公正的定罪。联邦法院系统在民事诉讼中也要求做出裁决须意见一致。多年来，几乎有30个州一直都允许做出非一致的民事裁决（例如10比2），这也是合理的。但是在全国范围内的刑事诉讼中，我们都应当坚持裁决须意见一致的立场。

我们没有必要预设陪审团小组名单，以此来确保少数族群能够得到更充分的代表。非洲裔美国人和西班牙裔美国人在陪审团中一直不容易得到充分代表。为对这一点做出救济，一些学者提议，通过在遴选名册上故意增加少数族群代表、减少等量白人名额，来降低陪审团遴选的随机性。但是这一观点背后的假定前提——认为陪审员们实际上会或者应当会作为种族代表或者利益集团代表进行投票——是错误的。我们这个国家由新教徒、天主教徒、犹太教徒、穆斯林、佛教徒、难以计数的其他教义的信奉者以及无神论者和不可知论者所共有。我们自己或者我们的祖先来自欧洲、亚洲、非洲以及美洲的各个角落。我们最为深刻的共同点是对法治的忠诚信仰。如果我们是按照种族、民族或任何其他因素而不是按照公民身份本身来遴选陪审团小组成员的话，这一共有的价值——它是司法的根基——就会遭受损害。使少数族群更多地参与陪审，其方法不能是人为操纵遴选名册，而是在消除陪审服务的经济障碍的同时，使遴选名册尽可能地具有包容性。

最为重要的是，我们没有必要废除陪审制。民众中公平与才智依然是主流，自治的基础依然存在。每个人都知道，我们有时选了一些傻瓜去就任公职、甚至去对抗劲敌，但是很少有人主张说应当废除选举制度。相反，我们发誓要做得更好——给予选举制度更多关注、增加投票率、使合格候选人登记备案，甚至可能限制金钱在政治中的有害影响。我们的目标是让选举制度变得更好，而不是将之抛弃。对待民主制度的另一个伟大发明——陪审团，我们的态度也应如此。

随着新世纪的开始，陪审团在工作中常常面临难题。我们的诉讼之路已从简单的农田边界纠纷到了电脑软件版权之争,从偷盗牲畜到了证券欺诈,从原始的宣誓竞赛到了处于技术边缘的证据对抗。种族与经济对立仍在继续烦扰着我们。然而,陪审团在向我们展示,法庭正义依旧安然无恙地握在人民手中。在工作的复杂性和陪审员所感觉到的对立压力方面,陪审团面临着全新的挑战。但是如果我们给予它公平的机会,陪审团就能够获得成功,正如它在过去取得了成功一样。这意味着改善陪审团在法庭的工作条件、它所接收的信息和指导以及它周围的司法体制。

威廉·佩恩在1670年的审判中曾经恳求诸位陪审员"不要放弃你们的权利",让我们牢记当时所发生的一切。"我们永远也不会放弃,"陪审席上传来一个声音。① 我们也该做出同样的回答。

---

① 该段内容请参见本书第四章。——译者注

注　释[*]

读者在本书中能够瞥见一个庞大体系的全貌，其文献目录自身即可以堆为一册巨著，以下注释仅仅罗列了重要的著作、文章与案例汇编。对于那些意欲阅读更多关于陪审制的内容的读者，我推荐六部不可不读的著作。

Alexis de Tocqueville, *Democracy in America*, trans. Francis Bowen, ed. Phillips Bradley(New York: Alfred A. Knopf, 1976 [1840])，该书包含了对作为一种政治机制的陪审团的经典分析。Jerome Frank, *Courts on Trial* (Princeton, N.J.: Princeton University Press, 1949)，该书给我留下了深刻印象，我认为它在许多方面的见解都是错误的，但是该书常常被人引用，并一直是对陪审团的犀利批评。Harry Kalven, Jr. 和 Hans Zeisel, *The American Jury* (Boston: Little, Brown, 1966)，是运用社会科学的方法对陪审团的业绩表现进行评

---

[*] 本书引述与参考的文献资料浩如烟海，原作者仅将最为重要者列出。译者遵循作者的标注方式，以章节为单位，标出注释内容所在的中文页码的位置。敬请读者留意。——译者注

估的第一部主要著作。Jeffrey Abramson, *We, the Jury* (New York: Basic Books, paperback ed., 1995),该书讲述了刑事陪审团以及它与美国人的自由之间的联系的历史,是部一流的著作。一部法律评论,"The American Civil Jury: Illusion and Reality", 48 *De Paul Law Review* No. 2 (1998),彻底分析了对20世纪后期民事陪审团的业绩表现所做的研究。*World Jury Systems*, ed. Neil Vidmar (New York: Oxford University Press, 2000),该书描述了多种世界上现存的陪审制并评价了它们各自的优缺点。

导言

第4页

Tocqueville 的引言出自 *Democracy in America*, p. 285。

第4—5页

"有大约150万美国人充任陪审员……"这一估算来自 National Center for State Courts. 参见 Paula L. Hannaford, et al., "Haw Judges View Civil Juries", 48 *De Paul Law Review* 247, 252 n. 25 (1998)。

人数/国会代表的数字出自:*Historical Statistics of the United States*, vol. 2 (Washington, D. C.: United States Bureau of the Census, 1975), p. 1084; J. D. B. DeBow, *Statistical View of the United States* (Washington, D. C.: United States Senate, 1854), p. 82; 以及 Steven A. Holmes, "After Standing Up to Be Counted, Americans Number 281,421,906", *New York Times*, December 29, 2000, A1。

第一章 危急中的陪审团

第2页

有关"自由政府的守护神",参见:*The Federalist* No. 83, 499 (Alexander Hamilton), ed. Clinton Rossiter (New York: New American Library, 1961)。

有关"如果要我决定……",参见:*The Papers of Thomas Jefferson*, 1789, vol. 15, ed. Julian P. Boyd and William H. Gaines, Jr. (Princeton, N. J.: Princeton University Press, 1958), 282 – 83。

有关"极大的时代错误",参见:Franklin Strier, "Justice by Jury Is a Myth", *Los Angeles Times*, July 18, 1994, B7。

第2 – 3页

有关金钱在初选进程中的作用,参见:David S. Broder, *Democracy Derailed* (New York: Harcourt, 2000)。

有关投票权的历史以及现在选民对投票的冷漠态度,参见:Alexander Keyssar, *The Right to Vote: The Contested History of Democracy in the United States* (New York: Basic Books, 2000)。

第3 – 4页

首席大法官 Burger 有关民事陪审团的论述,参见:Warren E. Burger, "Agenda for Change", 54 *Judicature* 232, 234 – 35 (1971);"The State of the Federal Judiciary—1971", 57 *American Bar Association Journal* 855, 858 (September 1971);以及"The Use of Lay Jurors in Complicated Civil Cases", Remarks to the Conference of State Chief Judges (August 7, 1979)。

Michael Lind 关于刑事陪审团的论述,参见:"Jury Dismissed",载于 *Postmortem: The O. J. Simpson Case*, ed. Jeffrey Abramson (New York: Basic Books, 1996)。

Babiarz 法官的话引自 Mark Curriden, "Tipping the Scales", *Dallas Morning News*, May 7, 2000, 1A。

Valerie Hans 的话引自 Mark Curriden, "Putting the Squeeze on Juries", 86 *American Bar Association Journal* 52 (August 2000)。

Alschuler 教授的评论出自其文章, "Explaining the Public Wariness of Juries", 48 *De Paul Law Review* 407, 411 (1998)。

Posner 法官的预言出自其文章, "Juries on Trial", 99 *Commentary* 49 (1995)。

第 4—6 页

有关 Wilson 州长要求陪审团裁决的做出不必意见一致,参见: Bill Boyarsky, "The O. J. Simpson Murder Trial: Unanimous Verdicts Also on Trial", *Los Angeles Times*, July 19, 1995, A17。

有关联邦的刑事指控由陪审团审判的比例,参见:William Glaberson, "Juries' Role Erodes in Nation's Courtrooms", *New York Times*, March 2, 2001, A1。同一篇文章指出,关于陪审团做出的某些种类的损害赔偿裁决,联邦上诉法院现在正推翻的数目是其十年前推翻的两倍。也可参见: Kevin M. Clermont 和 Theodore Eisenberg, "Anti-Plaintiff Bias in the Federal Appellate Courts", 84 *Judicature* 128 (2000)。

有关德克萨斯州围绕陪审团裁决之争,参见:Wal-Mart Stores,

Inc. v. Gonzales, 968 S. W. 2d 934 (Tex. 1999), 以及引自这一判决的早期案例。

有关不再将全部案件交由陪审团审理,参见系列杰作:Mark Curriden 和 Allen Pusey, "Juries on Trial", *Dallas Morning News*, May – Nov. 2000. King 教授的引言见于该报 May 7, 2000, 24A。

最高法院的专利案件为 *Markman v. Westview Instruments, Inc.*, 517 U. S. 370, 388 (1996)。

支持"复杂案件例外"制度的理由可参见:*In re Japanese Electronic Products Antitrust Litigation*, 631 F. 2d 1069, 1088 – 89 (3rd Cir. 1980)。反对理由参见:*In re United States Financial Securities Litigation*, 609 F. 2d 411, 430 – 31 (9th Cir. 1979)。

有关民事案件中增多适用简易判决,参见:Charles A. Wright, et al., *Federal Practice and Procedure* (1995 & Supp. 1999), at §2529; James A. Henderson 和 Theodore Eisenberg, "The Quiet Revolution in Products Liability: An Empirical Study of Legal Change",37 *U. C. L. A. Law Review* 479 (1990); Eric Schnapper, "Judges Against Juries: Appellate Review of Federal Civil Jury Verdicts",1989 *Wisconsin Law Review* 237。

有关"我们要陪审团到底还有何用?",参见:William Glaberson, "Juries, Their Powers Under Siege", *New York Times*, March 2, 2001, A1。

第 6 – 8 页

有关陪审团义务的低回应率,参见:Robert G. Boatright, "Why

Citizens Don't Respond to Jury Summonses and What Courts Can Do About It", 82 *Judicature* 156 (1999)。

第 6 页

有关英格兰陪审团衰落的潮流,参见:Sally Lloyd – Bostock 和 Cheryl Thomas, "The Continuing Decline of the English Jury", *World Jury Systems*, ch. 2. "[A] different brand of justice altogether": D. J. McBarnet, *Conviction: Law, the State and the Construction of Justice*, quoted in Lloyd – Bostock and Thomas, p. 89。

Ronald Jay Cohen 的话引自 Mark Curriden, "Putting the Squeeze on Juries", 86 *American Bar Association Journal* 52 (August 2000)。

第二章 文明的争斗

第 9 页

有关 Brown v. Board of Education 一案的报告,可见于 347 U. S. 483 (1954)。

第 10 – 14 页

对 Hamilton 和 Burr 之间决斗及其历史背景的描述可见于 Joseph J. Ellis, *Founding Brothers: The Revolutionary Generation* (New York: Alfred A. Knopf, 2000),以及 Arnold A. Rogow, *A Fatal Friendship: Alexander Hamilton and Aaron Burr* (New York: Hill and Wang, 1998)。Ellis 教授分析了开枪时可能发生的情况,我接受了他的观点。相关描述也可见于二人的传记中:John C. Miller, *Alexander*

Hamilton: Portrait in Paradox (New York: Harper, 1959); Richard Brookhiser, *Alexander Hamilton, American* (New York: The Free Press, 1999), 以及 Milton Lomask, *Aaron Burr: The Years from Princeton to Vice President*, 1756 – 1805 (New York: Farrar, Straus, and Giroux, 1979)。

对决斗的政治意义的分析可见于 Joanne B. Freeman, "Dueling as Politics: Reinterpreting the Burr – Hamilton Duel", 53 *William and Mary Quarterly* (April 1996)。

针对 Burr 的生平与不幸, Gore Vidal 的小说 Burr (New York: Ballantine Books, paperback ed., 1990) 表达的滑稽观点与多数见解背道而驰。

第 14 – 21 页

有关 Cain 与 Abel 的内容见于: Genesis 4:1 – 17。

有一本法律人类学著作短小精悍, 带有参考书目, 该书为 Simon Roberts, *Order and Dispute: An Introduction to Legal Anthropology* (New York: St. Martin's Press, 1979)。该领域的杰作有 Bronislaw Malinowski, *Crime and Custom in Savage Society* (London: Kegan Paul, 1926), 以及 E. Adamson Hoebel, *The Law of Primitive Man* (Cambridge, Mass.: Harvard University Press, 1961)。

John H. Wigmore, *A Kaleidoscope of Justice* (Washington, D. C.: Washington Law Book Co., 1941), 该书提供了世界各地诉讼体制的简介。

Law: A Treasury of Art and Literature, ed. Sara Robbins (New

York: Hugh Lanter Levin Associates, Inc., 1990),该书抽取了一些古代与现代审判的故事与方法,并做了精彩的例证。

第21-22页

古希腊悲剧诗人 Sophocles 曾提及古希腊的一场烙铁神判。一位卫兵否认他与其同伴实施了掩埋被杀敌人尸体的禁止行为:

> 我们都已准备就绪,将烙铁拿在手中
> 经过火的检验,以神灵与上天宣誓
> 我们没有这样做,连那些想过要这么做的人
> 也不认识,更别说这样做了。

见于 Sophocles, *Antigone*, 载于 *The Theban Plays*, trans. E. F. Watling (New York: Penguin Books, 1951), p.133。

对 Barotse 族人神灵审判的描述出自 Margaret Carson Hubbard, *African Gamble* (New York: G. P. Putnam's Sons, 1937), p.129。

第22-25页

"除了言辞,没有别的东西能使我们成其为人……"的话出自 Michel de Montaigne, 1 *Montaigne Essays*, trans. John Florio (London: J. M. Dent, 1980), p.47。

Abrams v. United States 一案报道于 250 U. S. 616 (1919)。对 Holmes 大法官的意见的阐述,可见于 Anthony Lewis, *Make No Law: The Sullivan Case and the First Amendment* (New York: Random House,

1991)。

第 25 – 26 页

对审判和戏剧效果之间的密切关系的描述,可见于 Milner S. Ball, "The Play's the Thing: An Unscientific Reflection on Courts Under the Rubric of Theater", 28 *Stanford Law Review* 81 (1975)。

"生活就是在描绘一幅图画……"一语出自: "Address to the Fiftieth Anniversary of the Harvard Graduating Class of 1861 (June 28, 1911)", 载于 *The Occasional Speeches of Justice Oliver Wendell Holmes*, ed. Mark D. Howe (Cambridge, Mass.: Belknap Press, 1962), p. 161。

第三章 从神的启示到人的裁决

第 27 – 33 页

有关一千年前英格兰的生活,在以下著作中能够瞥见: Christopher Brooke, *From Alfred to Henry* Ⅲ, 871 – 1272 (New York: Norton, 1969); Robert Howard Hodgkin, *A History of the Anglo – Saxons* (London: Oxford University Press, 1939); 以及 R. I. Page, *Life in Anglo – Saxon England* (New York: G. P. Putnam's Sons, 1970)。

翻译成现代英语的 Ælfric 的布道样本由以下著作给出: *Anglo – Saxon Prose*, ed. 和 trans. Michael Swanton (London: J. M. Dent, 1975)。

第 33 – 38 页

对古老的英国审判方法充满才智且完全无怀旧情结的描述可见

于 Charles Rembar, *The Law of the Land: The Evolution of Our Legal System* (New York: Simon & Schuster, 1980), 也可参见: Alan Harding, *A Social History of English Law* (London: Penguin Books, 1966)。

第 39 – 44 页

关于陪审制的兴起,可参见: Theodore Frank Thomas Plucknett, *A Concise History of the Common Law*, 5th ed. (London: Butterworth & Co., 1956); R. C. van Caenegem, *The Birth of the English Common Law*, 2d ed. (Cambridge, England: Cambridge University Press, 1988); Leonard W. Levy, *The Palladium of Justice: Origins of Trial by Jury* (Chicago: Ivan R. Dee, 1999); Rembar, *The Law of the Land*; 以及 Stephan A. Landsman, "A Brief Survey of the Development of the Adversary System",44 *Ohio State Law Journal* 713 (1983)。

英国当地法院有别于皇家法院,对其重要性的审视可见于 John P. Dawson, *A History of Lay Judges* (Cambridge, Mass.: Harvard University Press, 1960)。

第 44 页

有关现代审判中存活的非理性价值,参见: Moffatt Hancock, "Conflict, Drama and Magic in the Early English Law," 14 *Ohio State Law Journal* 119 (1953)。

第 44 – 50 页

Regina v. Dudley and Stephens 一案报告于 14 Q. B. D. 273

(1884)。A. W. Brian Simpson, *Cannibalism and the Common Law: The Story of the Tragic Last Voyage of the Mignonette and the Strange Legal Proceedings to Which It Gave Rise*（Chicago: University of Chicago Press, 1984）一书详述了该案和失事船员同类相食的历史，令人难忘。

有一篇经典文章利用一个虚构的案件给法庭提出了相似困境，该文章是 Lon L. Fuller, "The Case of the Speluncean Explorers", 62 *Harvard Law Review* 616（1948）。半个世纪之后，颂扬 Fuller 教授该文章的附笔可见于 112 *Harvard Law Review* 1834（1999）。

Whitman 的诗《我坐着展望》首次出版在 1860 年的 *Leaves of Grass* No. 17，其现在的格式出现于 1871 年。

第四章 挣脱束缚的陪审团

第 52—54 页

对 William Penn 生平事迹的讲述可见于 Catherine Owens Peare, *William Penn: A Biography*（Philadelphia: Lippincott, 1957），以及 Mary Maples Dunn, *William Penn: Politics and Conscience*（Princeton, N. J. : Princeton University Press, 1967）。他的书信被收集在 *The Papers of William Penn*, ed. Mary Maples Dunn and Richard S. Dunn（Philadelphia: University of Pennsylvania Press, 1981）。

第 54—59 页

关于刑事陪审团审判的演进，参见：Thomas Andrew Green, *Verdict According to Conscience: Perspectives on the English Criminal Trial*

Jury, 1200 – 1800 (Chicago: University of Chicago Press, 1985), 以及 John H. Langbein, "The Criminal Trial Before the Lawyers", 45 *University of Chicago Law Review* 263 (1978)。

"不需要什么技巧方式……"一语出自 William Hawkins, *A Treatise of the Pleas of the Crown*, vol. 2, 6th ed., ed. Thomas Leach (Dublin: Eliz. Lynch, 1788), ch. 39, §2, at 564。

Thomas Smith 爵士对英国刑事审判的描述可见于 *De Republica Anglorum* (1583)。

第 59 页

Green 的引言出自 *Verdict According to Conscience*, p. 98。

第 61 – 62 页

The Diary of Samuel Pepys, vol. 1, ed. Robert Latham 和 William Matthews (London: Harper Collins, 1995), p. 265。

第 62 – 70 页

有关 Penn 与 Mead 审判一案，主要资料来源为 "The Trial of William Penn and William Mead, Told by Themselves", 6 *State Trials* 951 (1742)。

第 70 – 72 页

首席大法官 Vaughan 在 1671 年对 *Bushel's Case* 一案所做的意见书见于 124 Eng. Rep. 1006。对该案的分析可见于 Green, *Verdict*

According to Conscience, pp. 200 - 64。

如欲对比美国陪审团和其他"英美法的继受者",参见:"The Common Law Jury",62 *Law and Contemporary Problems* No. 2, ed. Neil Vidmar (1999),特别是 Nancy Jean King,"The American Criminal Jury",以及 Stephan Landsman,"The Civil Jury in America"关于这一话题的相关部分。

第 72 页

宾夕法尼亚对陪审制的保障始于 1682 年,对其阐述可见于 *The Earliest Printed Laws of Pennsylvania*, 1681 - 1713, ed. John D. Cushing (Wilmington, Del.: Michael Glazier, 1978), p. 202。

第五章 美国陪审团和自由

第 73 - 75 页

标准的"不论你们是否同意"的指导辞出自 *Benchbook for U. S. District Court Judges* (Federal Judicial Center, 1995), p. 95。

有关对加利福尼亚堕胎抗议者的审判,参见: Alan W. Scheflin 和 Jon M. Van Dyke, "Merciful Juries: The Resilience of Jury Nullification", 48 *Washington and Lee Law Review* 165, 181 - 82 (1991); Irene Jackson, "DA's Office Decries Jury - Nullification Ad", *San Diego Union - Tribune*, January 26, 1990, B1; Michael Granberry, "Abortion Protest Juries Told to Ignore Nullification Ad", *Los Angeles Times*, January 27, 1990, B1。

上述所引 Scheflin 和 Van Dyke 的文章给出了针对陪审团小组成

员赞成陪审团否决权的传单与广告的例子。

"陪审团权力全套信息组件"由 FIJA, P. O. Box 59, Helmville, MT 59843 - 9989 提供。

给西雅图编辑的信函出自 *Leschi News*, June 1998。

第 76 - 83 页

Zenger 审判一案的第一手资料是 James Alexander, *A Brief Narrative of the Case and Trial of John Peter Zenger* (*1735*) (Cambridge, Mass.: Harvard University Press, 1963)。一本简短的插图本传记对 Zenger 其人其事进行了艺术再现,此传记为 Livingston Rutherfold, *John Peter Zenger* (New York: Chelsea House, 1981)。也可参见:John Guinther, *The Jury in America* (New York: Facts on File Publications, 1988)。

第 83 - 85 页

有关陪审团与美国独立战争,参见:Albert W. Alschuler and Andrew G. Deiss, "A Brief History of the Criminal Jury in the United States",61 *University of Chicago Law Review* 867 (1994)。

"以避免被像马一样骑乘"一语见于:Boston Gazette, Jan. 27, 1766, 引自 1 *Papers of Adams*, vol. 1, ed. Robert J. Taylor (Cambridge, Mass.: Belknap Press, 1977) p. 169。

第 85 - 87 页

最高法院的陈述出自 *Duncan v. Louisiana*, 391 U. S. 145, 155

(1968)。

"清晰的头脑……"一语出自 Richard E. Ellis, *The Jeffersonian Crisis: Courts and Politics in the Young Republic* (New York: Oxford University Press, 1971), p.115。

"那种认为……的观点是荒谬不堪的"一语出自 *Legal Papers of John Adams*, vol. 1, ed. L. Kinvin Wroth and Hiller B. Zobel (Cambridge, Mass.: Belknap Press, 1965), p.230。

John Jay 的指导见于 *Georgia v. Brailsford*, 3 U.S. (3 Dall.) 1, 4 (1794)。

有关陪审团否决制的兴盛与衰落,参见:Jeffrey Abramson, *We, the Jury*; Alan Scheflin 和 Jon Van Dyke, "Jury Nullification: The Contours of a Controversy", 43 *Law and Contemporary Problems* 51 (1980), 以及 Scheflin 和 Van Dyke, "Merciful Juries"。

对美国陪审团法律发现功能和殖民时代管理权力的历史性总结,可见于 Matthew P. Harrington, "The Law-Finding Function of theAmerican Jury", 1999 *Wisconsin Law Review* 377。

第87-88页

有关 *Sparf and Hansen v. United States* 一案的报告,见于 156 U.S. 51 (1895)。

第88-90页

Abramson 和其他许多学者都讨论了《逃奴法》系列案件。最近,一本关于 Minkins 案件的优秀著作为 Gary Collison, *Shadrach*

Minkins: *From Fugitive Slave to Citizen* (Cambridge, Mass.: Harvard University Press, 1997)。也可参见: Stanley W. Campbell, *The Slave Catchers: Enforcement of the Fugitive Slave Laws*, 1850 – 1860 (Chapel Hill: University of North Carolina Press, 1970)。

第 90 – 91 页

私煤案件可见于 William E. Leuchtenburg, *Franklin D. Roosevelt and the New Deal 1932 – 1940* (New York: Harper Torchbooks, 1963), p. 25; Louis Adamic, *My America* (New York: Harper, 1938), pp. 316 – 24。

第 91 – 93 页

有关越战抗议者案件,可参见: Steven E. Barkan, *Protesters on Trial: Criminal Justice in the Southern Civil Rights and Vietnam Antiwar Movements* (Rutgers, N. J.: Rutgers University Press, 1985); Joseph L. Sax, "Conscience and Anarchy: The Prosecution of War Resisters", 57 *Yale Review* 481 (1968)。

第 93 – 95 页

有关 Kevorkian 医生的案件,参见: Pam Belluck, "Dr. Kevorkian Is a Murderer, Jury Finds", *New York Times*, March 27, 1999, A1。

有关禁酒时期的案件,参见: Kalven and Zeisel, *The American Jury*, pp. 291 – 93。

有关旧金山打击卖淫业的案件,参见: Scheflin and Van Dyke,

"Jury Nullification: The Contours of a Controversy"。

有关偷猎案件,参见:Kalven and Zeisel, *The American Jury*, pp. 287-89。

有关 Marion Barry 案件,参见:Jonathan I. Z. Agronsky, *Marion Barry: The Politics of Race* (Latham, N. Y.: British American Publishing, 1991)。

有关 Oliver North 案件,参见:Jeffrey Toobin, *Opening Arguments: A Young Lawyer's First Case: United States v. Oliver North* (New York: Viking, 1991)。上诉案件的报告可见于 910 F. 2d 843 (1990)。

有关 Emmett Till 案件,参见:Stephen J. Whitfield, *A Death in the Delta: The Story of Emmett Till* (New York: The Free Press, 1988)。Scottsboro 案为 *Powell v. Alabama*, 287 U. S. 45 (1932)。

关于对 Sam Bowers 认定构成谋杀罪以及 Vernon Dahmer, Jr. 的评论的报告,可见于 Rick Bragg, "Jurors Convict Former Wizard in Klan Murder", *New York Times*, August 22, 1998, A1。

第 98-99 页

有关不需要对陪审团否决权有所忌惮,参见:Jack B. Weinstein, "The Many Dimensions of Jury Nullification", 81 *Judicature* 168 (1998)。然而,对于陪审团基于良心无罪开释的能力,一些法庭并不将其视为法律所需要的有利部分,而是认为其会招致失法状态。参见:*People v. Williams*, 21 p. 3d 1209 (Cal. 2001)。

有关在这方面要告知陪审团什么内容,相反的观点在下述案件中得到了雄辩有力的陈述:*United States v. Dougherty*, 473 F. 2d 1113

(D. C. Cir. 1972)。

第六章　游戏规则
第 100 – 125 页

The Salem witch trials 的主要来源是 *The Salem Witchcraft Papers: Verbatim Transcripts of the Legal Documents of the Salem Witchcraft Outbreak of 1692*, 3 vols., ed. Paul Boyer and Stephen Nissenbaum (New York: Da Capo Press, 1977)。有关这一主题的众多著作有, Frances Hill, *A Delusion of Satan: The Full Story of the Salem Witch Trials* (New York: Doubleday, 1995); Peter Charles Hoffer, *The Salem Witchcraft Trials: A Legal History* (Lawrence: University Press of Kansas, 1997); Chadwick Hansen, *Witchcraft at Salem* (New York: George Braziller, 1969), 以及 John Putnam Demos, *Entertaining Satan: Witchcraft and the Culture of Early New England* (New York: Oxford University Press, 1982)。一篇颇有见地的文章是 "The Witches of Salem Village", 载于 Kai T. Erikson, *Wayward Puritans: A Study in the Sociology of Deviance* (New York: Wiley, 1966)。Frances Hill, *The Salem Witch Trials Reader* (New York: Da Capo Press, 2000) 一书对节选的当代文件进行了复述与评论。Arthur Miller 以审判为基础的剧本 *The Crucible*, 观赏与阅读都很精彩, 企鹅出版社有平装版本发行。

第 125 – 126 页

Walter Ralegh 爵士一案报道于 *State Trials*, vol. 2 (1603), 其描述可见于 Richard O. Lempert and Stephen A. Saltzburg, *A Modern Ap-*

proach to Evidence: Text, Problems, Transcripts, and Cases, 2d ed. (St. Paul, Minn.: West Publishing Co., 1982), p.349。有关证据规则的兴起,可见于一部优秀的古籍,James Bradley Thayer, Preliminary Treatise on Evidence at the Common Law (Boston: Little, Brown, 1898)。也可参见:J. M. Beattie, *Crime and the Courts in England, 1660 – 1800* (Princeton, N. J.: Princeton University Press, 1986); Stephan Landsman, "The Rise of the Contentious Spirit: Adversary Procedure in Eighteenth Century England," 75 *Cornell Law Review* 497 (1990),以及 John H. Langbein, "Historical Foundations of the Law of Evidence: A View from the Ryder Sources", 96 *Columbia Law Review* 1168 (1996)。Mirjan R. Damaska 在 *Evidence Law Adrift* (New Haven, Conn.: Yale University Press,1997)一书中辩称,陪审团审判与当事人对事实收集的控制正在减弱,结果证据规则丧失了精神支柱。

第 127 – 128 页

"世上不存在这样的好人……" 引自 *Montaigne Essays*, vol. 3, 239。

James Fenton 的诗引自 *Children in Exile: Poems 1968 – 1984* (New York: The Noonday Press, 1994), p. 31(经许可后翻印)。

法律职业的盛衰浮沉记载于 Lawrence M. Friedman, *A History of American Law*, 2d ed. (New York: Simon and Schuster, 1985)。

第 128 – 130 页

有关刑事被告人的宪法保护措施,参见:Richard C. Cortner, *The*

Supreme Court and the Second Bill of Rights: *The Fourteenth Amendment and the Nationalization of Civil Liberties* (Madison: University of Wisconsin Press, 1981); Anthony Lewis, *Gideon's Trumpet* (New York: Random House, 1964); Morton J. Horwitz, *The Warren Court and the Pursuit of Justice* (New York: Hill and Wang, 1998), 以及 Joseph G. Cook, *Constitutional Rights of the Accused* (Rochester, N.Y.: Lawyers Cooperative Publishing Co., 1974)。时下关于一条被指控者的保护措施的文章收集在 R. H. Helmholz, et al., *The Privilege Against Self – Incrimination*: *Its Origins and Development* (Chicago: University of Chicago Press, 1997)。也可参见: Leonard W. Levy, *Origins of the Fifth Amendment*: *The Right Against Self – Incrimination* (New York: Macmillan, 1986)。

第 130 – 133 页

有关反共产党人的歇斯底里和结果的不公正, 参见: Richard M. Fried, *Nightmare in Red*: *The McCarthy Era in Perspective* (New York: Oxford University Press, 1990); Griffin Fariello, *Red Scare*: *Memories of the American Inquisition* (New York: W. W. Norton & Co., 1995), 以及 Richard H. Rovere, *Senator Joe McCarthy* (New York: Harcourt, Brace, 1959)。有关一位妇女在联邦忠诚计划下的苦难经历, 详述于 Selma R. Williams, *Red – Listed*: *Haunted by the Washington Witch Hunt* (Reading, Mass.: Addison – Wesley, 1993)。

第 133 – 134 页

有关参议院围绕是否超出 Starr 的报告范围而听取证据的辩论,

可参见：Allison Mitchell,"The Trial of a President: The Overview; Senate, in Unanimity, Sets Rules for Trial; Witness Issue Put Off," *New York Times*, January 9, 1999, A1。

对 Hill – Thomas 尴尬处境的分析见于 Stephan Landsman,"Who Needs Evidence Rules, Anyway?", 25 *Loyola of Los Angeles Law Review* 635,635 – 38(1992)。

"自由存在于无数男女的内心……"引自 Gerald Gunther, *Learned Hand: The Man and the Judge* (New York: Alfred A. Knopf, 1994), p.548。

第七章　六宗致命原罪

第 136 页

Gerry Spence 的引言出自其著作 *With Justice for None: Destroying an American Myth* (New York: Times Books, 1989)。

Rothwax 法官的书为 *Guilty: The Collapse of Criminal Justice* (New York: Random House, 1996)。

第 137 – 139 页

对美国法庭上过度好辩现象的尖锐批评可见于 Marvin E. Frankel, *Partisan Justice* (New York: Hill and Wang, paperback ed., 1980)。

有关 O. J. Simpson 刑事审判的故事在 Jeffrey Toobin, *The Run of His Life: The People v. O. J. Simpson* (New York: Touchstone, 1997) 中有着精妙讲述。此案"标志着我们法律史上一个转折点,也标志着

这样一个时刻,即美国需要重新创造一套公平和切实可行的审判程序,这已经变得极为明显、不容否认"。参见:Albert W. Alschuler, "Our Faltering Jury", 载于 *Postmortem: The O. J. Simpson Case*, ed. *Jeffrey Abramson* (New York: Basic Books, 1996)。

有关过度好辩导致不公正定罪,参见:Jim Dwyer, Peter Neufeld, 和 Barry Scheck, *Actual Innocence: Five Days to Execution and Other Diapatches from the Wrongly Convicted* (New York: Doubleday, 2000)。

Roscoe Pound 的演讲为 "The Causes of Popular Dissatisfaction with the Administration of Justice", 29 *Reports of the American Bar Association* 395 (1906), 再版于 35 F. R. D. 241, 273 (1964)。也可参见: Gordon Van Kessel, "Adversary Excesses in the American Criminal Trial", 67 *Notre Dame Law Review* 403 (1992)。

"我们还有机会为庞德的乐观态度辩护"——但我们只有做得比诉讼体制在被搞砸的案件中所起的作用好得多才行,有关后者的描述,可见于 Jonathan Harr 的杰作 *A Civil Action* (New York: Random House, 1995)。有关某位辩护律师的回应,参见 Jerome P. Facher, "The View from the Bottomless Pit: Truth, Myth, and Irony in A Civil Action", 23 *Seattle University Law Review* 243 (1999)。

第 139 – 143 页

有关金钱/正义不平等,参见 Lois G. Forer, *Money and Justice: Who Owns the Courts?* (New York: Norton, 1984)。有关法律服务公司,参见 Terry Brooks, "The Legal Services Corporation: 2001 and Beyond", 40 *The Judges' Journal* 30 (Winter 2001)。那篇文章直接引

用了 Wathen 大法官的话,也间接引用了法律援助上的相对成本。有关走近司法的近期文章汇集于"Conference on the Delivery of Legal Services to Low – Income Persons: Professional and Ethical Issues", 67 *Fordham Law Review* 1713 (1999)。也可参见 Talbot D'Alemberte, "Tributaries of Justice: The Search for Full Access," 73 *Florida Bar Journal* 12 (1999)。

在对穷人的法律服务提供资金支持方面,美国滞后于其他西方民主国家。参见:Earl Johnson, Jr., "The Right to Counsel in Civil Cases: An International Perspective", 19 *Loyola Law Review* 341 (1985)。Johnson 大法官,同时也是加利福尼亚州上诉法院法官,于 1999 年问道:"既然民事案件中的聘请律师权现在已被大多数西方文明社会尊为'一项根本人权',那么还需要怎样,它才能成为这个国家正当程序的核心成分呢?"引自 Leonard W. Schroeter, "Attorney Representation: An Essential Right or Not?", *Washington State Bar News*, December 1999。

Langbein 教授的引言出自其文章"Money Talks, Clients Walk", *Newsweek*, April 17, 1995, 32。

有关民事诉讼成本,参见:*Justice for All: Reading Costs and Delay in Civil Litigation* (Washington, D. C.: The Brookings Institution, 1989); Roberta Katz, *Justice Matters: Rescuing the Legal System for the Twenty – First Century* (Seattle: Discovery Institute, 1997)。

有关当下中低收入美国人的法律需求,参见:*Report on the Legal Needs of the Low – Income Public*, American Bar Association Publication No. 4290018 (January 1994)。

有关收入差异的扩大,参见:David Cay Johnston, "Gap Between Rich and Poor Found Substantially Wider," *New York Times*, September 5, 1999, A16。

第 143 – 148 页

Spokane 汽油商一案最后诉至最高法院,参见:*Texaco Inc. v. Hasbrouck*, 496 U. S. 543 (1990)。

第 148 – 149 页

有关 White Plains trial 一案,参见:Raymond Hernandez, "Westchester Trial Illustrates the Burdens of Jury Service", *New York Times*, December 19, 1994, A1; Mark Hansen, "Jurors Demand a Speedy Trial", 81 *American Bar Association Journal* 26 (March 1995)。

第 150 – 153 页

有关"当代美国文化中对法律的痴迷追求",参见:Paul F. Campos, *Jurismania: The Madness of American Law* (New York: Oxford University Press, 1998)。

"叩门商谈"一案参见:*State v. Ferrier*, 136 Wn. 2d 103(1998)。

银行劫匪案参见:*United States v. Rodley*, No. CR98 – 41WD (W. D. Wash. 1998),支持了 2000 U. S. App. Lexis5952 (March20, 2000)。

有关参与评议的替补陪审员一案,参见:*United States v. Ottersburg*, 76 F. 3d 137 (7th Cir. 1996)。

第 153 – 157 页

"这已经是你们的大错了……"参见:1 Corinthians 6:7。

Napoléon 的引言可见于 *Memorial de Sainte Hélène*, vol. 4, p. 7, 引自 Joseph Parkes, *A History of the Chancery Court*(London: Longman, Rees, Orme, Brown, and Green, 1828), p. 457。

Ambrose Bierce 的引言出自 *The Devil's Dictionary*(New York: Oxford University Press, 1999)。

"作为一个诉讼当事人……"参见:Learned Hand, "The Deficiencies of Trials to Reach the Heart of the Matter(November 17, 1921)", 载于 *Lectures on Legal Topics: 1921 – 1922*(New York: Macmillan, 1926), p. 105。

现代社会对正义的期望有所增加,其描述可见于 Lawrence M. Friedman, *Total Justice*(Boston: Beacon Press, paperback ed., 1987)。也可参见 Steven Keeva, "Demanding More Justice: Whether Americans Get What They Want From the Legal System Depends on Its Ability to Stretch Limited Resources",80 *American Bar Association Journal* 46(August 1994)。

对首席大法官 Guy 的警示的报道,可参见:Hunter T. George, "Chief Justice Warns of Court Overload", *Seattle Post – Intelligencer*, January 14, 1999, B1。

有关国家对监禁刑的迷恋,参见:Joseph T. Hallinan, *Going Up the River: Travels in a Prison Nation*(New York: Random House, 2001)。

有关囚犯人数与案件量,参见: Bureau of Justice Statistics, *Correctional Populations in the United States*, 1996, NCJ Publication No. 170013 (Washington, D. C.: United States Department of Justice, Office of Justice Programs, April 1999); *Examining the Work of State Courts*, 1998 (National Center for State Courts, 1999); *Judicial Business of the United States Courts* (Washington, D. C.: Administrative Office of the United States Courts, 2000); Jesse Katz, "U. S. Prison Population Hits the Two Million Mark," *International Herald Tribune*, February 16, 2000, 1; *Newsweek*, Special Report, November 13, 2000,以及多版 *The Third Branch* (Washington, D. C.: Administrative Office of the United States Courts)。

一场旨在将非暴力毒品犯罪人的监禁刑予以替换的民间远动似乎已经开始。参见 Timothy Egan, "Crack's Legacy: A Special Report; In States' Anti-Drug Fight, a Renewal for Treatment", *New York Times*, June 10, 1999, A1。

关于未能提供充足资金,参见: Barbara Wolfson, *Justice Denied: Underfunding of the Courts* (Washington, D. C.: Roscoe Pound Foundation, 1994)。

关于主审法官的陈述,参见: Brian Gain, "Civil Cases in the Courts: Are They Being Squeezed Out?", *King County Bar News*, July 2000.

第 158-159 页

它们"都系在一条皮带上……"见于 Geoffrey Chaucer, "The Parson's Tale", line 949, 载于 *Canterbury Tales*, ed. A. C. Cawley (New York: Everyman's Library, 1992), 原文是: "Alle they renne in o lees, but in diverse maneres"。

William Pizzi 的著作为 *Trials Without Truth* (New York: New York University Press, 1999)。

Roberta Katz 的著作为 *Justice Matters: Rescuing the Legal System for the Twenty-First Century* (Seattle: Discovery Institute, 1997)。

第八章 陪审团胜任吗？

第 160-161 页

有关陪审团的怀疑者和坚信者, 参见:

Mark Twain, *Roughing It* (Hartford, Conn.: American Publishing Co., 1872); Erwin Griswold, "1962-63 Harvard Law School Dean's Report", 引自 Kalven Zeisel, *The American Jury*, p. 5; Jerome Frank, *Law and the Modern Mind* (New York: Brentano's, 1930), pp. 108, 172, 以及 *Courts on Trial* (Princeton, N. J.: Princeton University Press, 1949), p. 123; David Hume, *The History of England*, vol. 1 (1754) (New York: John B. Alden), p. 77。Tocqueville 的话出自 *Democracy in America*, p. 285。首席大法官 Warren 的评论出自其为 Charles W. Joiner, *Civil Justice and the Jury* (Englewood Cliffs, N. J.: Prentice Hall, 1962) 一书所作的序言。

第 162 页

有关在 18 世纪的英格兰, 公民被排除出陪审团小组的情形, 参见：Douglas Hay, "The Class Composition of the Palladium of Liberty", 载于 Twelve Good Men and True: The Criminal Trial Jury in England, 1200 – 1800, ed. J. S. Cockburn and Thomas A. Green (Princeton, N. J.: Princeton University Press, 1988), p. 354。

有关因专门知识和社会阶层而遴选出的特别陪审团在历史上的适用，参见：James Oldham, "The History of the Special (Struck) Jury in the United States and Its Relation to Voir Dire Practices, the Reasonable Cross – Section Requirement, and Peremptory Challenges", 6 William and Mary Bill of Rights Journal 623 (1998), 和 James Oldham, "The Origins of the Special Jury", 50 University of Chicago Law Review 137 (1983)。

有关美国的民主陪审团小组的演化，参见：Abramson, We, the Jury; Comment, "Developments in the Law: The Civil Jury", 110 Harvard Law Review 1407 (1997)。规定陪审团遴选与服务的联邦法规为 28 U.S.C. §§ 1861 – 1878。最高法院在 1975 年的判决为 Taylor v. Louisiana, 419 U.S. 522 (1975)。

第 163 – 164 页

关于陪审团的任职能力与完善健全，参见：Abramson, We, the Jury; Stephen J. Adler, The Jury: Trial and Error in the American Courtroom (New York: Times Books, 1994); Harry Kalven, Jr. 和 Hans Zeisel, The American Jury; John Guinther, The Jury in America (New York: Facts on File, 1988); Verdict: Assessing the Civil Jury System, ed. Robert E. Litan (Washington, D.C.: The Brookings Institution, 1993); Valerie P. Hans 和 Andrea J. Appel, "The Jury on Trial", 载于 *A Handbook of Jury Research*（Philadelphia：American Law Institute/American Bar Association, 1999）; Stephan Landsman, "The Civil Jury in America：Scenes From an Unappreciated History", 44 *Hastings Law Journal* 579（1993）; Comment, "Developments in the Law：The Civil Jury", 110 *Harvard Law Review* 1409（1997）; Valerie P. Hans 和 Neil J. Vidmar, *Judging the Jury*（New York：Plenum Press, 1986）, 以 及 James Gobert, *Justice, Democracy and the Jury*（Brookfield, Vt.：Ashgate Publishing Co., 1997）。

有关芝加哥项目小组对民事陪审团的研究发现, 报告于 Harry Kalven, Jr., "The Dignity of the Civil Jury", 50 *Virginia Law Review* 1055（1964）。

有关 The *Dallas Morning News*/Southern Methodist University 的研究, 报告于 Allen Pusey, "Judges Rule in Favor of Juries", *Dallas Morning News*, May 7, 2000, 15。

有关显示法官们同意陪审团的裁决并肯定陪审团的工作的最近数据, 参见：Paula L. Hannaford, B. Michael Dann, and G. Thomas Musterman, "How Judges View Civil Juries", 以 及 Richard Lempert, "Why Do Juries Get a Bum Rap? Reflections on the Work of Valerie Hans", 这两篇文章均刊载于 48 *DePaul Law Review* 2（1998）。

最高法院的陈述见于 *Duncan v. Louisiana*, 391 U. S. 145, 157（1968）。

第 164 - 168 页

有关 *United States v. Nickell* 一案的上诉报告, 可见于 883 F. 2d

824 (9th Cir. 1989)。

Alalamiah Electronic v. Microsoft Corporation, No. C91 – 789WD (W. D. Wash.),该案并未见于报告中。

United States v. Brown 一案后经上诉,该案的判决结果于 182 F. 3d 928 (9th Cir. 1999) 和 *United States v. Walton*, 182 F. 3d 930 (9th Cir. 1999) 中得到了维持。

第 168 – 169 页

Weinstein 法官对陪审团的素质的评论出自其文章 "Considering Jury 'Nullification': When May and Should a Jury Reject the Law to Do Justice",30 *American Criminal Law Review* 239 (1993)。

Curtin 法官的评论出自其文章 "A System That Works",26 *Litigation* 3 (Fall 1999)。

Williams, Strom 和 Justice 法官的评论是在与作者的面谈或通信中说的。

第 169 – 173 页

关于四分之三的人在离开法院时对陪审团制度持更为赞赏的态度,可见于 Stephen J. Adler, *The Jury*, p. 240。在哥伦比亚州和俄亥俄州对陪审员满意度的调查报告,提供方为 Thomas H. Shields, Jury Commissioner, Franklin County Municipal Court。关于陪审员服务的报告,参见: Robert H. Aronson, "A Jury of One's Peers", *Prologue* (Seattle Repertory Theatre, October 1995); Mindy Cameron, "Judging the Jury System: Guilty of Serving Justice", *Seattle Times*, November 28,

1993, B6; *CBS Reports*, "Enter the Jury Room" (CBS television broadcast, April 16, 1997); James Gobert, *Justice, Democracy and the Jury* (Brookfield, Vt.: Ashgate Publishing Co., 1997); Victor Villaseñor, *Jury: The People vs. Juan Corona* (New York: Dell, 1977), p. 266; Adler, *The Jury*, pp. 142–43, 175。有关曼哈顿谋杀案陪审团喧闹评议的描述,见于 D. Graham Burnett, *A Trial by Jury* (New York: Alfred A. Knopf, 2001)。

第 173–174 页

关于每年 15 万场审判:这一估算由 National Center for State Courts 的研究者提出,报告可见于 Abramson, *We, the Jury*, p. 251。

有关路易斯维尔市掷钱币一事,参见: Associated Press, "Jury Flips Coin in Murder Case", *Seattle Times*, April 26, 2000, A1。

第 174–177 页

关于企业被告人如何在陪审团的审判中应对,一部见闻广博的著作是 Valerie P. Hans, *Business on Trial: The Civil Jury and Corporate Responsibility* (New Haven, Conn.: Yale University Press, 2000)。

有关惩罚性损害赔偿金与侵权制度改革,参见: Stephen Daniels and Joanne Martin, *Civil Juries and the Politics of Reform* (Evanston, Ill.: Northwestern University Press, 1995); Symposium, "The Future of Punitive Damages", 1998 *Wisconsin Law Review* 1; Marc Galanter, "An Oil Strike in Hell: Contemporary Legends About the Civil Justice System", 40 *Arizona Law Review* 717 (1998); "A Step Above Anecdote: A

Profile of the Civil Jury in the 1990s", 79 *Judicature* 233 (1996); "National Punitive Damages Conferees Find 'No Crisis'", 4 *Civil Justice Digest* No. 6 (Roscoe Pound Foundation, 1997); Mark Thompson, "Applying the Brakes to Punitives", 83 "American Bar Association Journal 68 (September 1997); Stephen G. Chappalear, "Jury Trials in the Heartland", 32 *University of Michigan Journal of Law Reform* 241 (1999); Mark Curriden, "Power of 12", 87 *American Bar Association Journal* 36 (August 2001)。

最高法院判决,严重超额的惩罚性损害赔偿金违反正当法律程序。参见:*BMW of North America, Inc. v. Gore*, 517 U.S. 559 (1996)。

McDonald's 咖啡案的报道见于 Andrea Aerlin, "A Matter of Degree: How a Jury Decided That a Coffee Spill Is Worthy \$2.9 Million", *Wall Street Journal*, September 1, 1994, A1。有关法官削减赔偿额度与案件和解的细节,可见于 *Greene v. Boddie - Noell Enterprises*, 966 F. Supp. 416, 418 n. 1 (W. D. Va. 1997)。

阿拉巴马州一系列超额赔偿的裁决中,最近的是五亿八千一百万美元的裁决,随后,州立法机关通过了法规,设定了惩罚性损害赔偿金的上限。参见 David Firestone, "Alabama Acts to Limit Huge Awards by Juries", *New York Times*, June 2, 1999, A16。有关碟状卫星信号接收器一案的和解,参见:"Many Multi - Million Dollar Verdicts Reviewed", *Legal Intelligencer*, March 2, 2000, 4。

对烟草公司判赔 1450 亿美元的报道,参见:Rick Bragg 和 Sarah Kershaw, "Juror Says a 'Sense of Mission' Led to Huge Tobacco Damages", *New York Times*, July 16, 2000, A1。

Lempert 教授的文章是"Why Do Juries Get a Bum Rap? Reflections on the Work of Valerie Hans", 48 *DePaul Law Review* 453, 462 (1998)。

惩罚性损害赔偿金的典型指导措词出自 *Manual of Model Civil Jury Instructions for the District Courts of the Ninth Circuit* (1997 ed.), p. 85。

司法部研究发现陪审团比法官更为保守,对其报道可见于 Jess Bravin, "Surprise: Judges Hand Out Most Punitive Awards", *Wall Street Journal*, June 12, 2000, B1。也可参见 William Graberson, "A Study's Verdict: Jury Awards Are Not Out of Control", *New York Times*, August 5, 2001。

Schuck 教授的评论引自 Barry Meier, "Jury's Action Raises Concerns for Tobacco Industry", *New York Times*, July 16, 2000, 17。

第 177 – 178 页

关于陪审团理解复杂问题与证据,参见:*Jury Comprehension in Complex Cases: Report of the Special Committee of the ABA Section of Litigation* (Chicago: American Bar Association, 1990); Robert D. Myers, et al., "Complex Scientific Evidence and the Jury", 83 *Judicature* 3 (1999) ("Jurors are in fact capable of resolving highly complex cases."); Joe S. Cecil, Valerie P. Hans, and Elizabeth C. Wiggins, "Citizen Comprehension of Difficult Issues: Lessons from Civil Jury Trials", 40 *American University Law Review* 727 (1991); Neil J. Vidmar, ed. , "Is the Jury Competent?", 52 *Law and Contemporary Problems* 4 (1989); Richard O. Lempert, "Civil Juries and Complex Cases: Taking Stock After 12 Years", 载于 *Verdict: Assessing the Civil Jury System*, ed. Robert E. Litan (Washington, D. C. : Brookings Institution, 1993); Joseph Sanders, "Scientifically Complex Cases, Trial by Jury, and the Erosion of Adversarial Processes",48 *DePaul Law Review* 355 (1998)。

Valerie Hans 的提醒出自其著作 *Business on Trial*, p. 224。

"……笨拙地修理汽车的陪审员……"引自 "Abolition of Jury Trials in Patent Cases",34 IDEA: *The Journal of Law and Technology* 77, 86 (1994)。

有关复杂案件例外制度,参见本书第一章的相关注释。

第 178 – 180 页

Menendez brothers, Rodney King, Lorena Bobbitt, Oliver North, the Branch Davidians, Susan Smith, Timothy McVeigh, 以及 Terry Nichols 的案件已经使媒体报道饱和,讨论它们的书籍与文章包括 Postmortem: *The O. J. Simpson Case*; Pizzi, *Trials Without Truth*,以及 Albert Alschuler, "Explaining the Public Wariness of Juries",48 *DePaul Law Review* 407, 413 (1998)。关于 Oliver North 一案,参见: Jeffrey Toobin, *Opening Arguments*。对 Rodney King 录像带呈为证据的分析, 见于 Elizabeth F. Loftus 和 Laura A. Rosenwald, "The Rodney King Videotape: Why the Case Was Not Black and White",66 *Southern California Law Review* 1637 (1993)。

第 180 - 182 页

Noonan 法官关于死刑的评论出自 Jeffers v. Lewis, 38 F. 3d 411, 427 (9th Cir. 1994)（异议）。

有关对贫穷被告人的出庭代理不够充分的内容,参见:Lise Olsen, "Uncertain Justice", *Seattle Post - Intelligencer*, August 6 - 7 - 8, 2001。

于 1998 年被执行死刑的 68 名囚犯在死囚牢中平均待了 10 年零 10 个月。参见:Richard Carelli, "Average Stay on Death Row Down Slightly", Associated Press, December 13, 1999。

Fletcher 法官的引言出自 Betty B. Fletcher, "The Death Penalty in America: Can Justice Be Done?", 70 *New York University Law Review* 811, 826 (1995)。

三分之二的死刑案件在上诉中被推翻,参见:James S. Liebman, Jeffrey Fagan 和 Valerie West, *A Broken System: Error Rates in Capital Cases*, 1973 - 1995, at http://justice.policy.net/jpreport(2000)。也可参见:Fox Butterfield, "Death Sentences Being Overturned in 2 of 3 Appeals", *New York Times*, June 12, 2000, A1。

Blackmun 大法官的话出自 *Callins v. Collins*, 114 S. Ct. 1127, 1134 - 35 (1994)（未予签发调取案卷令状）(Blackmun, J., 异议)。

美国律师协会在 1997 年呼吁暂停死刑一事,在 James E. Coleman, Jr., ed., "The ABA's Proposed Moratorium on the Death Penalty", 61 *Law and Contemporary Problems* 1 (1998) 中再版并讨论。关于 Ryan 州长在伊利诺伊州停止执行死刑,参见:Dirk Johnson, "Illinois, Citing Faulty Verdicts, Bars Executions", *New York Times*, February 1, 2000, A1。有关其他各州效仿的可能性,参见:Mark Hansen, "Death Knell for Death Row?", 86 *American Bar Association Journal* 40 (June 2000)。

第 182–187 页

有关联邦与各州刑事诉讼中悬案陪审团的比率可参见:Michael J. Saks, "What Do Jury Experiments Tell Us About Jury Decisions?", 6 *Southern California Interdisciplinary Law Journal* 1, 40 (1997); Kenneth S. Klein 和 Theodore D. Klastorin, "Do Diverse Juries Aid or Impede Justice?", 1999 *Wisconsin Law Review* 553, 562 n.53。进一步的研究报道可见于 Paula L. Hannaford, Valerie P. Hans 和 G. Thomas Munsterman, "How Much Justice Hungs in the Balance?", 83 *Judicature* 59 (1999)。

"在最近的一场西雅图的谋杀审判中……"参见:Ian Ith, "One Juror Forces Mistrial for Anderson", *Seattle Times*, March 5, 1999, A1。

关于刑事司法中的种族因素,参见:David Cole, *No Equal Justice: Race and Class in the American Criminal Justice System* (New York: The New Press, 1999); Leadership Conference on Civil Rights, *Justice on Trial: Racial Disparities in the American Criminal Justice System* (2000); Rita J. Simon and Craig Dicker, "Race in the Jury Room",载于 *A Handbook of Jury Research* (Philadelphia: American Law Institute/American Bar Association, 1999); Jeffrey Rosen, "One Angry Woman", *New Yorker*, February 24 and March 3, 1997,以及 National Center on Institutions and Alternatives, "As Millennium Approaches,

One Million African Americans Behind Bars"（January 14, 1999, press release）。一个由司法部和六个基金会发起的 2000 年的报告描述了青少年法院中种族差异的情况。参见：Fox Butterfield, "Racial Disparities Seen as Pervasive in Juvenile Justice", *New York Times*, April 26, 2000, A1。有关不同种族对死刑的影响，参见：Amnesty International's report, *Killing with Prejudice: Race and the Death Penalty* (1999)。联邦的死刑和各州的死刑均受影响。参见：Marc Lacey 和 Raymond Bonner, "Reno Troubled by Death Penalty Statistics", *New York Times*, September 13, 2000, A14。

Paul Butler 在 "Racially Based Jury Nullification: Black Power in the Criminal Justice System", 105 *Yale Law Journal* 677, 679（1995）中主张"对于非洲裔美国人的何种行为应受处罚，这一问题由非洲裔美国人自己来决定比传统刑事司法程序决定更好，前者建立在其自身社区成本与收益的基础之上，后者则由白人立法者和白人执法者控制。"此文的精简版刊载于 1995 年 12 月版的 *Harper's* 杂志。

关于 Simpson 一案的陪审团是否做出了无效裁决，该疑问的提出可见于 Nancy S. Marder, "The Interplay of Race and False Claims of Jury Nullification", 32 *University of Michigan Journal of Law Reform* 285 (1999)。

关于给 Wayne Williams 定罪，参见：Art Harris, "Atlanta Jury Convicts Williams of Two Murders", *Washington Post*, February 28, 1982, A1。

关于给 Emmanuel Hammond 定罪，参见：Gary Pomerantz, "At Love Trial, a Compelling Human Drama", *Atlanta Journal and Constitu-*

tion, March 11, 1990, D1。

关于给 Mel Reynolds 定罪,参见 Edward Walsh, "Reynolds Guilty on All Counts", *Washington Post*, August 23, 1995, A1。

关于将枪击 Amadou Diallo 的警察们无罪开释,参见:Jeffrey Toobin, "The Unasked Question", *New Yorker*, March 6, 2000, 38。

关于康乃狄格州陪审团对 Scott Smith 的定罪,参见:Associated Press State and Local Wire (March 14, 2000)。

对拉比陪审员经历的报道可见于 Sanford Ragins, "Justice at the Grass Roots", 83 *Judicature* 312 (2000)。

在涉及严苛的强制性量刑的案件中,陪审室中的紧张情绪尤为高涨,参见:C. Katherine E. Finklestein, "Tempers Grow Shorter in Jury Room", *New York Times*, August 3, 2001, a.19。

第 187 - 189 页

关于在某些类型的民事案件中能够要求由陪审团审判,而在其他类型的案件中不能如此的权利,参见:Fleming James, Jr., "Right to a Jury Trial in Civil Actions", 72 *Yale Law Journal* 655 (1963)。

Robertson Davies 的引言出自其著作 *The Merry Heart* (New York: Viking, 1997), p.195。

有关 *Washington Post* 的发现,参见:Richard Morin 和 Dan Balz, "Americans Losing Trust in Each Other and Institutions," *Washington Post*, January 28, 1996, A1。Post 系列提醒了美国人是如何看待彼此和政府的,该提醒刊载于 January 29 - 31 和 February 4, 1996。

The Milton S. Eisenhower Foundation 在其 1998 年的报告 *The*

Millennium Breach 中总结道,"富人正变得更富,穷人正变得更穷,少数群体则在遭受不均衡之苦"。针对该国不断发展的共同价值,更进一步的观点可见于 Alan Wolfe, *One Nation, After All* (New York: Viking, 1998)。

有关美国的陪审团审判占世界的比例,参见:Gerald Casper 和 Hans Zeisel, "Lay Judges in the German Criminal Courts", 1 *Journal of Legal Studies* 135, 135 – 36 (1972)。

有关陪审团在英国和澳大利亚遭受围攻,参见:Mark Findlay 和 Peter Duff, ed., *The Jury Under Attack* (London and Sydney: Butterworths, 1988)。

第九章 更好的审判

第 190 – 194 页

有关大陆法系的内容,请参见:

Sybille Bedford, *The Faces of Justice* (New York: Simon and Schuster,1961),该书由一位通晓多种语言的观察家写就,其中对于大陆法系审判的描述引人入胜。

John Merryman, *The Civil Law Tradition: An Introduction to the Legal Systems of Western Europe and Latin America*, 2d ed. (Stanford, Calif.: Stanford University Press, 1985),该书为我们提供了一个广博的总结。

Rudolf B. Schlesinger, "Comparative Criminal Procedure: A Plea for Utilizing Foreign Experience", 26 *Buffalo Law Review* 361 (1977), 该书呼吁我们向欧洲人学习,而不应继续忽略他们的制度。

John H. Langbein, *Torture and the Law of Proof* (Chicago: University of Chicago Press, 1977), 该书描述了直到大约18世纪末期,大陆法系在司法监督下利用刑讯收集证据的做法。

William Pizzi 在 *Trials Without Truth* (New York: New York University Press, 1999) 一书中将一些欧洲刑事司法制度与我们的司法制度相对比,颇有助益。

Langbein 教授的评论出自其文章 "The German Advantage in Civil Procedure", 52 *University of Chicago Law Review* 823, 866 (1985)。那些同意"抗辩制欺骗"的人意指律师培训手册,例如 David Ball, *Theater Tips and Strategies for Jury Trials*, 2d ed. (National Institute for Trial Advocacy, 1997)。

由于大陆法系的审判缺乏一个单一的、集中的场合供证人出庭接受询问和当事人给出己方主张,一场审判可能会拖延多年。例如,意大利刑事审判制度即"以低效和迟缓而闻名"。参见: Alessandra Stanley, "3 – Step Justice System: Conviction, Appeal, Escape", *New York Times*, May 23, 1998, A4。

有关大陆法系和普通法系民事诉讼中成本高昂、审理迟延和缺乏效能的危机,参见: Adrian A. S. Zuckerman, ed., *Civil Justice in Crisis* (New York: Oxford University Press, 1999)。

关于美国诉讼史,一般参见: Lawrence M. Friedman, *A History of American Law*, 2d ed. (New York: Simon & Schuster, 1985)。

Stephan Landsman, *Readings on Adversarial Justice: The American Approach to Litigation* (St. Paul, Minn.: West Publishing Co., 1988) 是部有关抗辩制的优秀文集,其中包括对该制度明智褒扬的内容。

也可参见：Stephen A. Saltzburg, "Lawyers, Clients, and the Adversary System", 37 *Mercer Law Review* 647 (1986); Stephan Landsman, *The Adversary System: A Description and Defense* (Washington, D. C.: American Enterprise Institute, 1984)。

第 194 – 198 页

被谋杀的菲律宾人联合会积极活动分子一案，可见于只涉及管辖权问题的官方报告：*Domingo v. Republic of the Philippines*, 808 F. 2d 1349 (9th Cir. 1987), 以及 694 F. Supp. 782 (W. D. Wash. 1988)。

Karl Popper 的引言出自 *The Open Society and Its Enemies*, vol. 1 (London: Routledge & Kegan Paul, 1966), p. 158。

第 198 页

关于改革陪审团的审判，参见：Jeffrey Abramson, *We, the Jury*; Stephen Adler, *The Jury*; B. Michael Dann, chairman, *Jurors: The Power of Twelve* (Arizona Supreme Court Committee on More Effective Use of Juries, 1994); American Bar Association, *Charting a future for the Civil Jury System* (Washington, D. C.: The Brookings Institution, 1992); B. Michael Dann, "Free the Jury", 23 *Litigation* 5 (Fall 1996); G. Thomas Munsterman, Paula L. Hannaford 和 G. Marc Whitehead, ed., *Jury Trial Innovations* (Williamsburg, Va.: National Center for State Courts, 1997)（列举了关于此话题的著作、文章与案例）；专题论丛，"Jury Reform: Making Juries Work", 32 *University of Michigan*

Journal of Law Reform（1999）；*Enhancing the Jury System*（Chicago：American Judicature Society，1999）；Nancy J. King, ed.，"The Jury：Research and Reform"，79 *Judicature* 5（1996）；Franklin Strier，*Reconstructing Justice：An Agenda for Trial Reform*（Chicago：University of Chicago Press，1996）。

第198－201页

有关民主制度从直接参与到代议制政府的进化，参见 Anthony Arblaster，*Democracy*，2d ed.（Minneapolis：University of Minnesota Press，1994）。

关于不去报道履行陪审义务的分析，可见于 Robert G. Boatright，"Why Citizens Don't Respond to Jury Summonses and What Courts Can Do About It"，82 *Judicature* 156（1999）。在一个全国性的调研和随后对四个法院的采访的基础上，作者总结道："大部分公民的确想尽陪审义务，但是为经济障碍所阻。许多人无法从工作中抽出时间，其余的人则难以进入法院。"数据收集于 American Judicature Society 的一份报告中，*Improving Citizen Response to Jury Summonses*（1998）。

关于过去和现在不去报道履行陪审义务，请参见：Thomas L. Fowler，"Filling the Jury Box：Responding to Jury Duty Avoidance"，23 *North Carolina Central Law Journal* 1（1997－1998）；Nancy J. King，"Juror Delinquency in Criminal Trials in America，1796－1996"，94 *Michigan Law Review* 2673（1996）。

有关哥伦比亚特区陪审团的研究，报道于"D. C. Jury Reform Project Recommends Bigger Juror Role，Fewer Peremptories"，66 *United*

States Law Week 2517（March 3，1998）。

关于在大部分华盛顿州的县每天只有十美元,见于 Richard P. Guy,"From the Chief Justice：A Report to the Washington State Legislature"（January 2000），4。

有关 El Paso 的成功,报道于 *Dallas Morning News*，October 14，2000。

有关纽约服从征召项目,参见：Laura Pedersen,"Eight Million Stories in Dodge City（Jury Dodging, That Is）",*New York Times*，February 4，2001，Section 14，p.4。

"畜栏里的牲口"一语见于 Mark Twain, *Roughing It*（Hartford, Conn.：American Publishing Company，1872），341。

第 201 – 203 页

Anthony Lewis 关于陪审团遴选的评论出自其评论专栏"Mocking Justice", *New York Times*，December 12，1994，A19。

第 203 – 207 页

关于是否废除强制否决权,参见 Nancy S. Marder,"Beyond Gender：Peremptory Challenges and the Roles of the Jury",73 *Texas Law Review* 1041（1995）；Morris B. Hoffman,"Abolish Peremptory Challenges",82 *Judicature* 202（1999）；Robert G. Boatright,"The 21st Century American Jury",83 *Judicature* 288（2000），以及 G. Thomas Munsterman,"The Future of Peremptory Challenges",*The Court Manager* #6（1997）。

"对……的持续攻击"一语见于 Abramson, *We, the Jury*, 154。

出庭律师会说出以下具有典型性的建议:"你不会(也不应)真的想获得一个'公平的'陪审团。你想获得的是那些看起来容易站在你的立场上的陪审员。"参见 Andrew T. Berry,"Selecting Jurors", 24 *Litigation* 8, 8 (Fall 1997)。

支持否决权的是 James Gobert, *Justice, Democracy and the Jury* (Brookfield, Vt.: Ashgate Publishing Co., 1997)。

第九巡回上诉法院关于强制否决权的评论出自 *United States v. Annigoni*, 96 F.3d 1132, 1137 (9th Cir. 1996)。Motley 法官形成对比的判决是 *Minetos v. City University of New York*, 925 F. Supp. 177, 183 (S.D.N.Y. 1996)。

关于强制否决权的无效性,有这样的描述:"数年前在芝加哥所做的一项调研显示,许多检察官和辩护人在刑事审判中否决陪审员方面都呈'反比关系'。换句话说,一些辩护人将可能判被告无罪的陪审员排除在外而将那些投有罪票的陪审员留在了陪审席上,一些检察官的做法也正好相反。"参见 James W. McElhaney,"Trial Notebook", 24 *Litigation* 55, 56 (Fall 1997)。

对陪审团咨询者2亿美元年收入的报道,见于 Adler, *The Jury*, p.85。但是4亿美元的估计可能会更接近。参见 Franklin Strier 与 Donna Schestowski,"Profiling the Profilers: A Study of the Trial Consulting Profession, Its Impact on Trial Justice and What, If Anything, to Do About It", 1999 *Wisconsin Law Review* 441, 444-45。

Batson 难题始于 *Batson v. Kentucky*, 476 U.S. 79 (1986)。大法官 Thurgood Marshall 持反对意见,主张唯一可行的答案就是废除强

制否决权。

Barbara Allen Babcock 主张,废除强制否决权这一举措,通过将陪审员的遴选权力从当事人转交至一位冷淡疏远的、也必然容易犯错的法官手中,会削弱公众对陪审团的信心;会要求刑事被告人将自己的命运交到他们所害怕和不信任的陪审员手中;会以不可预见的方式削弱陪审团。参见其文章 "Women's Rights and Jury Service", 61 *Cincinnati Law Review* 1139 (1993), 以及 *Postmortem: The O. J. Simpson Case* 一书中的 "In Defence of the Criminal Jury"。

第 207 – 209 页

最高法院采取迷你陪审团和非一致裁决,其注定坎坷的历程始于 *William v. Florida*, 399 U. S. 78 (1970) 和 *Apodaca v. Oregon*, 406 U. S. 404 (1972), 止于 6 陪审员制的案件 *Ballew v. Georgia*, 435 U. S. 223 (1978) 以及 *Burch v. Louisiana*, 441 U. S. 130 (1979)。对其不幸结果的描述可见于 Michael J. Saks, "The Smaller the Jury, the Greater the Unpredictability" 79, *Judicature* 263 (1996), 以及 Richard S. Arnold, "Trial by Jury: The Constitutional Right to a Jury of Twelve in Civil Trials", 22 *Hofstra Law Review* 1 (1993)。

只有路易斯安那与俄勒冈两个州在刑事案件中采纳了非一致裁决。其余 48 州与联邦法院仍要求做出一致裁决。30 多个州接受了非一致的超多数民事裁决,其余的州则没有接受。参见 J. Clark Kelso, "Final Report of the Blue Ribbon Commission on Jury System Improvement", 47 *Hastings Law Journal* 1433, 1494 (1996)。

在民事与刑事案件中接受非一致裁决的争论可见于 Jere W.

Morehead, "A 'Modest' Proposal for Jury Reform: The Elimination of Required Unanimous Jury Verdicts,", 46 *Kansas Law Review* 993 (1998)。

关于陪审团人员规模的文章和判决意见，一本颇有价值的汇编著作是 J. Myron Jacobstein and Roy M. Mersky, ed., *Jury Size: Articles and Bibliography from the Literature of Law and the Social and Behavioral Sciences* (Littleton, Colo.: Fred B. Rothman & Co., 1998)。

第 209–210 页

O'Conner 大法官的引言出自她的文章 "Juries: They May Be Broken, But We Can Fix Them",44 *Federal Lawyer* 20, 22 (1997)。

一位洛杉矶的法官让律师们在陪审员遴选之初就将开场白做得很充分，他发现陪审员因困难而恳请免除陪审义务的要求减半了，一些陪审员甚至主动要雇主来审视一下他们是否可以留下来。参见：Jacqueline A. Conner, "Jury Reform: Notes on the Arizona Seminar",1 *Journal of Legal Advocacy and Practice* 25, 30 (1999)。

第 210–213 页

Rafeedie 法官的引言出自其文章 "Speedier Trials",21 *Litigation* 6 (Fall 1994)。

确认了法官有权力引导审判去发现真相并避免浪费时间的联邦规则是 Federal Rule of Evidence 611 (a)。

第 213 – 214 页

民事案件中时间预算制度的授权来源于 Rule 16（c）(4)，Federal Rules of Civil Procedure。

第 214 – 216 页

有关专家证言和科学证据的问题，参见：John H. Langbein, "The German Advantage in Civil Procedure", 52 University of Chicago Law Review 823（1985）; Jack B. Weinstein, "Science and the Challenges of Expert Testimony in the Courtroom", 77 Oregon Law Review 1005（1998）。

有关中立的、法庭委任的专家证人的联邦规则是 Rule 706，Federal Rules of Evidence。对赞成与反对使用这些专家证人的讨论可见于 Anthony Champagne, et al., "Are Court – Appointed Experts the Solution to the Problems of Expert Testimony?", 84 Judicature 178（2001）。

第 217 – 218 页

内华达州谋杀未遂案的指导词只是许多例子中的一个，更多例子可见于 Amira Elwork, Bruce D. Sales, and James J. Alfini, Making Jury Instructions Understandable（Charlottesville, Va.：The Michie Co., 1982）。直白的英语译文是我自己翻译的，也可参见 Bethany K. Dumas, "Jury Trials: Lay Jurors, Pattern Jury Instructions, and Comprehension Issues", 67 Tennessee Law Review 701（2000）。

Notes

第十章 教堂与街区

第 221 页

百分之九十甚至更多案件的解决不是通过审判来实现的,参见: Bureau of Justice Statistics, *Sourcebook of Criminal Justice Statistics 1996*, Kathleen Maguire and Ann L. Pastore, ed. (Washington, D. C.: United States Department of Justice, 1996), pp. 448, 471; *Judicial Business of the United States Courts*, Annual Report of the Director (Washington, D. C.: Administrative Office of the United States Courts, 1998), pp. 136 – 254; Herbert M. Krizern, "Adjudication to Settlement: Shading in the Grey", 70 *Judicature* 161, 162 – 64 (1986)。

第 223 – 224 页

有关不受控制的证据开示所导致的不正当成本,参见: Roberta Katz, *Justice Matters: Rescuing the Legal System for the Twenty – First Century* (Seattle: Discovery Institute, 1997)。

关于证据开示公开接受司法监督:Rules 26(2) 与 16(d) of the Federal Rules of Civil procedure and Criminal Procedure 分别如此规定,并且各州均有堪与比拟的规则。有关亚利桑那州对宣誓作证设置了 4 小时限制,可见于 16 *Arizona Revised Statutes*, Rules of Civil Procedure, Rule 30(d)。一条新联邦规则 federal Rule 30 则将上限定为 7 小时。

第 224 – 226 页

有关耶稣对和解的说法,见于 Matthew 5:25。

Linda R. Singer, *Settling Disputes: Conflict Resolution in Business*,

Families, and the Legal System (Boulder, Colo.: Westview Press, 1994),该书很好地总结了 ADR 运动的起源、发展以及各种起到作用的技术。也可参见:Rhonda McMillion,"Growing Acceptance for ADR",82 *American Bar Association Journal* 106 (May 1996); David B. Lipsky and Ronald L. Seeber,"In Search of Control: The Corporate Embrace of ADR",1 *University of Pennsylvania Journal of Labor and Employment Law* 133 (1998); Jack M. Sabatino,"ADR as 'Litigation Lite': Procedural and Evidentiary Norms Embedded Within Alternative Dispute Resolution",47 *Emory Law Journal* 1289 (1998); 以及 Dorothy W. Nelson,"ADR in the 21st Century: Opportunities and Challenges",6 *Dispute Resolution Magazine* 3 (2000)。

有关仲裁从数量上超过了法庭审判,参见:Mark Curriden,"A Weapon Against Liability",*Dallas Morning News*, May 7, 2000, 25A。

林肯关于"和平秩序的创建者"的建议,引自"Fragment: Notes for a Law Lecture",载于 *The Collected Works of Abraham Lincoln*, vol. 2, Roy P. Basler, ed. (New Brunswick, N. J.: Rutgers University Press, 1953), p. 81。

第 226-228 页

关于需要将调解服务扩展至中低收入人群,参见:Jill Schachner Chanen,"Mediation for the Masses",85 *American Bar Association Journal* 20 (July 1999)。

国会最近通过的法规是 the Alternative Dispute Resolution Act of 1998, 28 U. S. C. § 651 et seq。

关于堪萨斯城联邦地区法院调解结果的报道,见于 Kent Snapp, "Five Years of Random Testing Shows Early ADR Successful," *Dispute Resolution Magazine* (Summer 1997)。

西部华盛顿州联邦地区法院 ADR 项目编码于 Local Rules W. D. Wash. CR 39.1,其结果总结于 *Federal Bar Association Alternative Dispute Resolution Task Force Report* (Seattle: Federal Bar Association for the Western District of Washington, 1995)。

有关 kort geding 的描述,参见: Adrian A. S. Zuckerman, ed., *Civil Justice in Crisis* 34, 445 – 46。

第 228 – 231 页

有关对辩诉交易的争论,参见: Robert E. Scott 和 William J. Stuntz, "Plea Bargaining as Contract"和"A Reply: Imperfect Bargains, Imperfect Trials, and Innocent Defendants", 101 *Yale Law Journal*, 1910 和 2011 (1992); Stephen J. Schulhofer, "Plea Bargaining as Compromise", id., 1969; Albert W. Alschuler, "The Trial Judge's Role in Plea Bargaining", 76 *Columbia Law Review* 1059 (1976); 以及 Donald G. Gifford, "Meaningful Reform of Plea Bargaining", 1983 *University of Illinois Law Review* 37。

有关刑事案件的和解,参见 *United States v. Torres*, 999 F. 2d 376 (9th Cir. 1993),该判例允许非庭审法官帮助当事人进行协商。关于建议以强制性的调解替代不受监督的辩诉交易,参见: Jennifer Smith, "Scrapping the Plea Bargain", 7 *Dispute Resolution Magazine* 19 (2000)。

第 231 页

对"多扇大门的法院"一个较早的预言见于 Frank E. A. Sander, "Varieties of Dispute Processing", 70 F. R. D. 111 (1976)。

第十一章　21 世纪的诉讼

第 232 – 233 页

有关诉讼的未来,科罗拉多州司法部门的长期规划方案提供了一个令人兴奋的观点,对其总结参见:Craig Boersma, "Vision 2020: Building a Strategic Plan for Colorado Courts", 22 *Colorado Lawyer* 11 (1993)。

第 233 – 236 页

有关美国律师协会诉讼部门负责人的评论,参见:Robert N. Sayler, "Tigers at the Gates——The Justice System Approaches Melt Down," 20 *Litigation* 1, 2 (Fall 1993)。

对律师界需要做出什么努力的精彩分析,见于 Deborah L. Rhode, *In the Interests of Justice: Reforming the Legal Profession* (New York: Oxford University Press, 2000)。

对律师界的批评收集在 Richard L. Abel, ed., *Lawyers: A Critical Reader* (New York: The New Press, 1997)。有关律师的更高价值和有形报酬的讨论,见于 Patrick J. Schiltz, "On Being a Happy, Healthy, and Ethical Member of an Unhappy, Unhealthy, and Unethical Profession", 52 *Vanderbilt Law Review* 871 (1999), 以及 Michael

Traynor, "The Pursuit of Happiness", 52 *Vanderbilt Law Review* 1025 (1999)。

最高法院对于律师宣传和招揽业务的主要判决是 *Bates v. State Bar of Arizona*, 43 U. S. 350 (1977)。对其结果的典型描述,见于 Nina Bernstein, "Battles over Lawyer Advertising Divide the Bar", *New York Times*, July 19, 1997, A1。关于律师宣传在公众对法律制度的信心方面的影响,参见 E. Vernon F. Glenn, "A Pox on Our House", 79 *American Bar Association Journal* 116 (August 1993)。由于更多地知悉了法律权利,公众事实上因律师招揽业务而获益,该观点参见: Monroe H. Freedman, *Lawyers' Ethics in an Adversary System* (Indianapolis: Bobbs – Merrill, 1975), pp. 113 – 25 (意指"the professional obligation to chase ambulances")。

在律师界无偿服务的理想和太少律师去实践的现实之间还存在差距,有关这一差距,参见:Deborah L. Rhode, "Cultures of Commitment: Pro Bono for Lawyers and Law Students", 67 *Fordham Law Review* 2415 (1999)。

关于诉讼中的道德准则与礼让风度,参见:Austin Sarat, "Enactments of Professionalism: A Study of Judges' and Lawyers' Accounts of Ethics and Civility in Litigation", 67 *Fordham Law Review* 809 (1998); Victor H. Lott, Jr., "A State Bar President's Views on Professional Ethics", 23 *Journal of the Legal Profession* 115 (1998/1999); Lawrence J. Fox, Nancy McCready Higgins, and Donald B. Hilliker, "Ethics: Beyond the Rules: Historical Preface", 67 *Fordham Law Review* 691 (1998)。

关于呼吁律师界接受来自非律师的竞争,参见: Deborah L. Rhode, "Meet Needs with Nonlawyers", 82 *American Bar Association Journal* 104 (January 1996)。有关对强制性无偿服务的强烈渴求,参见同一作者, "Cultures of Commitment: Pro Bono for Lawyers and Law Students", 69 *Fordham Law Review* 2415 (1999)。

第236-237页

关于政府财政预算中有多少比例流向了司法体制,一项调查显示了美国人对此问题的印象,该调查引自 Steven Keeva, "Demanding More Justice: Whether Americans Get What They Want from the Legal System Depends on Its Ability to Stretch Limited Resources", 80 *American Bar Association Journal* 46 (August 1994)。关于联邦法院系统分得的财政预算比例,其报告见于 *The Judiciary Budget in Brief* (Washington: Administrative Office of the United States Courts, 2000), p. 1。

第238页

关于陪审团遴选在种族上有意识的预设安排,赞成观点与反对观点的讨论可见于 Albert W. Alschuler and Randall L. Kennedy, "Equal Justice: Would Color-Conscious Jury Selection Help?", 81 *American Bar Association Journal* 36 (December 1995),以及 Nancy J. King, "Racial Jurymandering: Cancer or Cure? A Contemporary Review of Affirmative Action in Jury Selection", 68 *New York University Law Review* 707 (1993)。

索引

Abel, 12
Abrams v. United States, 19
Abramson, Jeffrey, 166
access to justice (inequality), 5, 114–17, 128
Adams, John, 11, 71, 105
Adler, Stephen, 140
Ælfric, Abbot, 27–28
Africa
   mediators and conciliators, 18
   trial by ordeal, 17
   trial by sasswood, 16
Age of Reason, 11
   and individual rights, 69–70
Alalamiah Electronic v. Microsoft Corporation, 135–36
Alschuler, Albert, 3
alternative dispute resolution (ADR), 181–83, 183–84, 189
American Bar Association (ABA), 114, 147, 189–90, 192
American Jury, The (Kalven/Zeisel), 133–34, 142
Anglo-Saxon language, 27–28
Anglo-Saxon law, 28–31
appeals, 48–49, 119
arbitration, 183
Arizona
   depositions, limitation of, 180–81
Arizona Jury Project, 161
Aronson, Robert, 138
Articles of Confederation, 70
Ashanti society (African Gold Coast)
   mediators and dispute resolution, 18, 179–80
assisted suicide
   and convictions, 77
assizes, courts of, 32
Australian aborigines
   corpse as accuser, 16

Babiarz, John, 2–3
bail, excessive, 69

bankruptcy
   and jury trials, 4
Barotse tribesmen (East Africa)
   trial by ordeal, 17
Barry, Marion, 78
Batson v. Kentucky, 167
battle, trial by, 31
Becket, Thomas à, 33
Bedford, Sybille, 156
bench trials
   as alternative to jury trials, 2, 151–53
Bierce, Ambrose, 125
Bill of Rights, 18, 205–6
   and excessive bail, 69
   freedom of speech, 18–29, 69
   rights of criminal defendants, 105–6
   and trial by jury, 70, 105–6, 157–58
   See also Constitution of the United States
Bishop, Bridget, 92, 93–94
Blackmun, Harry, 147
blood feuds, 29
Bobbitt, Lorena, 145
Boeing Company, 166
boiling oil, trial by, 16
"boot-leg coal," 74–75
bootleggers
   acquittal rates, 77
Bowers, Sam, 78
Bradstreet, Simon, 99
Branch Davidians, trial of, 145–46
Brattle, Thomas, 99–100
Brazil, Wayne, 183
bribery
   and compurgation, 32
   and sequestered juries, 170
Brooks, Edmund, 37–41
Brown v. Board of Education, 11
Burger, Warren
   and bench trials, 2
Burma
   candle burning as dispute resolution, 16
Burr, Aaron, 8–11, 13

Burroughs, George, 92–93, 96, 98
Bushel, Edward, 55, 56
Bushel's Case, 58–59

Cain, 12
Cameron, Mindy, 138
cannibalism, at sea, 37–41
caps on damages, 4–5
case overload, 112, 124-28, 192
CBS Reports, 138
Chambers, John, 64
Chaplin, Charlie, 124
charges
  right to be informed of, 105
Charles I, 51
Charles II, 51, 59, 84
church (and dispute resolution), 15–16, 17, 31, 48
  religious freedom, 51
  Salem witch trials, 83–84, 84–86, 86–100, 100–12
  trial by ordeal, 16–17, 29–31, 32–33, 34, 48
  See also sorcery and witchcraft
civil trials (and litigation), 45, 176
  bench trials proposed, 2
  case proliferation, 125
  cases removed from jury, 4
  complexity exception, 144
  discovery, 116–17, 180–81
  European legal systems, 5, 156
  expense, 184
Clinton, Bill, 109
Cobham, Lord, 102
Code of Hammurabi, 13–14, 16–17
Cohen, Ronald Jay, 6
cold water
  trial by, 16, 29–30, 33
complex legal issues
  ability of jurors to understand, 143–44, 173–74
compurgation (oath-testing), 30–31
  unreliability of, 32
confession
  Miranda rule, 122–24
Congressional representation
  population and, *xiv*
conscience
  and jury nullification, 68–69, 73–79
Constitution of the United States, 18
  and trial by jury, 1, 70, 157–58
  See also Bill of Rights
Constitutional Convention
  lawyers and, 105

consumer protection cases
  and jury trials, 4
contingent fees, 116–17
controlled fighting
  as dispute resolution, 14
Conventicle Act of 1664
  and religious freedom, 51
Cooke, John, 93–94
Corona, Juan, 140
Corwin, Jonathan, 99
Cosby, William, 63–64
Council on Competitiveness, 142
counsel, right to, 105
courts of vice-admiralty (England), 69
crime and criminals
  branding, 48
  conviction rate, 145–46
  drug cases, 77–78
  jury trials, Medieval English coercion for refusing, 35
  nonunanimous verdicts, 169, 193
criminal trials and prosecution
  judge/jury agreement, 45–46
  mandatory sentencing, 77–78, 185–87
  Miranda rule, 122–24
  new crime categories, 126
  plea bargaining, 3, 179, 185–87
  presenting juries and, 32
  public confidence in, 3
  sequestered juries, 170–71
  See also trial by jury
Curtin, John T., 137

Dahmer, Vernon, Jr., 78–79
Dahmer, Vernon, Sr., 78
Dallas Morning News, 134
damages
  caps on, 4–5
  reversals of verdicts, 3
Dana, Richard Henry, Jr., 74
Dann, Michael, 161
Davies, Robertson, 152
deadlocked juries, 177–78
death penalty, 49, 146–48
Declaration of Independence, 70
  lawyers and, 105
delay, 5, 112, 117–20, 128
depositions, limitation of, 180–81
Deuteronomy, Book of, 84
Devil's Dictionary, The (Bierce), 125
Devlin, Sir Patrick
  on trial by jury, *xv*
Diallo, Amadou, 150–51
Dickens, Charles, 116

discovery
    civil litigation and, 116–17, 180–81
divine judgment (and dispute resolution), 15–16, 17, 31
DNA evidence and the death penalty, 147
Domesday Book, 32
Domingo, Cindy, 159
Domingo, Silme, 158–61
double jeopardy
    freedom from, 105
drug cases
    arrests and court overload, 126–27, 192
    illegal search, 121–22
    juries and, 77–78
    and race, 149–50
    United States v. Brown, 136
Dudley, Thomas, 37–41
due process of law, 101–2
dueling as dispute resolution (Burr and Hamilton), 8–11, 13

Easty, Mary, 97–98
Ebel, John, 118, 119
El Paso (Texas)
    and jury service noncompliance, 162
Elizabeth I, 46
Elliott, Daniel, 94
employee benefits cases
    and jury trials, 4
England (justice system)
    Anglo-Saxon law, 28–31
    church and, 33, 34, 51
    Conventicle Act of 1664, 51, 52–59
    courts of vice-admiralty, 69
    Elizabethan era, 46–49
    hearsay, 102–3, 156, 157
    juries, curtailment of, 6
    jury trials, 45–50
    Law French, 45
    medieval period, 23–27, 45–46
    Migonette case (cannibalism), 37–41
    William Penn, trial and imprisonment of, 52–57, 58–59
    Renaissance, 50–51
    Restoration era, 51
    Royal justice, 32–33
    trial system, history of, 31–37, 45–51
Enlightenment
    and individual rights, 69–70
equivalency rule (eye for an eye), 13–14
European legal systems, 155–58
    civil litigation, expense of, 184
    corruption and, 158
    court appointed expert witnesses, 174–75

Exodus, Book of, 84
expense of litigation, 5, 112, 114–17, 128
    contingent fees and, 116–17, 118
    pro bono work and, 115, 116, 190
expert witnesses
    court appointed, 174–75
    seen as partisan, 174

fecklessness in American trials, 112, 120–21, 128
federal courts and litigation, 127
Federal Judicial Center, 61
Federalist Papers, The, 1, 10
felonies (trials and prosecution)
    judge/jury agreement, 45–46
    mandatory sentencing, 77–78, 185–87
    Miranda rule, 122–24
    new crime categories, 126
    plea bargaining, 3, 179, 185–87
    presenting juries and, 32
    public confidence in, 3
    sequestered juries, 170–71
    See also trial by jury
felonies
    branding, 48
    conviction rates, 145–46
    drug cases, 77–78
    nonunanimous verdicts, 169, 193
Fisk, Thomas, 95, 100–101
Fletcher, Betty, 146
food exchanges
    as dispute resolution, 14–15
Frank, Jerome, 131
fraud
    and jury trials, 4
free elections, 2, 70, 193–94
Freedom of Information Act, 159
Fuchs, Klaus, 106
Fugitive Slave Law, 73–74
Fully Informed Jury Association (FIJA), 61–62

game law violations
    and convictions, 77
Gardner, John W.
    on justice, *xv*
Genesis, Book of, 11–12
George III, 63, 70
Gisu people (East Africa)
    retribution in, 13
Gobert, James, 139
gods, judgment of
    and dispute resolution, 15–16, 17, 31
Goldman, Ronald, 112
    See also People v. Simpson

Good, Dorcas, 91
Good, Sarah, 86–88, 95–96
grand juries
　Henry II of England and, 33
Great Red Scare, 106–9
Green, Thomas, 49
Griswold, Erwin, 131
Guy, Richard, 126

Hale, John, 88
Hamilton, Alexander,
　8–11, 13, 105
Hamilton, Andrew, 64–68
Hammond, Emmanuel, 150
Hancock, John, 69
Hand, Learned, 109–10, 125
Hans, Valerie, 3, 144
Harriman, Averell, 108
Harrison, Major-General, 51
Hathorne, John, 87–90, 92
hearsay, 102–3, 156, 157
　and the House Committee on Un-
　　American Activities (HUAC), 106–7,
　　109
Henry II, 33–34
Hill, Anita, 109
Hobbs, Deliverance, 95
Hobbs, Abigail, 95
Holmes, Oliver Wendell, Jr.
　and freedom of speech, 18–21
homicide
　blood feud as punishment, 29
　wergeld, 29
House Committee on Un-American Activities
　(HUAC), 106–7, 109
Hubbard, Margaret, 17
Huddleston, Baron, 40
hue and cry, 29
Hume, David, 131–32
hung jury rate, 148–51
hypertechnicality,
　in litigation, 112, 121–24, 128

Ifugao people (Philippines)
　wrestling for territorial claims, 14–15
illegal searches, 121–22
　"knock and talk" decision, 121–22, 123
impartial jury, right to, 105
individual rights
　Age of Reason and, 69–70
inequality in American courts, 5, 114–17,
　128
instruction of juries, 61–63, 81–82
　incomprehensible, 170
insurance policy terminology and jury trials, 4

interest groups
　and damage awards, 5
International Longshoremen's and
　Warehousemen's Union (ILWU), 158,
　160
Inuit people (dispute resolution)
　controlled fighting, 14
　song competitions, 15

James I, 102
Jarndyce v. Jarndyce (Dickens), 116
Jay, John, 105
Jefferson, Thomas, 1, 9, 11, 105
Jesus
　on the desirability of settlement, 181
Johnson, Lyndon, 131
judgment of the gods
　and dispute resolution, 15–16, 17, 31
judges
　control over trial, 172–73
　instructions to juries, 61–63, 81–82, 170
　judge/jury agreement, 45–46, 79–81
　law defining as sole province of, 71–72
　mandatory sentencing, 77–78, 185–87
　See also European legal systems
juries
　Americans serving on, *xiii–xiv*
　observing deliberations, 81
　complex evidence, 143–44, 173–74
　conviction rates, 145–46
　deadlocked, 177–78
　death penalty, 49, 146–48
　democracy and, 153, 161–62
　democratization of, 132–33
　hung juries, 148–51
　judge/jury agreement, 45–46,
　　79–81
　judicial approval of, 134, 137
　juror approval of, 137–40
　jury instruction, 61–63, 81–82, 170
　measuring performance, 133–34,
　　134–37
　nullification, 61–63, 68–69, 70–71,
　　71–72, 73–79
　punitive damages, 141–42
　race and, 148–51
　summons noncompliance, 161–63
　treatment of, 163–64
　See also bench trials; civil trials; criminal
　　trials and prosecution; European legal
　　systems; jury selection; trial by jury; trial
　　reform
jury nullification, 61–63, 70–71
　assisted suicide, 77
　conscience and, 68–69, 73–79

Supreme Court and, 72–73
Vietnam War protests, 75–77
jury selection
  empanelment, 164–65
  peremptory challenges, 165–68
  pretrial publicity and, 163
  summons noncompliance, 161–63
  voir dire, 164–65, 167
Jury Selection and Service Act, 132
jury service
  inconvenience of, 50
  See also trial by jury
jury service noncompliance, 161–63
  and diversity, 162
  financial hardship and, 162–63, 192
jury size, 168–69
Justice, William Wayne, 137

Kalven, Harry, 133–34
Katz, Roberta, 129
Kenney, Matthew, 190
Kevorkian, Jack, 77
killing and murder
  distinguishing between, 12–13
  See also crime and criminals; criminal trials and prosecution
King, Nancy, 4
King, Rodney, trial of, 145
"knock and talk" decision, 121–22, 123
kort geding (Dutch civil litigation method), 184
Kwakiutl Indians (Pacific Northwest)
  destruction of valued possessions as dispute resolution, 15

Landsman, Stephan, 109
Langbein, John, 157
Law French, 45
lawsuits. *See* civil trials
lawyers, 189–91
  and advertising, 190
  contingent fees, 116–17, 118
  distrust of, 85–86
  peremptory challenges, 165–68
  pro bono work, 115, 116, 190
  standing of, 104–6
  voir dire, 164–65, 167
  See also jury selection; trial reform
Leaves of Grass (Whitman), 39
Lee, Harper, 78
Leeuwenhoek, Antonie van, 84
legal disputes (resolution of)
  Book of Genesis, 11–12
  compurgation (oath-testing), 30–31, 32
  dueling (Burr and Hamilton), 8–11, 13

equivalency rule, 13–14
judgment of the gods, 15–16, 17
mediation, 18, 179–80
medieval period, 23–27
primitive societies, 13, 14–17
trial by ordeal, 16–17, 17, 29–30, 32–33, 34
Legal Services Corporation, 114–15
legalese, avoidance of, 176–77
legislature representation
  population and, *xiv*
Lempert, Richard, 142
Leviticus, Book of, 84
Lewis, Anthony, 164
Lincoln, Abraham
  on compromise, 183
Lind, Michael, 2
litigation and state courts, 127
Locke, John, 105
Loma people (Liberia)
  trial by boiling oil, 16

McCarthy, Joseph, 108–9
McDonald's
  punitive damages verdict, 141, 142–43
McNamara, Robert, 75
McNichols, Robert, 117, 120
McVeigh, Timothy, trial of, 146
Madison, James, 18, 105
Magna Carta, 34
malapropisms in the courtroom, 18
mandatory sentencing, 77–78, 185–87
Marcos, Ferdinand, 158, 159, 160
Marcos, Imelda, 158, 159
maritime law, 69
Mather, Cotton, 85, 97, 101
Mather, Increase, 85, 96, 99
Matthew, Saint, 181
Mead, William, 45, 52, 53–55, 57
media
  and jury verdicts, 5
  judicial restriction of, 171
  and jury nullification, 62
  prejudicial news and sequestered juries, 170
mediation
  alternative dispute resolution (ADR), 181–83, 183–84, 189
mediators and conciliators
  and dispute resolution, 18, 179–80
Menedez brothers, trial of, 145
Microsoft, 135
Migonette sailing yacht cannibalism case, 37–41
Minkins, Shadrach, 74

Miranda rule, 122–24
Moctezuma sailing barque, 38–39
Modern Times (Chaplin film), 124
money laundering, 126
Montaigne, Michel de, 18
Montesquieu, Charles-Louis, 105
Morale (Gardner), *xv*
Morris, Gouverneur, 69
Motley, Constance Baker, 165
murder and killing
    distinguishing between, 12–13
    See also crime and criminals; criminal trials and prosecution

Napoléon
    on lawsuits as "social cancer," 125
National Center for State Courts, 161
Navigation Acts, 69
New Guinea
    shin kicking as dispute resolution, 14
New York City
    and jury summons noncompliance, 162–63
New York Weekly Journal, 63
Newton, Isaac, 84
No Cross, No Crown (Penn), 44
Noonan, John, 146
North, Oliver, 78
    trial of, 145
note taking
    prohibiting jurors from, 175–76
Nurse, Rebecca, 91, 95, 102

Oakland Seven, 75–76
oath-testing (compurgation), 30–31
    unreliability of, 32
O'Connor, Sandra Day, 170
Osborne, Sarah, 86, 88–89
overcontentiousness
    in litigation, 112–14
overload
    in American courts, 112, 124–28, 128, 192

Parker, Richard, 37–38
Parris, Samuel, 86
patent terms
    United States Supreme Court on, 4
Paul, Saint
    on lawsuits as a defect, 125
Peckham, Robert, 183
Penn, Sir William (father), 42–44, 45, 58, 59
Penn, William, 59, 194
    as a religious dissenter, 42–45
    trial of, 52–59
Pennsylvania, founding of, 59

Pentagon Papers, 76
People v. Simpson, 112–14, 150, 171
Pepys, Samuel, 51
peremptory challenges, 165–68
    Batson v. Kentucky, 167
    race and, 167
perjury
    and compurgation, 32
Phipps, Sir William, 93, 94, 100
Pizzi, William, 128
plea bargaining, 3, 179, 185–87
poaching
    and convictions, 77
Popper, Karl, 161
population
    and Congressional representation, *xiv*
Posner, Richard, 3
possessions
    destruction of as dispute resolution, 15
Pound, Roscoe, 114
poverty
    and the legal system, 114–17, 192–93, 194
presenting juries, 32
pretrial publicity and prejudicial news
    and jury selection, 163
    and sequestered juries, 170
Pricipia Mathematica (Newton), 84
primitive societies
    dispute resolution in, 13, 14–17
pro bono work, 115, 116, 190
procedural rights, 104–5
Proctor, Elizabeth, 91–92, 94–95, 96
Proctor, John, 92, 96, 98
product tampering, 135
Prohibition
    and bootlegging convictions, 77
public confidence
    and trial by jury, 3
punitive damages, 141–42
    judges and, 143
    McDonald's hot coffee verdict, 141, 142–43
    satellite case, 141, 143
    tobacco industry, 141–42
Puritanism
    and the Salem witch trials, 83–84, 84–86, 86–100, 100–12
Putnam, Ann, 86, 93, 101
Putnam, John, 93
Putnam, Thomas, 86, 91

Quakers
    lawyers, distrust of, 85
    as religious dissenters, 44

trial and imprisonment of William Penn, 52–57, 58–59
Quayle, Dan, 142

race and racism
  and the death penalty, 146–47
  and drug trials, 149–50
  Fugitive Slave Law, 73–74
  inequality of justice system, 114–17, 128
  juries and, 78–79, 138–39
  and jury duty, 132, 148–51
  Rodney King trial, 145
  and the legal system, 192–93
  peremptory challenges, 167
  O. J. Simpson criminal trial, 112–14, 128, 150, 171
  United States v. Brown, 136
racketeering, 126
Rafeedie, Edward, 172
Ralegh, Sir Walter, 102
relevance, rule of, 103–4
religion (and dispute resolution), 15–16, 17, 31, 48
  religious freedom, 51
religious dissenters, 42–45
  trial of William Penn, 52–59
"Renton, Charlie," 79–81
Reynolds, Mel, 150
Robinson-Patman Act, 118
"Rockworth, Leonard," 166
Rothstein, Barbara Jacobs, 160
Rothwax, Harold, 111–12
Rufus, William, 33
Ryan, George, 147

Salem witch trials, 83–84, 84–86, 86–100, 100–12
sasswood, trial by, 16
Schuck, Peter, 143
scientific evidence
  ability of jurors to understand, 143–44, 173–74
Scottsboro case, 78
securities fraud, 126
seditious libel, 63–68, 69
Selective Service records
  destruction of as Vietnam protest, 76
self-incrimination
  confession, attempts to suppress, 122–23
  Miranda rule, 122–24
  right to refrain from, 105
Senate Internal Security Subcommittee, 107
sequestered juries, 170–71
settlement, 181–83

Sewall, Samuel, 100
Shellan, Gerard, 182
Simpson, Nicole, 112
  See also People v. Simpson
Simpson, O. J.
  criminal trial *(People v. Simpson)*, 112–14, 128, 150, 171
slavery, 11
  Fugitive Slave Law, 73–74
  See also race and racism
Smith, Susan, trial of, 146
Smith, Sir Thomas, 46–49
Snapp, Kent, 183–84
song competitions
  as dispute resolution, 15
sorcery and witchcraft
  Code of Hammurabi and, 16–17
  and primitive societies, 15–16
  Salem witch trials, 83–84, 84–86, 86–100, 100–12
Southern Methodist University, 134
Sparf and Hansen, 72–73
Spence, Gerry, 111
Spock, Benjamin, 76–77
Spokane Gas Case, 117–20
Starr, Kenneth, 109
state courts and litigation, 127
Stephens, Edwin, 37–41
Stoughton, William, 93, 95, 98, 100, 101
Strom, Lyle, 137
summary judgments, 4

tagba bosz (New Guinea shin kicking), 14
tax evasion, 126
technical evidence
  ability of jurors to understand, 143–44, 173–74
Texaco and the Spokane Gas Case, 117–20
Texas
  reversals of verdicts in, 3
Thomas, Clarence, 109
Till, Emmett, 78
Tituba, 86, 89–101
To Kill a Mockingbird (Lee), 78
tobacco industry
  punitive damages against, 141–42
Tocqueville, Alexis de
  on civil juries, 132
  on jury service as a great educator, 152
Tongtong people (Philippines)
  rice chewing and spitting as dispute resolution, 15
tort system, 141–43
trade laws and taxes

friction between America and England, 69
treason, lawyers and, 104–5
trial by battle, 31
trial by jury
   Sir Patrick Devlin on, *xv*
   hearsay, 102–3, 156, 157
   history of, 31–37, 45–51
trial by jury (problems facing)
   access to justice (inequality), 5, 114–17, 128
   delay, 5, 112, 117–20, 128
   expense, 5, 112, 114–17, 128
   fecklessness, 112, 120–21, 128
   hypertechnicality, 112, 121–24, 128, 143–44
   inefficiency, 2–3
   overcontentiousness, 112–14, 128
   overload, 112, 124–28, 128
   public confidence, lack of, 3
trial by jury (in the U.S.), 105–6
   and the Bill of Rights, 70, 105
   due process of law, 101–2
   and the Great Red Scare, 106–9
   history of, 61–82
   opposition to, 1–6, 131, 140–41
   procedural rights, 104–5
   rule of relevance, 103–4
   seditious libel and, 63–68, 69
   support of, 131–32
   U.S. Constitution and, 1, 70
   Vietnam War protests, 75–77
   Zenger libel case, 63–68
   See also European legal systems; trial reform
"Trial by Jury" (Devlin), *xv*
trial by ordeal, 16–17, 32–33, 34
   class structure and, 30
   women as frequent victims, 32
trial reform
   alternative dispute resolution (ADR), 181–83, 183–84, 189
   deadlocks, 177–78
   depositions, limitation of, 180–81
   empanelment, 164–65
   expert witnesses, 174–75
   incomprehensible instructions, 170
   jury size, 168–69
   legalese, avoidance of, 176–77
   minimizing interruptions, 171–72, 172–73
   nonunanimous criminal verdicts, 169, 193
   note taking, 175–76
   peremptory challenges, 165–68

sequestered juries, 170–71
summons noncompliance, 161–63
time budgets, 173
treatment of jurors, 163–64
Trobriand Islanders (South Pacific)
   food exchanges as dispute resolution, 15
Truman, Harry, 108
Twain, Mark
   on the jury system, 131
   on the notoriety of a case, 163
Two Years Before the Mast (Dana), 74

unanimous verdicts
   requirement of, 3, 193
United States Congress
   House Committee on Un-American Activities (HUAC), 106–7, 109
   representation and population, *xiv*
   Senate Internal Security Subcommittee, 107
   as venue for trials, 109
United States Constitution, 18
   and trial by jury, 1, 70, 157–58
   See also Bill of Rights
United States Department of Justice
   study on judge-jury comparisons, 143
United States v. Brown, 136
United States v. Nickell, 135
United States Supreme Court
   Abrams v. United States, 19
   and jury nullification, 72–73
   Batson v. Kentucky, 167
   Brown v. Board of Education, 11
   and complex evidence, 144
   freedom of speech, 18–29, 69
   and jury size, 168–69
   nonunanimous criminal verdicts, 169, 193
   on patent terms, 4
   and trial by jury, 70
University of Washington School of Law
   and mediation training, 182
unreasonable searches and seizures, protection against, 105

Vaughan, Chief Justice, 58
verdicts
   nonunanimous, 169, 193
   reversals of, 3
Victoria, Queen, 41
Viernes, Gene, 158–61
Vietnam War protests
   juries and, 75–77
voir dire, 164–65, 167

Warren, Earl, 132
Washington, D.C.
  and jury summons noncompliance, 162
Washington, George, 10–11
Washington Post, 152
Washington State Supreme Court
  "knock and talk" decision, 121–22, 123
Wathen, Daniel, 115
Webster, Daniel, 74
weighing of evidence
  and jury trials, 4
Weinstein, Jack, 137
wergeld, 29
Whaley, Robert, 118, 119
Whitman, Walt
  on cannibalism at sea, 39
Willard, Samuel, 99
William the Conqueror, 31
Williams, Ann Claire, 137
Williams, Wayne, 150
Wilson, James, 105

Wilson, Pete, 3
witchcraft and sorcery
  Code of Hammurabi and, 16–17
  and primitive societies, 15–16
  Salem witch trials, 83–84, 84–86, 86–100, 100–12
Withey, Michael, 159, 160–61
witnesses
  right to call for defense, 105
  right to confront, 105
women
  and jury duty, 132
  trial by ordeal and, 32
  See also sorcery and witchcraft
word-based trial model, 18–21
wrestling
  to settle territorial claims, 14–15
Wythe, George, 105

Zeisel, Hans, 133–34
Zenger, John Peter
  seditious libel case against, 63–68

译后记

译事诚艰难。自拿到书的原著，一直到最后定稿，半年时间恍然而过。我之所以还能坐得住板凳，大抵缘于我对这本书的主题一见钟情。每一次看亨利·方达（Henry Fonda）主演的那部《十二怒汉》（12 angry men），胸中都会涌起阵阵感动，一种莫名的、深深的感动：黑白经典屏幕上男主角顽固地说着"It is just possible..."、众人在陪审评议室里模拟着案发现场以及证词中所说的场景、陪审员在自己的经历与眼下的案情之间徘徊思量、道德与法律不断交织、正义最终得到了实现……

是的，陪审团制度屡屡见诸报端，在欧美影视中更是频频出现，但是国内很少有专门的介绍性著作，国外的优秀作品更是很少引进到中国。我周围的同窗好友在欣赏电影时也多有疑问："陪审团……又是陪审团……陪审团到底是怎么回事呢……"

威廉·L. 德威尔的这部著作恰好为我们扫清了心头的疑云。这本为陪审制辩护的力作，在美国国内备受赞誉，这次介绍到中国来，也希望会引起大家对于陪审团制度的兴趣。只是，译者的水平实在有限，在语言转换过程中，定会有诸多舛误与不妥之处。这不是虚意客套，而是肺腑真言。

难以言表又不能不表的是感谢。感谢父母，是他们赐予了我生命与教养，儿子唯有不断向前才能无愧地回报他们那关注与牵挂的目光；感谢恩师杨忠民先生，先生为人仁厚雅量，治学严谨勤恳，不仅为我传道授业解惑，更像一位慈父关怀着我，而且先生也是我译稿的第一位读者；感谢亦师亦友的邓子滨先生，他不仅在我人生航程中时时刻刻给予我鼓励与鞭策，也在本书翻译的整个过程中提出了诸多批评与建言；感谢郭光东先生，他发现了这本闪耀着光辉的书并亲自翻译了导言中的若干部分，也希望我的努力能够些许弥补他心头对此书译事未能亲力亲为的遗憾；感谢诸位同窗好友尤其是孙晓磊君，她在百忙之中二阅底稿，提出了大量修改意见；感谢华夏出版社的陈希米、孙颖二位女士，她们也为本书的出版倾注了心力。

对翻译的标准最为经典的表述是"信、达、雅"。我觉得，能够"信"是第一步，"达"是我努力追求的目标，至于"雅"则不敢奢求了。有人将外文作品的翻译者比作一部发挥主观能动性的"翻译机器"：倘若进去的是地瓜，出来的是土豆，那这翻译就极为糟糕；进去的是地瓜，出来的是香喷喷的烤地瓜，那这翻译就大为成功。这也正所谓"戴着镣铐跳舞"。幸而这篇译后记已经属于我自己"天马行空"的领域了，因此我终于能够解除镣铐、自由地舞蹈一番。向着前路，舒活舒活筋骨，抖擞抖擞精神！

王　凯

2009年6月于昆玉河畔

中国人民公安大学

图书在版编目（CIP）数据

美国的陪审团/(美)德威尔著；王凯译.—北京：华夏出版社，2015.1
(2015.9重印)
书名原文：In the hands of the people:The Trial Jury's Origins, Triumphs, Troubles, and Future in American Democracy
ISBN 978-7-5080-8195-3

Ⅰ.①美… Ⅱ.①德… ②王… Ⅲ.① 陪审制度—研究—美国 Ⅳ. ① D971.25

中国版本图书馆CIP数据核字(2014)第191031号

In the hands of the people:The Trial Jury by William L.Dwyer
Copyright©
This editon arranged with Dystel&Goderich Literary Management
Through Big Apple Tuttle-Mori Agency, Labuan, Malaysia.
Simplified Chinese edition copyright:2014 Huaxia Publishing House
All rights reserved.
版权所有，翻印必究。
北京市版权局著作权合同登记号：图字 01-2005-5151

美国的陪审团

作　　者	[美]威廉·L.德威尔
译　　者	王　凯
责任编辑	孙　颖
责任印制	刘　洋
出版发行	华夏出版社
经　　销	新华书店
印　　刷	三河市少明印务有限公司
装　　订	三河市少明印务有限公司
版　　次	2015年1月北京第1版 2015年9月北京第2次印刷
开　　本	670×970　1/16开
印　　张	20.25
字　　数	225千字
定　　价	39.00元

华夏出版社　地址：北京市东直门外香河园北里4号　邮编：100028
　　　　　　　网址：www.hxph.com.cn　电话：(010) 64663331 (转)
若发现本版图书有印装质量问题，请与我社营销中心联系调换。